Handwörterbuch der Kriminologie

und der anderen strafrechtlichen Hilfswissenschaften

unter Mitberatung von

Professor Dr. Graf Gleispach, Berlin / Generalstaatsanwalt i. e. R. Dr. Hafner, Karlsruhe / Oberverwaltungsgerichtsrat Dr. Hagemann, Berlin / Reichsgerichtsrat Dr. Hartung, Leipzig / Professor Dr. Kohlrausch, Berlin / Professor Dr. Müller-Heß, Berlin

herausgegeben von

Alexander Elster und **Heinrich Lingemann**
Dr. jur. in Berlin — Landgerichtsdirektor in Köln

16. Lieferung

Strafzumessung — Unlauterer Wettbewerb

Berlin und Leipzig 1935
Verlag von Walter de Gruyter & Co.

Inhalt der 16. Lieferung

nisse der bedingten Begnadigung, Zeitschrift für die gesamte Strafrechtswissenschaft, Berlin 1905, XXV, 792ff. — R. Wassermann, Die Ergebnisse der bedingten Begnadigung in Bayern, Zeitschrift für die gesamte Strafrechtswissenschaft, Berlin 1906/07, 27, 725. — H. Forcher, Das Institut der sogenannten bedingten Verurteilung, Statistische Monatsschrift, Brünn 1908, N. F. XIII. Jg., 589ff. — J. Maxwell, Le crime et la Société, Paris 1909, S. 299ff. — J. L. de Lanessan, La lutte contre le crime, Paris 1910, S. 279ff. — Yverries et Moural, Rapport de la première section sur la statistique des condemnations conditionnelles, Revue pénitentiaire et de droit pénal, 34. Jg., Paris 1910, S. 748ff. — L. N. Robinson, History and organization of criminal statistics in the United States, Boston and New York 1911. — G. v. Mayr, Forschungsgebiet und Forschungsziel der Kriminalstatistik, Zeitschrift für die gesamte Strafrechtswissenschaft, Berlin 1911, 32, 33ff. — Derselbe, Statistik und Gesellschaftslehre, 3. Bd., Moralstatistik mit Einschluß der Kriminalstatistik, Tübingen 1917, S. 491ff. — Aschrott, Die preußische Gefängnisstatistik und die Reichskriminalstatistik, Deutsche Juristenzeitung, Berlin 1927, 32. Jg., Heft 15ff., Sp. 1076ff. — A. Lenz, Grundriß der Kriminalbiologie, Wien 1927. — F. Sauthoff u. W. Schulzke, Anleitung zur Aufstellung und Nachprüfung der Statistik über die Gefangenenanstalten der Justizverwaltung in Preußen, Berlin 1927 (Selbstverlag der Verfasser). — Schulzke, Der preußische Strafvollzug vom 1. IV. 1924 bis 31. III. 1929 im Spiegel der Statistik, Der Strafvollzug, Berlin, 20. Jg., Heft 3, März 1930, S. 41ff. — Untersuchungsgefängnis Berlin-Moabit, Berlin 1931. — Winkler, Die Berliner Gefängnisinsassen am 16. VI. 1925 (bearbeitet im Statistischen Amt der Stadt Berlin), Blätter für Gefängniskunde, Heidelberg 1932, Bd. 63. — Schmidt, Aus der Statistik der preußischen Gefangenenanstalten, Deutsche Justiz, Berlin 1934, 96. Jg., Nr. 32, Ausgabe A vom 10. VIII. 1934, S. 1023ff. — Derselbe, Die Kosten des Strafvollzuges, Ebenda Nr. 43 vom 26. X. 1934, S. 1346ff.

Ernst Roesner.

Strafzumessung.

I. Allgemeines. Strafzumessung ist die richterliche Tätigkeit, die auf die Bestimmung des Strafmaßes gerichtet ist. Sie ist die Gestaltung der Strafe ihrer Art, Höhe und Vollstreckungskraft nach. In dem Strafmaß kommt die Schwere und der Gehalt der im Einzelfall verhängten Strafe zum Ausdruck.

Das Strafmaß kann im Gesetz festgelegt sein oder es ist von dem Urteilenden aus einer mehr oder weniger großen Anzahl von Möglichkeiten auszuwählen. Im ersten Fall spricht man von einer absolut bestimmten, im anderen Fall von einer nur relativ bestimmten Strafe. Eine absolute Bestimmtheit der Strafe in der Art, daß sie in ihrem ganzen Umfang im Gesetz niedergelegt ist, ist dem geltenden Recht fremd. Bald ist zwar die Hauptstrafe eindeutig festgelegt, jedoch hinsichtlich der Nebenstrafe besteht Ungewißheit, bald ist die primäre Strafe bestimmt angedroht, jedoch die Ersatzstrafe bietet verschiedene Möglichkeiten. So ist in §§ 80, 89 Abs. 1, 211 StGB., § 1 Abs. 2 SklavenraubG. die Todesstrafe als einzige Hauptstrafe angedroht, jedoch die Frage der Anordnung und Ausgestaltung der Nebenstrafen ist offen gelassen. Oder in Steuerstrafsachen ist zuweilen die Strafe nach einem Vielfachen eines bestimmten Betrages zu bilden, jedoch die Ersatzfreiheitsstrafe ist aus einem Strafrahmen zu entnehmen. In diesen Fällen ist die Tätigkeit des Urteilenden bei der Bildung des Strafmaßes eine untergeordnete.

Eine derartige eingeengte Strafzumessungstätigkeit ist jedoch nur die Ausnahme. Im Hinblick auf die Verschiedenartigkeit der von einem Straftatbestand umfaßten Lebensvorgänge stellt das Gesetz als primäre Hauptstrafe regelmäßig mehrere Strafmöglichkeiten zur Verfügung. Soweit die Verschiedenheit der Strafmöglichkeiten jedoch von benannten oder unbenannten Strafänderungsgründen (verminderte Zurechnungsfähigkeit, Versuch, Beihilfe, Gewohnheitsverbrecher usw. oder „mildernde Umstände", „minder schwere Fälle", „besonders schwere Fälle") abhängt, gehört die Entscheidung noch nicht zur Strafzumessung, sondern noch zur Feststellung der Begehungsform. Die Strafzumessung setzt die Feststellung voraus, daß und in welcher der vom Gesetz unterschiedenen Begehungsarten der Täter das Delikt begangen hat. Sie beginnt erst dort, wo diese Feststellung getroffen ist.

Liegt der in Betracht kommende Strafrahmen fest, so ergeben sich folgende Möglichkeiten, die bei der Erfüllung desselben Tatbestandes ein verschiedenartiges Ergebnis gestatten:

a) Das Gesetz stellt mehrere Strafarten zur Verfügung, deren Auswahl die entscheidende Behörde zu treffen hat. Es kann sich hier um mehrere wahlweise gegebene Hauptstrafen oder aber auch um eine oder mehrere Nebenstrafen neben einer oder mehreren Hauptstrafen handeln. Das Nebeneinanderstellen mehrerer Strafen kann in der Weise geschehen, daß das Gesetz sie ohne jede Erläuterung hinsichtlich ihrer Anwendung zur Verfügung stellt (vgl. z. B. §§ 185, 223 StGB.) oder aber daß es für die Auswahl der Strafe einen besonderen Hinweis gibt (vgl. §§ 20, 27b StGB.).

b) Das Gesetz stellt mit einer Strafart eine mehr oder weniger größere Anzahl von Strafgrößen zur Verfügung. Mit Ausnahme der Todesstrafe lassen sämtliche Hauptstrafen in erheblichem Umfange verschiedene Strafgrößen zu. So sind im Lehrbuch von Liszt-Schmidt für das zeitige Zuchthaus 169, für das Gefängnis 1826, für die Festung 5478 und für die Haft 42 Strafgrößen errechnet. In der praktischen Anwendung verringern sich zwar die Strafgrößen in bedeutender Weise, da auf die weitaus größere Zahl der gesetzlich zugelassenen Größen tatsächlich nicht erkannt wird. Praktisch vermindert sich beispielsweise die Zahl der Gefängnisstrafgrößen auf etwa 50. Auch hinsichtlich der Nebenstrafen läßt das geltende Recht zum Teil eine verschiedenartige Ausgestaltung zu (vgl. vor allem die Dauer bei der Aberkennung der bürgerlichen Ehrenrechte).

c) Es besteht die Möglichkeit, der erkannten Strafe eine beschränkte Vollstreckungskraft zu verleihen, die erkannte Strafe dadurch zu modifizieren, daß sie die ihr grundsätzlich zukommende Vollstreckungskraft verliert. Es handelt sich hier um die Aussetzung auf Wohlverhalten. Ob und inwieweit sie ein Akt der Strafzumessung ist, ist umstritten. Sie ist es zwar nicht ihrem Wesen nach, wohl kann sie es kraft ihrer tatsächlichen Ausgestaltung sein. Handelt es sich bei der Aussetzung auf Wohlverhalten nur um die Nichtvollstreckung der Strafe, nicht aber um die völlige oder teilweise Aussetzung des Urteilsausspruchs (so im amerikanisch-englischen System) oder den bedingten Urteilsausspruch (so im belgisch-französischen System), so gehört sie, wenn sie durch richterlichen Ausspruch geschieht und der Angeklagte auf die Gewährung der Vergünstigung einen rechtlichen Anspruch hat, falls die Voraussetzungen für sie vorliegen, zur Strafzumessung. So ist die im Jugendgerichtsgesetz niedergelegte Strafaussetzung auf Wohlverhalten Strafzumessungsakt. Die Strafaussetzung auf Wohlverhalten im Erwachsenenstrafrecht geschieht dagegen auf dem Gnadenweg (vgl. VO. des RdJ. über das Verfahren in Gnadensachen vom 6. II. 1935). Auch die für das künftige Recht geplante „Verwarnung mit Strafvorbehalt" (vgl. Bericht über die Arbeit der amtlichen Strafrechtskommission S. 117ff.) hat mit der Strafzumessung nichts zu tun. Ein näheres Eingehen auf die Aussetzung auf Wohlverhalten erübrigt sich daher im Folgenden.

II. Gebundenheit und Ermessensfreiheit bei der Strafzumessung. Die Auswahl der Strafart, die Bestimmung der Strafgröße innerhalb des Strafrahmens und die Entscheidung über die Anwendung einer Nebenstrafe ist nicht in vollem Umfang dem freien Ermessen des Richters unterstellt. Wäre das der Fall, so müßten zwei Entscheidungen in annähernd gleich liegenden Sachen, von denen die eine einen Tag Gefängnis und die andere fünf Jahre Gefängnis unter Aberkennung der bürgerlichen Ehrenrechte ausspricht, rechtlich gleichwertig sein. Eine solche ungleiche Anwendung des Gesetzes würde mit dem der Rechtsordnung innewohnenden Gedanken der Gerechtigkeit unvereinbar sein. Sie verlangt eine angemessene Beurteilung unter Zugrundelegung des die Rechtsordnung tragenden Gedankenguts. Sie erfordert eine gleichartige Anwendung der Maßstäbe. Es hieße allerdings die Forderungen der Gerechtigkeit überspannen, wenn man, wie es zuweilen geschieht, nur eine Strafgröße als die dem Gesetz entsprechende ansehen würde. Diese Auffassung scheitert schon an der Unmöglichkeit des Auffindens dieser einen angeblich allein in Betracht kommenden und daher zu suchenden Strafgröße. Aus dem Gedanken der Gerechtigkeit ergibt sich vielmehr nur, daß sich die auszuwählende Strafe innerhalb eines gewissen Rahmens hält, der durch das Rechtsempfinden der Gemeinschaft bestimmt wird. Strafen, die außerhalb dieses Rahmens liegen, entsprechen nicht dem Gesetz. Wenn dieses eine weite Auswahlmöglichkeit namentlich durch ausgedehnte Strafrahmen zur Verfügung stellt, so deswegen weil der gesetzliche Tatbestand nicht nur eine einzige bestimmt geartete Handlung umfaßt, sondern eine ganze Kategorie zwar gleich gearteter, aber doch verschiedener Handlungen. Der Zweck des Strafrahmens ist also keineswegs der, dem Richter bei einem bestimmten Fall die freie Auswahl aus einer Unmenge Strafgrößen zu gewähren, sondern der, daß dem Richter die Möglichkeit gegeben wird, eine Strafgröße zu finden, die der Bedeutung der Handlung in der unter Strafe gestellten Kategorie entspricht. Die Strafgröße für den Einzelfall wird zwar immer zwischen dem Maximum und Minimum des Strafrahmens liegen, niemals aber stehen dem Richter für den Einzelfall sämtliche Strafgrößen zwischen dem Maximum und Minimum zur Verfügung. Die Grenzen sind vielmehr enger gezogen. Sie ergeben sich aus dem Festliegen der Bewertungsgrundlagen, der Bewertungsgesichtspunkte, der Bewertungsrichtung und des Bewertungsmaßstabes. Das geltende Strafgesetzbuch enthält von wenigen Ausnahmen abgesehen (z. B. §§ 20, 27a—c StGB.) überhaupt keine Anweisungen für die Strafzumessung. Die Grundsätze der Strafzumessung sind daher aus der Gesamthaltung des Gesetzes und den das Gesetz stützenden und belebenden Auffassungen der Rechtsgemeinschaft zu gewinnen.

1. Die Bewertungsgrundlagen. Die Bewertungsgrundlagen ergeben die Strafzwecke. Die Bestimmung des Strafmaßes setzt Klarheit über die mit der Strafe verfolgten Zwecke und über ihr Verhältnis zu einander voraus. Die Zwecke der Strafe können in drei Richtungen liegen: Vergeltung, Generalprävention und Spezialprävention. Vergeltung bedeutet Sühne für das begangene Unrecht. Sie erstrebt den Ausgleich der gestörten Rechtsordnung durch Verhängung einer Strafe, die im Verhältnis zur Rechtsstörung steht. Sie erfordert, daß ein Strafmaß gefunden wird, das nach den in der Rechtsgemeinschaft obwaltenden Anschauungen den Charakter der Verhältnismäßigkeit hat. Ist eine derartige Strafe gefunden, so ist damit dem Sühnebedürfnis Genüge geschehen.

Die Präventionszwecke zielen unmittelbar auf die Verminderung der Verbrechensgefahr. Diese wurzelt in der Verbrechensneigung. Es kommt sowohl die Neigung anderer Personen als des Täters als auch die Neigung des Täters selbst in Betracht. Ziel der Generalprävention ist es, durch die Strafe die Anderen von der Begehung einer Straftat abzuhalten, während die Spezialprävention auf die Abhaltung des Täters selbst abzielt.

Das Schweigen des Gesetzes über die Strafzwecke führte zu einem Auseinandergehen der Meinungen in Theorie und Praxis gerade in einem der wichtigsten Punkte. Der Wirrwarr der Meinungen war um so größer, als in der Weimarer Republik die Rechtsgemeinschaft sich immer mehr auflöste, als von einer einheitlichen herrschenden Auffassung keine Rede mehr sein konnte, die Ansichten über Recht und Moral immer mehr auseinandergingen. Die geistigen Zersetzungserscheinungen ergriffen auch die Grundlagen des Strafrechts. Im Kampfe der verschiedenen Auffassungen gewährte der Standpunkt des Reichsgerichts der unteren Praxis einen Halt. Das Reichsgericht hat wiederholt den Vorrang des Vergeltungsgedankens hervorgehoben (vgl. RGSt. 58, 106ff.; 61, 417 u. a. m.). Diese Auffassung entspricht auch dem Gesamtaufbau des geltenden Strafrechts.

Mit der nationalen Erhebung ist wieder ein fester Boden gewonnen. Sie hat wieder eine einheitliche Rechtsauffassung geformt. Sie hat den Sinn des Strafrechts und den Zweck der Strafe wieder klar herausgestellt. Staatssekretär Freisler umschreibt das Ziel des Strafrechts in dem Bericht über die Arbeit der amtlichen Strafrechtskommission in doppelter Richtung: Volkssicherung und Sühne. Dem ersten Ziele dienen vornehmlich die Sicherungs- und Besserungsmaßnahmen, dem zweiten Ziele die Strafe.

Auch die nationalsozialistische Gesetzgebung hat den Vergeltungsgedanken deutlich herausgestellt. In § 6 des Preuß. G. vom 1. VIII. 1933 über das Strafvollstreckungs- und Gnadenrecht wird ausdrücklich betont, daß der Täter „sein Freveln gegen die Rechtsordnung des Staates durch die als empfindliches Übel auszugestaltende Strafe zu sühnen hat". Auch das RG. vom 24. XI. 1933 bedeutet eine Bestätigung des Vergeltungsgedankens. Der dort niedergelegten Zweispurigkeit der staatlichen Reaktion hätte es nicht bedurft, wenn die Strafe in erster Linie spezialpräventive Zwecke verfolgt.

Der Vorrang des Vergeltungsgedankens ist nicht nur für den Bereich des StGB. anzuerkennen, sondern auch für das JGG., soweit dort überhaupt Bestrafung stattfindet. Es ergibt sich das nicht nur daraus, daß die für die Vergeltung sprechenden Gründe hier in gleicher Weise zutreffen, sondern vor allem auch aus der Idee der Einheitlichkeit des Strafgedankens im gesamten Strafrechte. Nicht in der Veränderung der Strafzwecke, sondern in dem Ausbau des Systems der Erziehungsmittel und der Bevorzugung der Erziehungsmaßnahmen vor der Strafe liegt der überragende spezialpräventionelle Gehalt des JGG.

Durch den Vorrang des Vergeltungsgedankens wird jedoch die Verwirklichung general- und spezialpräventiver Ziele nicht ausgeschlossen. Wenngleich auch unter dem Gesichtspunkte der Vergeltung zuweilen eine bestimmte Strafgröße sich ergeben mag, so wird sie häufig jedoch nur zu einem Rahmenergebnis führen und damit verschiedene Möglichkeiten eröffnen. Hier hat dann die engere Auswahl unter präventiven Gesichtspunkten zu erfolgen. Die beiden Präventivzwecke stehen, da sich weder eine gesetzliche noch eine logische Notwendigkeit für den Vorrang eines von beiden ergibt, gleichwertig neben einander. Die Strafe muß daher beiden gerecht werden.

2. Die Bewertungsgesichtspunkte und die Bewertungsrichtung. Aus den Zwecken der Strafe ergibt sich die Auffindung des Strafmaßes. Aus ihnen sind die

in Betracht zu ziehenden Gesichtspunkte herzuleiten und im Hinblick auf sie ergibt sich, ob die einzelnen Gesichtspunkte erschwerend oder mildernd zu werten sind.

Soll der Richter durch die Vergeltung die Rechtsstörung ausgleichen, so hat er seiner Bewertung diejenigen Gesichtspunkte zu unterstellen, die für die Beurteilung des Umfangs der Rechtsstörung maßgebend sind. Es haben hier Sozialschädlichkeit, Sozialgefährlichkeit und Vorwerfbarkeit der Tat Berücksichtigung zu finden.

Die Sozialschädlichkeit beruht auf den schädlichen Folgen, die die Tat mit sich bringt. Es kommt hier vor allem der Umfang der Verletzung des geschützten Rechtsgutes in Betracht. Die Sozialgefährlichkeit einer Tat bedeutet ihre Eignung, die Rechtsordnung zu erschüttern. Sie ergibt sich äußerlich aus dem Ziel, der Intensität und der Art der Durchführung der Handlung (Gegenstand des Angriffs: Volksinteressen, Daseinsbedingungen, Gemeinschaftsfrieden, Wirtschaftsordnung; Durchführung des Angriffs: aufgewandte Zähigkeit, Planmäßigkeit, angewandte Mittel, Überwindung von Schwierigkeiten, Grad der Beteiligung). Die Sozialgefährlichkeit ergibt sich vor allem aus der Gesinnung, von der die Handlung getragen wird. Je rechtsordnungswidriger und sozialwidriger der die Tat beherrschende Geist ist und der sie vorwärts treibende Wille, um so gefährlicher ist die Tat. Damit ergibt sich die Gefährlichkeit des Täters als Beurteilungsgrundlage für die Gefährlichkeit der Tat. Je mehr die Tat der Persönlichkeit des Täters, die hier auch krankhafte Anormalitäten umfaßt, entspricht, eine um so höhere Bedeutung kommt ihr zu, um so gefährlicher ist sie. Die Feststellung, ob und inwieweit die Tat der Persönlichkeit entspricht, erfordert eine Gegenüberstellung der die Tat charakterisierenden Merkmale und der den Täter und seine Verhältnisse kennzeichnenden Umstände. Hier sind zu berücksichtigen der Entwicklungsgang des Täters in geistiger, sittlicher, körperlicher Hinsicht, sein Vorleben (Führung in der Schule, im Beruf, im Gemeinschaftsleben (Vorstrafen?)), die äußeren Verhältnisse (wirtschaftliche: Armut, Not; soziale z. B. Wohnungsverhältnisse; berufliche u. a. m.), das Verhalten nach der Tat regelmäßig (straferschwerend: Verstocktheit, Leugnen, Verweigerung der Auskunft über Verbleib gestohlener oder erschwindelter Gegenstände, Mangel an Reue, Gleichgültigkeit, Rache gegen den Anzeigenden, gemeine und niedrige Gesinnung bei der Auswahl der Verteidigungsmittel; strafmildernd: Wiedergutmachung, Abbitte, Widerruf einer Kränkung, reuevolles Geständnis). Zuweilen wird es erforderlich sein, sich nicht nur auf die Erforschung der Persönlichkeit des Täters und seiner Verhältnisse zu beschränken, sondern auch die Persönlichkeit und Verhältnisse seiner Vorfahren und Verwandten aufzudecken. Hier kommen vor allem erbbiologische Gesichtspunkte in Betracht.

Sollen Sozialschädlichkeit und Sozialgefährlichkeit für die Bestrafung von Erheblichkeit sein, so muß die Vorwerfbarkeit hinzutreten. Vorwerfbarkeit bedeutet das Maß der Zurechenbarkeit der Tat. Sie hängt von der Einsicht des Täters, seiner Willenskraft, sowie von der Einsicht und der Willenskraft, die man von dem Täter bei einem seinen Fähigkeiten und Anlagen entsprechenden Bemühen hätte erwarten sollen. Die Schwere der Strafe steigt an mit dem größeren Maße der Schädlichkeit, der Gefährlichkeit und der Vorwerfbarkeit der Tat. Die erhöhte Gefährlichkeit der Tat eines vermindert Zurechnungsfähigen findet ihren Ausdruck durch die Bewertung des erhöhten Gefährlichkeitsgrades. Das Zurückbleiben des Vorwerfbarkeitsgrades prägt sich darin aus, daß das Strafmaß ein niedrigeres ist, als es bei der vollen Zurechnungsfähigkeit des Täters sein würde. Die verminderte Zurechnungsfähigkeit kann (nicht muß) zur Anwendung eines milderen Strafrahmens führen. (So richtig § 51 II StGB.)

Endlich ist vom Standpunkte der Vergeltung noch die Strafempfindlichkeit zu berücksichtigen, da der Ausgleich durch die Verhängung eines der Störung entsprechenden Übels über den Täter stattfinden soll und das Maß des Übels sich danach richtet, wie es den Täter trifft.

Will der Richter mittels des Strafmaßes eine generalpräventive Wirkung ausüben, so ist Klarheit darüber erforderlich, inwieweit er durch sie Hemmungen gegenüber der Verbrechensneigung außerhalb des Täters hervorrufen kann. Hierbei ist die Wirkung der Strafhöhe des Einzelurteils und die Wirkung des Zusammenklangs der Urteile mit gleich gerichteter Höhentendenz zu unterscheiden.

Die Wirkung des Einzelurteils richtet sich nach der sachlichen, persönlichen und räumlichen Beziehung, die zwischen dem zu Beeinflussenden und dem Täter und seiner Tat besteht. Die sachliche Beziehung besteht in der Gleichartigkeit der Verbrechensneigung des Täters und der anderen. Wo eine derartige sachliche Beziehung fehlt, wird das Einzelurteil unmittelbar nur ausnahmsweise eine hemmende Wirkung ausüben, da die Möglichkeit einer wirksamen Beziehungsherstellung zwischen Straftat und geplanter Tat fehlt. Hier vermag erst die

Gesamtwirkung gleich gerichteter Urteile, auch wenn sie verschiedenartige Fälle betreffen, von Wirksamkeit zu sein.

Trotz mangelnder sachlicher Beziehung vermag das Einzelurteil hemmend zu wirken, wenn eine besondere persönliche Nähenbeziehung besteht, wenn etwa die Verbrechensneigung von Verwandten oder Freunden in Rede steht. Hier steigert sich der Eindruck der Schwere der Strafe. Es steht mehr das zu erduldende Übel als der Grund des Übels vor Augen. Die Strafhöhe als solche übt ihre motivierende Kraft.

Die Wirkung der Strafhöhe schwächt sich mit der räumlichen Entfernung des zu Motivierenden vom Ort der Strafverhängung ab. Je geringer die Bedeutung der Tat für die Allgemeinheit ist, um so weniger weit reicht der Wirkungsbereich des Urteils.

Bei der Verfolgung generalpräventiver Ziele ist zu berücksichtigen, daß nicht jede Verbrechensgefahr durch Dritte in Betracht zu ziehen ist. Die durchschnittlichen Verhältnisse hat der Gesetzgeber bereits bei der Strafandrohung berücksichtigt. Es können daher bei der richterlichen Strafbemessung nur besondere Umstände die Grundlage generalpräventiver Maßnahmen bilden. Vor allem kommen drei Gruppen in Betracht: a) die zunehmende Verbrechensneignung: Soweit es sich um die Frage der Zunahme der allgemeinen Verbrechensneigung (im Gegensatz zu der gleich gearteten) handelt, wird nur mit äußerster Vorsicht eine Entscheidung getroffen werden können. Die Berücksichtigung ungleich gearteter Neigungen bei mangelnder Persönlichkeitsnähe wird infolge der Schwierigkeit der zu treffenden Feststellungen eine Seltenheit sein. b) Die nahe liegende Verbrechensneigung: Hier findet die persönliche Nähenbeziehung Berücksichtigung. c) Die steigende Verbrechensgefahr: Bei ihr handelt es sich um die sich erhöhende Gefahr, die eine Verbrechensart zeitweise mit sich bringt.

Die spezialpräventive Wirkung der Strafhöhe besteht in ihrer Einflußnahme auf den Täter, sei es daß sie Hemmungen in ihm hervorruft (Abschreckung oder Besserung) oder daß sie ihn aus der Gesellschaft ausschließt (Sicherung). Die Anwendung spezialpräventiver Gesichtspunkte setzt die Gefahr der Begehung weiterer strafbarer Handlungen durch den Täter voraus. Welches der drei spezialpräventiven Ziele im Einzelfalle in Betracht kommt, richtet sich danach, ob die Tat mehr durch persönlichkeitseigene oder persönlichkeitsfremde Umstände begründet ist. Im letzten Falle handelt es sich um die Augenblicks- und Gelegenheitsverbrecher. Bei ihnen ist Abschreckung am Platze. Im ersten Falle handelt es sich um die Zustandsverbrecher. Sie scheiden sich je nach dem Vorhandensein der Strafzugänglichkeit in verbesserliche und unverbesserliche Verbrecher. Die Strafzugänglichkeit bedeutet die Fähigkeit der Erkenntnis des Unsozialen der Tat, der sie stützenden Gesinnung und der Notwendigkeit einer gesetzmäßigen Führung sowie den Willen zum sozialen Verhalten und die Willenskraft oder doch die Befähigung zur Ausbildung der Willenskraft, gemäß der Erkenntnis und dem Willen zu leben.

Die Sicherungsstrafe liegt der Schwere nach durch ihren Zweck fest. Sie verlangt die im Rahmen der Vergeltung höchstmögliche Strafe. Abschreckungs- und Besserungsstrafen sind jedoch der Abstufung fähig. Vom Standpunkt der Abschreckung aus gilt der Satz: je stärker die Reize, je schwächer die Gegenmotivationen und der Wille oder die Willenskraft, je unempfindlicher der Täter der Strafe gegenüber ist, eines um so stärkeren Eingriffs bedarf es, um den Hemmungsvorstellungen bei dem Eindringen der Reize zum Durchbruch zu verhelfen. Für die Höhe der Besserungsstrafen ist maßgebend, welcher Zeitraum erforderlich ist, um den Verurteilten zu einer rechtsordnungsgemäßen Führung zu erziehen. Je stärker seine Gesinnung von der eines ordentlichen Gliedes der Rechtsgemeinschaft abweicht, je schwächer die Erkenntnis der Mängel seiner Gesinnung oder die Fähigkeit der Erkenntnis, je weniger entschlossen sein Wille zu einem sozialen Verhalten, je weniger stark seine Willenskraft oder die Fähigkeit zur Bildung der Willenskraft ist, um so erforderlicher ist eine intensivere Einflußnahme auf den Verurteilten.

Wie vom Vergeltungsstandpunkt aus bedarf es auch bei der Spezialprävention je nach Lage des Falles ein tiefes Eindringen in die Persönlichkeit des Täters, in seine Anlagen, seinen Entwicklungsgang, eine Erfassung seiner Umwelt, eine eingehende Aufklärung seines Verhaltens nicht nur während der Tat, sondern auch vor und nach ihr.

3. Der Bewertungsmaßstab. Die Umstände, die der Richter zu bewerten hat, ergeben sich zwangsläufig aus dem Ziel. Was er zu beobachten und zu bewerten hat, liegt ebenso fest wie die Richtung, in der er einen Umstand zu beobachten hat. Darüber hinaus ist der Richter aber noch weiter gebunden, nämlich hinsichtlich des Bewertungsmaßstabes. Welchen Maßstab er anlegen will, ist nicht seinem bloßen subjektiven Empfinden anheimgegeben. In seinem Urteil gibt der Richter trotz entscheidender Mitwirkung seiner Persönlichkeit die Auffassung und den

Willen der Rechtsgemeinschaft kund. In seiner Bewertung hat er daher von ihren sittlichen und rechtlichen Anschauungen auszugehen.

4. Der Ermessensraum. Ermessensfreiheit bedeutet die Möglichkeit selbständiger schöpferischer Entscheidung. Das freie Ermessen bei der Strafzumessung setzt Bewertungsfreiheit des Richters voraus. Erst dort kann man von einem freien Ermessen des Richters sprechen, wo die Entscheidung seiner Persönlichkeit einsetzt, dort also erst, wo er auch hinsichtlich der Bewertung der von ihm heranzuziehenden Gesichtspunkte keine Anhaltspunkte mehr aus der Rechtsgemeinschaft her gewinnen kann. Freilich ist nicht jede Bewertungsfreiheit schon Betätigung freien Ermessens. Wo der Richter Vorgänge nur bewertet, um sie einem unmittelbar oder vielleicht nur mittelbar aus dem Gesetz sich ergebenden Begriff unterzuordnen, und dann die von ihm festzusetzende Maßnahme feststeht, kann von Ermessensfreiheit nicht gesprochen werden. Denn diese liegt auf dem Gebiete der Tatsachenschaffung, nicht der Tatsacheneinreihung. Daher keine Ermessensfreiheit bei der Entscheidung nach § 20 StGB., ob auf Festung oder Zuchthaus bzw. Gefängnis zu erkennen ist oder ob, falls sie überhaupt zur Strafzumessung gehört (vgl. I. a. E.), Strafaussetzung auf Wohlverhalten auszusprechen ist. Denn die Entscheidung liegt hier fest, sobald die Frage der Volksschädlichkeit und des nicht ausschließlich ehrenhaften Motivs oder bei der Aussetzung auf Wohlverhalten, die Frage der Tatverträglichkeit, Täterwürdigkeit und Tätergeeignetheit entschieden ist.

Bei der Strafzumessung ist die schöpferische Selbständigkeit auf die Auswahl der Strafart und die Bestimmung der Strafgröße beschränkt. Nur wo die Aussetzung auf Wohlverhalten als Strafzumessungsakt gestaltet ist, besteht eine freie Wahl der Mittel hinsichtlich der zu bestimmenden Auflagen.

III. Revisibilität der Strafzumessung. Freies Ermessen wird dort betätigt, wo das Gesetz schweigt und dem Organ die Ermächtigung zu einer Entscheidung nach seinem Urteil erteilt hat. Innerhalb des Rahmens der Ermächtigung kann daher eine Gesetzesverletzung nicht erfolgen. Eine solche kommt erst in Betracht, wenn es sich darum handelt, ob das Organ die Ermächtigung, ihren Raum und Umfang richtig erkannt und angewandt hat.

Rechtsmängel hinsichtlich der Ermessensfreiheit, die bei der Strafzumessung bestätigt wird, können darin liegen, 1. daß das Ermessensproblem überhaupt nicht erkannt wird (Übersehen des Vorliegens des Ermessensproblems: z. B. Aussprechen einer lebenslangen Zuchthausstrafe, ohne zu erkennen, daß das Gesetz auch eine zeitige Freiheitsstrafe zuläßt, Übersehen der Zulässigkeit einer Nebenstrafe), 2. daß das Ermessen angewandt wird, wo es überhaupt nicht anzuwenden ist (Ausmessen einer Strafe, obwohl sie fest bestimmt ist), 3. daß das Ermessensgebiet, d. h. das Gebiet, innerhalb dessen der Raum der Ermessensfreiheit zu suchen ist, verschoben wird (Anwendung eines falschen Strafgesetzes mit einem anderen Strafrahmen als das anzuwendende, unrichtige Auffassung über die Weite des Strafrahmens, Übersehen des Vorliegens mehrerer Strafarten oder Strafrahmen), 4. daß das Ermessen seinem Umfang nach über die durch die Gebundenheit gesetzten Grenzen hinaus oder nicht bis zu diesen angewandt wird.

Nur in dem letzten Fall handelt es sich um das eigentliche Ermessensproblem. In den drei ersten Fällen erscheint das Verhältnis zwischen Ermessen und Gebundenheit in falscher Lagerung. Der Fehler ist schon begründet, ohne daß es, weil es oder ehe es zur Ermessensbetätigung kommt. Bei der vierten Fehlermöglichkeit handelt es sich um die falsche Grenzziehung zwischen Gebundenheit und Ermessen. Es handelt sich um Fälle, in denen Ermessensfreiheit besteht, ihr Vorliegen auch erkannt und das Gebiet, innerhalb dessen das Ermessen zu suchen ist, auch richtig erfaßt wird, der Raum der Ermessensfreiheit jedoch zu eng oder zu weit gezogen wird. Der Fehler kann sowohl in der Nichtbeachtung der äußeren als auch der inneren Grenzen beruhen. Ermessensüberschreitung und Ermessensmißbrauch stehen einander gleich. Die Gesetzesverletzung kann darin bestehen, daß a) die Grenzen der Gebundenheit zu weit vorgeschoben werden, b) die Grenzen des freien Ermessens zu weit vorgeschoben werden.

Eine Verschiebung der Grenzen der Gebundenheit kann entweder dadurch erfolgen, daß der Richter Gebundenheit annimmt, wo eine solche überhaupt nicht gegeben ist (z. B. Annahme, daß das Mittel des Strafrahmens Ausgangspunkt für die Strafbemessung sei), oder daß der Richter Gebundenheit annimmt in einer Art, in der sie nicht gegeben ist (z. B. Annahme, daß gewisse Gesichtspunkte (etwa der Vergeltungszweck) ausschließlich zu beachten seien).

Eine Verschiebung der Grenzen zu Gunsten der Ermessensfreiheit kann auf drei Weisen erfolgen. Zunächst einmal kann der Fehler darin liegen, daß der Richter gewisse Gesichtspunkte überhaupt nicht beachten zu müssen oder festliegende Gesichtspunkte in beliebiger Rangfolge verwerten zu dürfen glaubt (z. B. Annahme, daß die Strafzwecke im Gesetz nicht festgelegt seien, daß ihr Rangverhältnis nicht bestimmt sei, daß die Auswahl der zu bewertenden Umstände freigestellt sei, während tatsächlich aus den Strafzwecken sich die Pflicht zur Anstellung bestimmter Erwägungen ergibt). Sodann kann die Bewertung als solche falsch vorgenommen werden. Das kann dadurch geschehen, daß die Bewertung in falscher Richtung liegt (z. B. Verwendung eines strafmindernden Gesichtspunktes zur Straferhöhung) oder daß der Grad der Bewertung falsch ist (Überschreitung der dem Rechtsempfinden der Gemeinschaft entsprechenden Grenzen, eine offensichtlich unhaltbare und unvernünftige Strafzumessung). Die Verschiebung der Grenzen zu Gunsten der Ermessensfreiheit kann schließlich drittens in der Bewertung nicht beachtlicher Tatsachen und Vorgänge liegen. Ein Gesichtspunkt kann unbeachtlich bei der richterlichen Strafzumessung sein, weil der Gesetzgeber ihn bereits abschließend berücksichtigt hat. Hierhin gehört ein von den Gerichten sehr häufig begangener und vom Reichsgericht und den sonstigen oberen Gerichten in ständiger Rechtsprechung gerügter Fehler; die Bewertung eines Umstandes, der Tatbestandsmerkmal oder Gesetzesgrund ist, als besonderen Strafzumessungsgrundes (z. B. bei der Tötung die Vernichtung eines Menschenlebens, beim Meineid die Gefährdung der Rechtspflege). Ein Gesichtspunkt kann ferner unbeachtlich sein, weil seine Beachtung einen Verstoß gegen materielle oder prozeßrechtliche Vorschriften oder Grundsätze bedeuten würde (z. B. Verwertung einer nicht erwiesenen Tatsache bei der Strafzumessung). Schließlich dürfen auch unsachliche Gesichtspunkte, d. h. solche, die außerhalb der Zwecke des Strafverfahrens liegen, nicht berücksichtigt werden (Verwertung prozeßökonomischer, finanzpolitischer, gesundheitspolitischer Gesichtspunkte, Verfolgung persönlicher Zwecke, Auslösung persönlicher Empfindungen gegenüber dem Angeklagten).

IV. Psychologie der Strafzumessung. Um den Strafzumessungsvorgang richtig zu erfassen, genügt es nicht, seine rechtliche Grundlegung und kriminalpolitische Zielrichtung zu erkennen. Zu einem nicht geringen Teile vollzieht sich die Strafzumessung im Gefühlsmäßigen und Unbewußten. Mit dem Problem der Psychologie der Strafzumessung, das zum Gebiet der Richterpsychologie gehört, hat sich bisher weder die Theorie noch die Praxis näher befaßt. Und doch handelt es sich um eine Frage von großer Tragweite. Mit gefühlsmäßig und unbewußt mitspielenden Einflüssen haben Staatsanwalt, Verteidiger und Angeklagter zu rechnen. Sie haben dementsprechend Angriff und Verteidigung einzurichten. Ein tieferes Eindringen in die Psychologie der Strafzumessung kann dem Richter die Gefahren unsachlicher Einflüsse vor Augen führen und ihn vor einer fehlerhaften Strafzumessung bewahren. Die Einsicht in den Vorgang der Strafzumessung ist aber auch von organisatorischer und gesetzgeberischer Bedeutung. Für die Entscheidung mancher strafprozessualer Reformfragen, z. B. der Frage: Einzelrichter oder Kollegialgericht, Abstimmungs- oder Beratungssystem im Kollegialgericht (Führerprinzip bei der Urteilsfindung) lassen sich bedeutsame Gesichtspunkte gewinnen.

Die letzte Entscheidung hinsichtlich des Strafmaßes liegt in der Richterpersönlichkeit. Es kommen demnach in der Strafzumessung alle diejenigen Einflüsse zur Geltung, die die Persönlichkeitsanschauung bilden und formen. Zu den allgemeinen Einflüssen gehören in erster Linie die politischen und weltanschaulichen Strömungen. Die Einstellung zu Volk, Staat, Gemeinschaft und Individuum bestimmen den Grad der Bewertung der Tat und die Stellungnahme gegenüber dem Täter. Die Erkenntnis des Wesens des Verbrechens, die Auffassung über die Möglichkeit der freien Willensbildung drücken sich im Strafmaß aus. Das bis zur nationalen Erhebung immer mehr festzustellende Herabsinken der Strafschwere war nicht zum wenigsten der Ausdruck der Staats- und Gesellschaftskrisis, der sich immer mehr durchsetzenden und zersetzenden rationalistischen-naturalistischen Weltanschauung. Auch religiöse und konfessionelle Einwirkungen konnte man bei bestimmten Delikten (Sittlichkeitsdelikten: widernatürliche Unzucht und Kuppelei; Delikten gegen das Leben: Abtreibung und Kindsmord) früher vielfach feststellen. Wenn sich derartige Einflüsse heute weniger geltend machen, so deswegen, weil die Haltung des Nationalsozialismus bei den in Frage kommenden Delikten eine klare einheitliche strenge Linie einnimmt. Man wird auch annehmen dürfen, daß Geschlecht, Rasse und Stammeszugehörigkeit eine Rolle spielen. Auch die Umwelt, in der der Richter lebt, wie z. B. der örtliche Sitz des Gerichtes, ist nicht ohne Bedeutung. Wenngleich auch in Deutschland heute durch die politische Neugestaltung ein Ausgleich geschaffen ist, so konnte man doch früher beobachten, daß die Urteile der Gerichte der Land- und Mittelstädte schärfer waren als die der Großstädte. Um zu einigermaßen gesicherten Ergebnissen über die Bedeutung der allgemeinen Einflüsse auf die Strafzumessung zu gelangen, bedarf es noch der Einzeluntersuchungen, die sich wesentlich auf statistisches Material zu stützen hätten. (In dieser Richtung Exner und die von ihm angeregten Arbeiten.)

Neben die allgemeinen Einflüsse treten die rein persönlichen. Wach hat einmal — in freilich wenig geschmackvoller Weise — erklärt: die Höhe der Strafe richte sich nach Geblüt und Verdauung. Wie wenig auch der Ausspruch dem Ernst und der Würde der richterlichen Tätigkeit Rechnung trägt, so sollte doch der in ihm steckende berechtigte Kern eine Mahnung sein, sich näher mit dem Probleme der persönlichen Einflüsse zu befassen. In der Strafzumessung finden Charakter und Gemüt, Erziehung und Erfahrung und nicht zuletzt die Persönlichkeitsbildung durch die Lebensschicksale ihren Niederschlag. Selbst körperliche Umstände können eine Wirkung ausüben.

Die allgemeinen und persönlichen Einflüsse geben die Grundlage ab, auf der sich die richterliche Entscheidung aufbaut. Wie sie aber im Einzelfall ausfällt, hängt vornehmlich von der Art und Weise der Beziehungen ab, in der der Richter zu Tat und Täter steht. Es drückt sich im Strafmaß aus, inwieweit der Richter dem abzuurteilenden Sachverhalt mit Verständnis entgegentritt. Der im Strafmaß unbefriedigende Ausgang zahlreicher großer Betrugssachen und Korruptionsangelegenheiten findet seine Erklärung in der mangelnden Erfassung der tatsächlichen Bedeutung der Vorgänge. Die früher vielfach erhobenen Klagen der Kraftfahrer gegen den Richter beruhten zum großen Teil auf dem fehlenden Verständnis des Richters für die Bedürfnisse und Tatsachen des Kraftverkehrs. Mit der Ausbildung der Richter und Staatsanwälte im Kraftverkehr hat sich das Bild auch hinsichtlich des Strafmaßes nicht unwesentlich geändert. Immer wieder hervorgehoben wird der Unterschied in der Beurteilung des Jagdvergehens durch den Jäger und den Nichtjäger. Das stärkere Zufassen des Jägers erklärt sich aus seinem Verständnis für die Bedürfnisse des Jagdschutzes. Von großer Bedeutung für die Bestimmung des Strafmaßes ist die Lebhaftigkeit des Vorstellungsbildes. Nur dann kann der Richter zu einem zutreffenden Urteil im Strafmaß gelangen, wenn er die Tat miterlebt, wenn sie ihm als lebendiges und blutvolles Geschehen vor Augen steht. Es ist die Kunst der Anklage- und Verteidigungsrede, namentlich vor dem Schwurgericht, das Geschehen als Erlebnis zurückzurufen und die Würdigung des Geschehens nicht unter abstrakten und leblosen Formeln und Gesichtspunkten, sondern aus der Wirklichkeit und dem Leben heraus vorzunehmen. So wirken Staatsanwalt und Verteidiger mit an der Schaffung des richterlichen Vorstellungsbildes. In dieser Hinsicht ist es auch nicht gleichgültig, ob der Angeklagte in der Verhandlung zugegen ist oder nicht, ob der Verletzte durch den aburteilenden Richter oder durch einen kommissarischen Richter vernommen wird oder nicht. Der Gewinnung eines lebhaften Vorstellungsbildes können auch in dem Richter liegende Umstände entgegentreten, wie z. B. Überanstrengung und Übermüdung in langen, schwierigen Sitzungen, vor allem bei den Laienrichtern.

Ein bedeutender Umstand ist die stimmungsmäßige und gefühlsmäßige Einstellung des Richters gegenüber dem Täter. Daß das Äußere des Täters, sein Auftreten einen Einfluß ausüben kann, kann wohl nicht geleugnet werden. Wichtiger aber ist das Verhalten des Täters, seine Stellung zur Tat. So schlägt das Leugnen regelmäßig zu seinen Ungunsten im Strafmaß aus, wie das Geständnis, selbst das eines wenig reuigen Täters, in der Regel zu seinen Gunsten wirkt. Der leugnende Täter stärkt die Gegenstimmung. Das Geständnis schwächt die Kampfesstimmung ab. Es bringt dem Richter Beruhigung und Gewißheit, die in dem gleichen Maße selbst bei einer gründlichen Beweisführung fehlt. Mit Stimmungs- und Gefühlseinflüssen müssen auch Staatsanwalt und Verteidiger rechnen. Gerade im Schwurgericht liegt vielfach hier der Schwerpunkt ihrer Ausführungen.

Einer allzu starken Auswirkung des Subjektivismus bei der Strafzumessung treten objektivierende Umstände entgegen. Einen Ausgleich bewirkt die Mitwirkung mehrerer an der Gestaltung des Strafmaßes. An dem Vorschlag der zu verhängenden Strafe sind Staatsanwalt und Verteidiger beteiligt. Innerhalb der Kollegialgerichte bestimmt sich das Strafmaß durch das Beratungs- und Abstimmungsergebnis. In der Berufungsinstanz findet das Strafmaß seine Nachprüfung. Ein bedeutender Einfluß kommt dem Gerichtsgebrauch an den einzelnen Orten zu. In ausgleichender Richtung wirkt auch die Ausbildung der Juristen, ihre ständige Berührung mit dem Rechte und dem Rechtsleben. Mehr als je wirkt sich im Sinne eines Ausgleichs heute in Deutschland die Einheitlichkeit der durch den Nationalsozialismus getragenen Wertungsgrundlagen aus.

V. Kritik der heutigen Strafzumessung. Die Kritik der heutigen Strafzumessung wendet sich nach zweifacher Richtung. Sie ist zunächst Gesetzeskritik, dann Kritik der Strafzumessungspraxis.

Unser geltendes Strafgesetzbuch räumt der Strafzumessung nicht den Platz ein, der ihr kraft ihrer tatsächlichen Bedeutung zukommt. Wenngleich es auch nicht möglich und angebracht ist, daß das Gesetz die Strafzumessung in den Einzelheiten regelt, so ist es doch wünschenswert, daß wenigstens die allgemeinen Strafzumessungsregeln im Gesetz ihren Ausdruck finden. Wie im Bericht über die Arbeit der amtlichen Strafrechtskommission mitgeteilt wird, wird das künftige Strafgesetzbuch die Hauptgrundsätze der Strafzumessung angeben. Es wird dort niedergelegt werden, daß die Strafe nach Art und Maß vor allem zum Ausdruck bringen soll, daß sich der Täter gegen die Gesamtheit vergangen, ihr gegenüber sein Tun zu verantworten und zu sühnen hat, daß die Strafe sowohl beim Täter wie bei jedem Anderen das Bewußtsein wecken und stärken soll, daß jeder Einzelne dem Ganzen für sein Tun einzustehen hat und daß sie um so schwerer sein muß, je mehr sie gegen die Lebensbedingungen des Volkes verstößt. Als Erkenntnisquellen für den in der Tat zum Ausdruck gebrachten verbrecherischen Willen soll erwähnt werden die Art des Angriffs auf die Lebenskraft und Friedensordnung des Volkes, die verschuldeten Folgen der Tat und auch das Verhalten des Täters nach der Tat. Eine weiter ins Einzelne gehende Aufzählung von Strafzumessungsgründen wird das neue Gesetz vermeiden und das Weitere der Praxis überlassen.

In der starken Hervorhebung des Vergeltungsgedankens glaubt man vielfach eine mangelnde Berücksichtigung des Schutzes der allgemeinen Sicherheit feststellen zu müssen. Tatsächlich gewährt eine unrichtige Anwendung der Vergeltungsstrafe gerade gegenüber den gefährlichen Verbrechern keinen ausreichenden Schutz. Erkennt man aber, daß das Maß der Rechtsstörung neben dem Grade der Schuld auch vom Grade der Gefährlichkeit ergriffen und erfaßt wird, so verliert dieser Einwand seine Kraft. Ihm kommt, seitdem das G. vom 24. XI. 1933 die Möglichkeit der Sicherungsverwahrung und der Unterbringung vermindert zurechnungsfähiger Verbrecher in eine Heil- und Pflegeanstalt gebracht hat, überhaupt eine geringere Bedeutung zu. In den Fällen, in denen trotz erhöhter Gefährlichkeit infolge des Sinkens des Schuldvorwurfs unter dem Gesichtspunkte der Vergeltung vom Sicherungsstandpunkt unangebrachte Strafmilderung eintritt, kann nunmehr regelmäßig die Sicherungsverwahrung oder die Unterbringung in einer Heil- und Pflegeanstalt angeordnet werden.

Einen der wesentlichsten Mängel in der heutigen Strafzumessung sieht man in dem bestimmt zu verhängenden Strafmaß. Das bestimmte Strafmaß wird namentlich von den Anhängern der Spezialprävention als unzweckmäßig angegriffen. Es widerstrebe sowohl dem mit der Strafe verfolgten Erziehungsgedanken als auch dem Sicherungsgedanken. Der Gedanke des unbestimmten Strafurteils erfordert aber auch vom Standpunkte der Vergeltung aus Beachtung. Es erscheint auch hier möglich, eine Annäherung des Vergeltungs- und des Spezialpräventionsbedürfnisses herbeizuführen. Die Unvereinbarkeit des unbestimmten Strafurteils mit dem Vergeltungsrecht wird zu Unrecht behauptet.

Soweit der Vergeltungsgedanke nur zu einem Rahmenergebnis führt, entspricht ein Urteil, das es bei diesem Rahmenergebnis beläßt, nicht weniger als die Auswahl einer bestimmten Strafgröße den Vergeltungserfordernissen. Aber man kann noch einen Schritt weiter gehen. Die Tatsachen, die für die Bildung der Strafhöhe nach der gegenwärtigen Übung der Praxis in Rechnung gestellt werden, sind solche, die vor der Urteilsverkündung liegen. Das geschieht nicht etwa deswegen, weil nicht auch das zukünftige Verhalten des Täters für die Beurteilung seiner Tat von Bedeutung sein könnte, sondern deswegen, weil man die Zukunft nicht mit einer festbestimmten Größe erfassen kann. Tatsächlich läßt häufig erst das zukünftige Verhalten des Täters seinen Charakter, seine Beziehungen zur Tat erkennen und gibt somit erst einen tieferen Aufschluß über Schuld und Gefährlichkeit. Ein einwandfreies Urteil ist oftmals erst auf Grund längerer Beobachtung möglich. Ist das der Fall, so ist es vom Standpunkt der Vergeltung nicht nur nicht unstatthaft, sondern sogar angebracht, das zukünftige Verhalten des Täters in Rechnung zu stellen. Da das zukünftige Verhalten aber ungewiß ist, muß das Urteil die verschiedenen Möglichkeiten umfassen, d. h. es muß beweglich, rahmenmäßig ausgestaltet werden, unbestimmt sein. Den bereits anerkannten Mitteln der Reaktionsbeweglichkeit: der Strafaussetzung auf Wohlverhalten und den unbestimmten Maßregeln der Besserung und Sicherung ist als weiteres das unbestimmte Strafurteil zur Seite zu stellen. Freilich ist das unbestimmte Urteil nur dort angebracht, wo dem zukünftigen Verhalten tatsächlich Gewicht zukommt: bei den schweren Straftaten. Es ist daher auf die hohen Strafen zu beschränken (etwa über 1 Jahr). Die durch das G. vom 24. XI. 1933 eingeführte Sicherungsverwahrung macht das unbestimmte Strafurteil keineswegs überflüssig, da die Sicherungsverwahrung an die Voraussetzungen der §§ 42e, 20a StGB. gebunden ist und eine besondere Gefährlichkeit voraussetzt.

Die Kritik der Strafzumessungspraxis richtet sich vor allem gegen die häufig unzulängliche Begründung des Strafmaßes in den Urteilen. Tatsächlich enthalten sie gerade in diesem für den Abgeurteilten besonders bedeutsamen Punkt vielfach nicht mehr als einige wenigsagende Worte. Diesem Mangel könnte durch Einführung des Begründungszwangs in gewissem Umfang Abhilfe geschaffen werden. Nach dem zur Zeit geltenden § 267 Abs. 3 StPO. sollen (nicht müssen) die Strafzumessungsgründe angeführt werden. Die Einführung des Begründungszwangs würde die Praxis zu einer gründlichen Behandlung der Strafzumessung zwingen. Damit würde die Gefahr eingeschränkt, daß die Strafzumessung mehr nach unklaren Gefühlen als nach sachlichen Gesichtspunkten erfolgt. Es würde, da die Strafzumessung weitgehend revisibel ist, auch die Rechtseinheit und Rechtssicherheit gefördert werden. Allerdings muß hervorgehoben werden, daß es nicht Aufgabe der Revisionsinstanz sein kann, an sich sachgemäße Urteile wegen fehlerhafter Begründung des Strafmaßes zu Fall zu bringen. Leitender Gesichtspunkt ist vielmehr, ob das Ergebnis tatsächlich auf dem Mangel beruht oder nicht. Zur Abstellung der Mängel der richterlichen Strafzumessung ist aber vor allem auch die wissenschaftliche Durchdringung sowohl des Rechts der Strafzumessung als auch der Psychologie der Strafzumessung erforderlich. Den gesetzlichen Inhalt aufzuklären, die tatsächlichen Vorgänge zu erfassen, ist die Aufgabe der Wissenschaft. Die erworbenen Erkenntnisse in sich aufzunehmen und zu verwerten, wird die Aufgabe der Praxis sein. Damit wird die Strafzumessung der erforderlichen Klarheit, Einheitlichkeit und Zielbewußtheit entgegengeführt werden.

Schrifttum:

Aus der umfangreichen Literatur seien nur genannt: Drost, Heinrich, Das Ermessen des Strafrichters, Berlin 1930. — Exner, Franz, Studien über die Strafzumessungspraxis der deutschen Gerichte, Leipzig 1931. — Graßberger, Roland, Die Strafzumessung, Wien 1932. — Peters, Karl, Die kriminalpolitische Stellung des Strafrichters bei einer Bestimmung der Strafrechtsfolgen, Berlin 1932 (dort ausführliche Literaturangaben S. 28ff., 124ff.). — Sauer, Wilhelm, Kriminalsoziologie, Berlin-Grunewald 1933 (§ 10). — Schäfer, Leopold, Strafbemessung, im Bericht über die Arbeit der amtlichen Strafrechtskommission 1934 (S. 106ff.).

Karl Peters.

Streifendienst.

(Kriminalpolitisch.)

Unter Streifendienst der Kriminalpolizei versteht man den planmäßigen Einsatz einer an Stärke verschieden großen Anzahl von Kriminalexekutivbeamten, die zur Aufgabe haben, bestimmte Gebiete eines örtlichen Polizeibezirks in mehr oder minder regelmäßig wiederkehrenden Zeitabschnitten zu begehen und mit dem Ziele abzustreifen, die ihnen nach der Organisationstaktik zugewiesenen kriminalpolitischen Aufgaben zur Erledigung zu bringen.

Wir finden daher Streifmannschaften sowohl bei gewissen unten näher zu bezeichnenden Fachdienststellen, die sich mit der Bekämpfung des sogenannten Zunft- oder Berufsverbrechers, des internationalen, interlokalen, gewerbs- oder gewohnheitsmäßigen Rechtsbrechers befassen (Fach-Dienststreifen), als auch einheitlich eine Reihe von Streifen mit besonderer Artbezeichnung zu einer größeren Fahndungsinspektion (Große Streife) zusammengefaßt, die einesteils durch ihre Mitfahndung nach eindeutig bezeichneten Tätern zur Unterstützung des jeweiligen Fachdezernats bei der Unschädlichmachung von Berufsverbrechern mitzuwirken berufen ist, anderenteils selbständig bei Ermittlung, Festnahme und Einlieferung von Gelegenheitsverbrechern tätig wird (Fahndungs-Dienststreifen).

Daneben fällt dieser Fahndungsinspektion mit der ihr unterstellten Pfandleiherstreife vorzugsweise die Aufgabe zu, durch geeignete Maßnahmen nach dem Verbleib entfremdeten Gutes zu fahnden und dessen Wiederbeschaffung sowie Aushändigung an den rechtmäßigen Eigentümer oder berechtigten Besitzer zu sichern.

Dienstanweisungen: Landeskriminalpolizei. V. f. d. P. Nr. 32. RdErl. des M. d. I. vom 14. I. 1927 MBliV. S. 84; RdErl. des M. d. I. vom 12. V. 1927 MBliV. S. 615; RdErl. des M. d. I. vom 31. VII. 1928 MBliV. S. 859; RdErl. des M. d. I. vom 14. III. 1929 MBliV. S. 219; RdErl. des M. d. I. vom 25. III. 1930 MBliV. S. 286. OrdnVfg. d. PolPräs. Berlin: vom 1. III. 1929, Ermittlungen und Fahndungen; vom 28. VII. 1930, Festnahme, Einlieferung, Vorführung.

I. Fachdienststreifen. In der nun folgenden, eine tunlichst erschöpfende Wiedergabe anstrebenden Aufzählung von Einrichtungen des Streifendienstes in kriminalpolitischer Hinsicht sind unter den Fachdienststreifen, wie sie beispielmäßig bei der Kriminalpolizei der staatlichen Polizeiverwaltung in Berlin organisiert sind, zu nennen:

1. Streife zur besonderen Verwendung bei der Kriminalgruppe zur Bekämpfung des berufsmäßig begangenen Diebstahls.

In der Bekämpfungsmethode ist sie der wohl gröbsten Form des asozialen Kriminalismus der Einbrecher, Geldschrankknacker, nächtlichen und Bandendiebe, Hehler, Ring- und Unterweltvereine angepaßt. Sie gehört unverkennbar mit zu den wichtigsten neuzeitlichen Streifendienststellen, deren Zwecke und Ziele vornehmlich in der Anbahnung und Durchführung moderner strafgerichtlicher Sicherungsverwahrung bzw. polizeilicher Vorbeugungshaft als Verwaltungsmaßnahme zu suchen sind.

Ihre Stärke beträgt zur Zeit in Berlin nach dem Stande vom 1. X. 1934: 2 Kommissare und 25 Kriminalbeamte.

Neben der oben erwähnten Tätigkeit läuft die Pflicht zur Mitwirkung bei der Erledigung von Haftbefehlen und Steckbriefen gegenüber den bereits genannten Rechtsbrechern.

Die Erfolge, die von dieser Dienststelle erzielt worden sind, kennzeichnen am besten nachstehend aufgeführte Zahlen:

Anzahl der unschädlich gemachten Berufseinbrecher nach dem Stande vom 1. X. 1934 in Berlin: in Sicherungsverwahrung 167 Täter (rechtskräftig), in vorbeugende Polizeihaft 58 Täter, mit bestimmter Auflage 21 Täter.

Unter Auflagen sind hierbei solche kriminalpolizeilichen, je nach Zweckmäßigkeit verschieden gestalteten Anweisungen zu verstehen, die dem Betroffenen ganz bestimmtes persönliches Verhalten vorschreiben und deren Befolgen von der Streifmannschaft kontrolliert wird.

Bei dieser Gelegenheit sei darauf hingewiesen, daß dank der straffen kriminalistischen Handhabung zwei Erscheinungsformen des Berufsverbrechertums stark zurückgegangen sind, ja nahezu völlig aufgehört haben, ihr Unwesen zu treiben: Konfektionseinbrüche und Zusammenschluß zu Verbrechervereinen.

2. Sogenannte Päderasten- und Exhibitionistenstreife bei der Kriminalinspektion, die Unzucht und Unsittlichkeiten zu ihrer zuständigen Bearbeitung zählt.

Daß sie im organisatorischen Aufbau bei der Polizeiverwaltung Berlin der Kriminalgruppe unterstellt ist, die sich mit Mord und Todesermittlungen schlechthin befaßt, geschah aus Gründen zweckmäßiger Zusammenfassung und tat der Erfüllung ihrer Aufgaben auf dem Gebiete sittenwidrigen Verhaltens keinerlei Abbruch.

Die Stärke dieser Streife beläuft sich zur Zeit in Berlin auf 8 Beamte. Sie führt die Dienststellenbezeichnung M II. 1. A. D. = Außendienst.

Die Zahl der monatlich festgenommenen Päderasten schwankt zwischen 50 und 60 Personen, davon sind Jugendliche im Durchschnitt 15 bis 20. Den letzteren gegenüber läßt man mit Recht keinerlei Milde walten. Auch wenn sie sich noch so übereilig, gründlich und einwandfrei über ihre wahre Persönlichkeit auszuweisen imstande sind, werden sie unter allen Umständen als Zwangsgestellte dem zuständigen Fachdezernat zugeführt. Ob die besonderen Voraussetzungen einer vorläufigen Festnahme hierbei schon restlos erfüllt sind oder nicht, bleibt zunächst außer Betracht.

3. Ordnungsstreife. Sie ist in Berlin ebenfalls der Kriminalinspektion zur Bekämpfung von Unsittlichkeiten angegliedert und trägt die Bezeichnung „M II 5“.

Keinesfalls hat die Ordnungsstreife etwa als Rechtsnachfolgerin der nach dem G. zur Bekämpfung der Geschlechtskrankheiten vom 18. II. 1927 seit dem 1. X. 1927 beseitigten Sittenpolizei zu gelten. Tatsächlich sind ihr, wenn auch in abgeänderter Form, eine Reihe von polizeilichen Maßnahmen in die Hand gegeben, die sich, genau wie früher, gegen die groben Auswüchse des unzuchttreibenden Dirnentums richten. Körperliche Zwangsuntersuchungen durch den Polizeiarzt, Kontrollstellungen, Straßen- und Quartieraufenthaltsverbote sind in Fortfall gekommen. Die Betätigung der Ordnungsstreife erfolgt nur noch im Rahmen des oben angeführten Gesetzes unter besonderer Beachtung der Neufassung des § 361 Ziff. 6, 6a—c nach dem G. vom 26. V. 1933 sowie einschlägiger ministerieller Anweisungen.

Die Durchführung gesundheitlicher Maßnahmen liegt allein in den Händen der Gemeindebehörde, die in der Mehrzahl der Fälle jedoch auf die Mitarbeit dieser polizeilichen Ordnungsstreife angewiesen ist, da jene als Gesundheitsbehörde keinerlei polizeiliche Befugnisse besitzt und sehr vielen Weltstadtdirnen ohne polizeilichen Zwang nach wie vor nicht beizukommen ist.

Die Stärke der Ordnungsstreife beträgt in Berlin nach dem Stande vom 1. X. 1934 1 Kriminalkommissar und 55 Beamte.

Ihre Verteilung auf die Fülle der in einer Großstadt vorhandenen gefährdeten Brennpunkte erfolgt unter Bezeichnung nach Himmelsrichtungen in eine Ordnungsstreife „Nord“, „Süd“, „Ost“, „West“ und „Mitte“.

Von den durchschnittlich in einem Monat bis zu 300 festgenommenen Personen beiderlei Geschlechts wurden nahezu 50% dem Richter vorgeführt, da gleichzeitig eine strafbare Handlung vorlag. Die restliche Hälfte wurde zu einem Teil dem Gesundheitsamt zugeführt, zum anderen Teil nach erfolgter Verwarnung entlassen.

Die Zahl der monatlich zur Bearbeitung kommenden Vorgänge beziffert sich auf nahezu 600 Aktenstücke.

4. Betrügerstreife. Einer besonderen Hervorhebung bedarf es nicht weiter, daß ebenso wie bei der Kriminalgruppe zur Bekämpfung des gewerbsmäßigen Diebstahls und der Kriminalinspektion zur Bekämpfung von Unsittlichkeiten auch bei der Kriminalgruppe B zur Bekämpfung der zunftmäßigen Betrüger im Bezirk der Polizeiverwaltung Berlin eine Streife z. b. V. vorhanden ist, die in der Hauptsache wegen gewerbsmäßigen Betrugs gesuchte Personen zur Einlieferung bringt.

5.Taschendiebstreife. Diese Streife ist dem Preußischen Landeskriminalpolizeiamt in Berlin angegliedert und mit besonderen Befugnissen im internationalen Verkehr ausgestattet. Als Zentraldienststelle führt sie die Bezeichnung „LKPA.-T." (= Taschendiebe).

Als Taschendiebstahl im eigentlichen Sinne wird hierbei nur diejenige Entwendung fremden Eigentums zu bezeichnen sein, bei der ein Täter als sogenannter „Zieher" unter Verwendung von Kunstgriffen („Schere") meist im Gedränge mehrerer Personen auftritt und Mantel-, Rock-, Westen- oder Hosentaschen seines Opfers heimsucht. Einem weiteren Tatgenossen, der oft als „Decker" auftritt, gibt er den erbeuteten Gegenstand schnellstens weiter, damit bei einer Durchsuchung seiner Person möglichst nichts Belastendes gefunden werde.

Wenn auch die Entwendung von Aktentaschen, Damenhandtaschen oder Markttaschen nie zum Taschendiebstahl zählt, so geht doch die Zuständigkeit des Taschendiebstahlsdezernats über die oben bezeichnete Grenze noch etwas hinaus. Auch der Diebstahl an Kassen- und Gepäckschaltern, insbesondere an Reisegepäck, solange es noch nicht bahnamtlich zur Aufgabe gelangte, wird vom Taschendiebstahlsdezernat mitbearbeitet.

Das mit der Streife Hand in Hand arbeitende Taschendiebstahlsdezernat umfaßt nach dem Stande vom 1. X. 1934 insgesamt 1 Kommissar und 16 Beamte.

Die Zahl der monatlich im Durchschnitt allein in Berlin festgenommenen Taschendiebe schwankt zwischen 30 und 40 Tätern.

Der allbekannten Taktik des Taschendiebes, sich mit einwandfreien Ausweispapieren zu versehen, um, falls er auf frischer Tat gefaßt wird, der Zwangsgestellung oder vorläufigen Festnahme zu entgehen, wird durch die Dienstanweisung dadurch wirksam entgegengetreten, daß alle ausländischen Taschendiebe, auch wenn die Voraussetzungen einer vorläufigen Festnahme nicht restlos erfüllt sein sollten und ein Belassen auf freiem Fuße verfügt werden müßte, trotzdem unter allen Umständen dem Fachdezernat eingeliefert, d. h. zwangsweise mit besonderem Transportwagen zugeleitet werden.

Die Heraushebung der oben genannten Fachdienststreifen aus dem Rahmen der sonst in der Fahndungsinspektion zusammengefaßten Streifen, denen sie zum Teil früher angegliedert waren, hat sich als außerordentlich günstig ausgewirkt. Die nach reiflicher Erwägung richtig getroffene Lösung des Problems konnte nur darauf hinauslaufen, die auf Fachgebieten des Berufsverbrecher- und Dirnentums anzusetzenden Streifen in allerengste Verbindung mit den zugehörigen Fachdezernaten zu bringen. Nur so ist ein zielsicheres, erfolgbetontes Durchgreifen in gewerbs- und gewohnheitsmäßig begangenen Straftaten gewährleistet. Auf andere Art und Weise ist das Hand-in-Hand-Arbeiten der Fachdienststellen mit den sachlich zugehörigen Streifenbeamten ohne Schwierigkeit nicht durchführbar.

II. Fahndungsdienststreifen. Zu den nicht ausschließlich der Bekämpfung von Gewerbs- und Gewohnheitstätern dienenden Streifeneinrichtungen gehört die sogenannte „Große Streife" mit ihrem weit verzweigten und oft bewährten Fahndungsdienst. Ihren Namen trägt sie in Berlin einmal wegen der Stärke der Beamtenschaft, sodann aber auch wegen der Größe der ihr zugeteilten vielseitigen kriminalpolitischen Arbeitsgebiete.

Die zentrale Zusammenfassung der Großen Streife zu einer eigenen Fahndungsinspektion im Polizei-Hauptdienstgebäude Berlin erfolgte erstmalig im Jahre 1923. Sie paßt sich den Kampfbedürfnissen einer modern aufgezogenen Kriminalpolizei bei der Unschädlichmachung des Gelegenheitsverbrechertums ebenso günstig an wie die schon oben erwähnten Fachdienststreifen bei den Fachdezernaten zur Bekämpfung des Berufsverbrechertums.

Während die erwähnten Fachdienststreifen oftmals Anlaß haben und Gelegenheit nehmen, durch plötzliches Auftreten zur Ausführung geplante Taten vor ihrer Begehung zu verhüten, oft sogar die Täter bei Begehung einschlägiger Delikte ertappen, überführen und zur Strecke bringen, kommt diese Art der Initiativtätigkeit für die Beamten der Großen Streife weniger in Betracht. Ihre Haupttätigkeit bezweckt die Erfassung derjenigen Täter, die nach begangener Tat von den Polizei- oder Justizbehörden gesucht werden, weil die Voraussetzungen zur Verhaftung oder vorläufigen Festnahme bereits als erfüllt aktenkundig festlagen.

Die Fahndungsdienststreifen stützen somit den gesamten taktischen und technischen Aufmarschplan, wie er insbesondere gegenüber solchen Rechtsbrechern erforderlich ist, die es verstehen, sich vor dem behördlichen Zugriff durch Flucht in verdunkelnde Umstände zu sichern, Tätern, die teils, ohne ihre Personalien zu entstellen, sich an versteckten Orten verborgen halten, teils mit entstellten Personalien und sonstwie getarnt mit oder ohne wechselndem Aufenthalt den suchenden Behörden zu entgehen wähnen.

Damit ist schon eindeutig gekennzeichnet, daß die Große Streife eine der bedeutungsvollsten organisationstaktischen Einrichtungen ist, ohne die eine moderne Kriminalpolizei namentlich in einer Groß- oder Weltstadt besterdings nicht auskommen kann.

Durch planmäßig angesetzte Streifengänge in verdächtigen Gegenden, einschlägigen Quartieren, Herbergen oder sonstigen Unterschlupfwinkeln und Aufenthaltsräumen bringt die Große Streife die steckbriefmäßig gesuchten Personen auf. Unter steckbriefmäßig gesuchten Personen sind hierbei auch solche zu verstehen, bei denen die Justizbehörden zwar noch kein Festhalteersuchen erlassen haben, das die Anlegung einer Graukarte in der Steckbriefkartei nach sich zog, bei denen aber bereits die Voraussetzungen einer vorläufigen Festnahme erfüllt sind und die demnach als polizeilich gesuchte Personen zu bezeichnen sind. Die namentliche Liste aller dieser gesuchten Personen ist unter der Bezeichnung „Deutsches Steckbriefregister" geläufig, und soweit es sich um die Ergreifung im Bezirke der Landeskriminalpolizeistelle Berlin gesuchter Täter handelt, als „Berliner Fahndungsnachweis" bekannt.

Für die Große Streife sind demnach das Deutsche Steckbriefregister und der Fahndungsnachweis der Landeskriminalpolizeistelle Berlin die maßgeblichen das Gedächtnis unterstützenden oder ersetzenden, buchdrucktechnisch hergestellten Hilfsmittel zum Auffinden gesuchter Personen.

Kein Zwangsgestellter darf zur Entlassung kommen, bevor nicht seine Persönlichkeit einwandfrei festgestellt ist; kein Festgenommener eingeliefert werden, ohne daß durch Anfrage beim „Steckbrief" geklärt ist, ob er steckbriefmäßig gesucht wird oder nicht.

Bei der weiteren Aufteilung des Streifendienstes der Großen Streife finden sich Einrichtungen mit den Bezeichnungen Streife Nord, Süd, Ost, West und Mitte.

Hier handelt es sich um eine Streifbeamtenschaft, die regional aufgeteilt, räumlich in sich abgeschlossene Stadtgebietsteile zu durchstreifen hat. Die Diensteinteilung ist so vorgesehen, daß regelmäßig zu den Stunden, in denen der Kriminalismus besonders stark in den Vordergrund tritt, eine Anzahl von Beamten stundenweise unterwegs ist, die in wiederkehrender Reihenfolge von Mitbeamten der gleichen Streifenart zu gegebenem Zeitpunkt abgelöst werden.

In dienstlichen Besprechungen und Zusammenkünften werden Sonderaufträge erteilt und zur Durchführung anbefohlen. Steckbriefregister, Fahndungsnachweis, Sonderaktenvorgänge, schriftliche und mündliche Festnahmeanweisungen gehören zum hauptsächlichsten Rüstzeug der Große Streife zwecks Vollziehung polizeilichen Willens.

Soweit es sich um die Durchführung von Festnahmemaßnahmen gegenüber Berufsverbrechern handelt, bleibt die nebenher laufende Zuständigkeit zur Erledigung des Haftbefehls oder Steckbriefs durch die Fachdienststreife bei den einzelnen Fachdezernaten zur Bekämpfung des Zunftverbrechertums unberührt.

Festnahmeersuchen mit dem Ziele auf Unterbringung in gerichtliche Untersuchungshaft gegenüber Gelegenheitstätern, insbesondere soweit sie nicht unmittelbar den Kriminalinspektionen bei den regional aufgeteilten Polizeiämtern zugehen, wie auch gegenüber allen Rechtsbrechern ohne Anhaltspunkte für die Zuständigkeit einer Sonderdienst- oder örtlichen Dienststelle harren ihrer Bearbeitung durch die zuständige Große Streife.

Telegraphisch oder durch Pol-Funk übermittelte Festnahmeersuchen auswärtiger Polizei- oder Justizdienststellen werden grundsätzlich durch die Beamten der Großen Streife nach Maßgabe einer besonders angeordneten Buchstabenverteilung zur Erledigung gebracht, ohne daß hierbei eine Scheidung nach Berufs- oder Gelegenheitstätern Platz greift.

Ist die Ergreifung eines Täters angeordnet, der nicht zur Untersuchungshaft, sondern zur Vollstreckungshaft zu bringen ist, so ist grundsätzlich die Große Streife der Fahndungsinspektion hierfür nicht zuständig. Die Durchführung dieser Festhaltemaßnahme mit dem Ziele auf Unterbringung zum Strafvollzug liegt in den Händen einer besonderen Organisationseinrichtung, die in Berlin den Namen „Überführungsstelle" trägt. Zu ihrer Exekutive zieht sie Beamte der Schutzpolizei hinzu, die diesen Dienst in Zivilkleidung als Beamte zur besonderen Verwendung machen.

Soweit in Ausnahmefällen Beamte der Großen Streife Haftbefehle zur Strafvollstreckung gelegentlich mit zur Erledigung bringen, ändert dies nichts an ihrer eigentlichen Zuständigkeit für die Exekution von Haftbefehlen zur Untersuchungshaft.

Die Anzahl der von der Großen Streife in Berlin im Durchschnitt monatlich eingelieferten Personen beträgt mehr als 300, von denen allein über 200 auf Graukarten gesuchte Personen sind.

Innerhalb der Großen Streife sind als Streifen mit besonderer Artbezeichnung noch folgende zu nennen:

1. Diensthundführerstreife. Bei dieser Streife haben wir es mit einer Einrichtung zu tun, die imstande ist, die Verfolgung einer vom Täter zurückgelassenen Spur da möglich zu machen, wo das menschliche Auge versagt, der Fährte zu folgen. Durch das Einsetzen sogenannter „Fährtenhunde", meist Schäferhunde, werden an Hand der von dem Hunde ausgearbeiteten Fährte Fingerzeige und Richtlinien geliefert, die bei verständnisvoller Auswertung die Ermittlung des Täters zur Folge haben.

In vielen Fällen führt die Verwendung des Fährtenhundes zur Auffindung von Gegenständen, die dem Täter gehören, günstigenfalls bis zu seiner Wohnung oder dem Diebesversteck. Über den Unsinn des früher oft geforderten und falsch bewerteten „Verbellens" einer Person als Täter ist man längst hinweg. Der Fährtenhund kann in der Hand seines auf ihn eingestellten, durch Einfühlungsvermögen seelisch mit ihm verwachsenen Diensthundführers wertvolle Dienste zur Aufklärung leisten; die kombinatorische Gedankenarbeit des kriminalistischen Sachbearbeiters kann er jedoch nicht ersetzen.

Im Gegensatz zur Arbeitsleistung des Fährtenhundes steht die Tätigkeit des Schutz- und Begleithundes. Diese Art von Hunden ist soweit abgerichtet, daß sie in der Lage ist, unter Außerachtlassung von Bodenfährten große Geländeflächen, ohne an der Leine geführt zu sein, abzustreifen. Sie stellen alle in dem abzusuchenden Gelände sich aufhaltenden Personen und hindern sie so lange am Weitergehen, bis der Diensthundführer dressurmäßig beigebrachte Zeichen gibt. Dressur und Verwendung beider Spezialarten von Hunden gehen von getrennten Gesichtspunkten aus und zielen auf verschieden geartete Zwecke ab.

Die Stärke der Diensthundführerstreife beträgt bei der Polizeiverwaltung in Berlin nach dem Stande vom 1. X. 1934 20 Beamte und 20 Hunde.

Die mit der Diensthundführerstreife erzielten Erfolge belaufen sich im Monat auf nahezu 30% der erteilten Aufträge.

2. Autostreife. Die Autostreife entlehnt ihren Namen nicht etwa der Fahndungstätigkeit nach gestohlenen Kraftfahrzeugen — diesen Dienst versehen neben den Streifen Nord, Süd, Ost, West und Mitte die Streifenbeamten der uniformierten Schutzpolizei an Hand eines vom Kommando der Schutzpolizei besonders herausgegebenen Verzeichnisses der als abhanden gemeldeten Kraftwagen.

Mit Autostreife ist vielmehr eine Streifmannschaft gekennzeichnet, die ihren Dienst nicht, wie die übrigen Streifenbeamten zu Fuß macht oder unter Zuhilfenahme der öffentlichen Verkehrsmittel durchführt, sondern die mit Kleinkraftwagen ausgerüstet eine außerordentliche Beweglichkeit besitzt und in kurzer Zeit Strecken abzufahren und abzustreifen in der Lage ist, zu deren Bewältigung ein Fußgänger sehr erheblich viel mehr Zeit beanspruchen würde.

Ihr Aufgabenkreis erstreckt sich über die besonders eiligen Sonderaufträge bis zu den allgemein dem Streifendienst obliegenden Fahndungsmaßnahmen.

Als weitere Sonderart folgt die

3. Krankenhausstreife. Der eigentliche Zweck dieser Streife besteht darin, den Aufenthalt solcher Rechtsbrecher ausfindig zu machen, die aus besonderem Anlaß eine Krankenanstalt aufgesucht haben und dort mehr oder minder verborgen dem Auge der Kriminalpolizei zu entgehen glauben. Es handelt sich hier um Täter, die bei Betreffen auf frischer Tat verwundet, gelyncht oder sonstwie verletzt wurden und, ohne sofort festgenommen zu sein, oft recht widerwillig ärztliche Hilfe durch Aufnahme in ein Krankenhaus notgedrungen beanspruchen mußten.

Soweit Personen als unbekannte Kranke in Krankenanstalten Aufnahme fanden, ist die Revierkriminalpolizei durch Aufnahme einer Personenbeschreibung mitzuwirken verpflichtet. Die bloße Bekanntgabe seitens der Krankenhausverwaltung an die Krankenhausstreife entspricht nicht den erforderlichen Bedürfnissen.

Durch zielbewußtes Zusammenarbeiten mit den zuständigen Dienststellen werden jährlich von dieser Streife eine große Anzahl nicht bloß gesuchter Verbrecher, sondern insbesondere auch vermißter Personen und unbekannter Kranker ermittelt und behördlichem Zugriff unterworfen. Ein tägliches Aufsuchen sämtlicher Krankenanstalten durch die Krankenhausstreife hat sich hierbei als unbedingt erforderlich nicht herausgestellt.

Die Anzahl der auf diese Weise in Berlin erzielten Erfolge beträgt u. a. monatlich 80 als vermißt gemeldete Personen.

4. Pfandleiherstreife. Besonderer Tiefgründigkeit, Merk- und Spürfähigkeit bedürfen die Beamten der sogenannten Pfandleiherstreife.

Zu ihren Aufgaben gehört nicht etwa Kontrolle oder Aufsicht über die Geschäftsführung der Pfandleiher und Trödler — dazu ist die Abteilung für Gewerbeangelegenheiten berufen —, sondern lediglich die Fahndung nach gestohlenen Gegenständen, für deren Umsatz in Geld der Rechtsbrecher der Natur der gestohlenen Ware nach eine bessere oder passendere Gelegenheit bei geeignetem Hehler nicht finden konnte.

In der je nach Bedarf herausgegebenen Liste der polizeilich bekannt gewordenen gestohlenen Gegenstände — Tagesverzeichnis — findet die Pfandleiherstreife ein brauchbares Hilfsmittel bei der Fahndung nach entfremdetem Gut. Soweit gestohlenes Gut von oder nach auswärts zur Verschiebung kommt, erfolgt die Veröffentlichung nicht im Tagesverzeichnis, sondern im Deutschen Kriminalpolizeiblatt. Damit ist schon gekennzeichnet, daß die Pfandleiherstreife als vollwertiges Hilfsmittel zu ihrer Fahndung die vorgenannten beiden Polizeiblätter zur Verfügung hat.

Keineswegs selten ereignet es sich, daß die Streife auf gestohlene Ware stößt und sie sicherstellt, deren widerrechtliche Zueignung nach vorangegangenem Diebstahl zur Zeit der Sicherstellung noch nicht einmal amtsbekannt war.

Die Tätigkeit der Pfandleiherstreife beziffert sich in Berlin nach dem Stande vom 1. X. 1934 auf 150 erfolgreiche Ermittlungen. Zu Zeiten verbrecherischer Hochkonjunktur steigerte sich diese Zahl in den letzten Jahren bis auf das Vierfache.

Unter der Zahl weiterer Sonderstreifen sind noch zu nennen:

5. Kriminalgehilfenstreife, in der Aufträge zur Erledigung kommen, bei denen eine Beamteneigenschaft, insonderheit Qualifikation zum Hilfsbeamten der Staatsanwaltschaft nicht unbedingt erforderlich ist, wie z. B. bei Vigilanzen, Observationen oder sonstigen Hilfsleistungen zwecks späterer Durchführung von Festnahmemaßnahmen und Gefangenentransporten.

6. Bahnhofstreife. Der Zweck dieser Streife besteht in der Überwachung der an- und abreisenden Personen, insbesondere Fahndung nach gesuchten Tätern sowie Mitwirkung in Vorfällen, die sich auf den Hauptbahnhöfen ereignen und mangels eisenbahntechnischen Einschlags nicht zur Zuständigkeit der Bahnpolizei gehören. Zur Bahnhofstreife werden oft auch Beamte anderer Dezernate hinzugezogen, wie z. B. des Erkennungsdienstes, um ihnen neben ihrer rein kriminaltechnischen Dienstleistung die Möglichkeit zu geben, sich in ihrer zu jeder Zeit schlagfertigen Bereitschaft auch auf dem Gebiete kriminaltaktischer Betätigung zu stählen.

7. Rennbahnstreife, Kino- und Theaterstreife. Je nach dem Zweck ihrer Aufgabe pflegen sie verschieden stark und häufig angesetzt zu werden, z. B. bei Überwachung wilder Buchmacher bzw. Ermittlungen von Tätern, die zum Objekt ihrer kriminellen Betätigung das Theaterpublikum auserwählten. Auch zur Abwicklung dieser Aufgaben werden Beamte fast aller anderen Kriminaldienststellen, zum Teil freiwillig nach einer vorliegenden Liste, herangezogen, um ihre Verwendbarkeit zu erweisen oder zu erhöhen.

8. Revierstreife. Schließlich darf nicht versäumt werden, die Kriminalbeamten in den Revieren zu erwähnen, deren Dienst insbesondere dann als Streifendienst zu bezeichnen ist, wenn sie die in ihrem Revierbezirk aufhältlichen Verbrecher jeder Art sowie Verbrecherschlupfwinkel jeden Grades einer unerläßlichen und unablässigen Überwachung unterwerfen. Schon durch bloße Anwesenheit unterbinden sie häufig vorbeugend die verbrecherische Betätigung der genannten Revierinsassen. Andererseits fahnden sie, ähnlich wie die Pfandleiherstreife bei Pfandleihern und Trödlern, so die Revierstreife bei Juwelieren und Goldankäufern oder sonstwie einschlägigen Gewerbetreibenden nach amtlich ausgeschriebenem entwendeten Gut, soweit der übrige Dienst es zuläßt.

Seinem Wesen nach unzweifelhaft entsprechend, als Streifendienst zwar nicht ohne weiteres erkennbar ist noch zu bezeichnen

9. Streife in Hotel- und Gastwirtschaften zur Ermittlung von Hotelfremden zwecks Feststellung zutreffender Personalien; insbesondere Fahndung nach solchen Reisenden, die steckbriefmäßig gesucht werden. Während die Kontrolle der Fremdenmeldungen grundsätzlich in den örtlich belegenen Revierkriminaldienststellen erfolgt, sind in einigen Bezirken mit ausgeprägtem Reise- und Fremdenverkehr Sonderbeamte eingesetzt, die Hotel- und Fremdenherbergen, Quartiere und Pensionen in genanntem Sinne überwachen. Derartige besondere Streifen finden sich in Berlin bei den Kriminalinspektionen Mitte, Tiergarten und Kreuzberg.

Die Zahl der im Durchschnitt monatlich überprüften Personalien von Hotelfremden beträgt 80000 Einzelfälle.

Als Höchstzahl der auf diese Weise ermittelten Personen sind monatlich bis zu 15 gesuchte Täter zu nennen.

Den größten Umfang und die am meisten nachhaltige Wirkung haben die schließlich noch zu erwähnenden Razzien, eine Art summarischen General-Streifendienstes, zu denen bei besonderer Gelegenheit ein großes Aufgebot von Beamten zur Mitwirkung herangezogen wird. Je nach Umfang nehmen daran sowohl Beamte der Fachdezernate als auch Beamte der Großen Streife und anderer Dienststellen teil, um Aushebungen großen Umfanges, Abriegelungen oder sonstige Zwangsmaßnahmen gegenüber einschlägigen Aufenthaltsräumen, Spielklubs, Pfandkammern, Verbrechervereinen, Hehlernestern u. ä. vorzunehmen.

Nimmt der Streifendienst über die Formen der Großrazzia hinweg Umfang und Rahmen an, die sich über das ganze Staatsgebiet ausdehnen, so spricht man von Landesfahndungstagen, die von Zeit zu Zeit gemäß höherer Weisung durchgeführt werden. Die Zahl der herangezogenen Beamten setzt sich aus allen verfügbaren Kräften der Kriminalpolizei, Schutzpolizei, Gendarmerie und kommunalen Polizeibehörde zusammen. Der Streifendienst an Landesfahndungstagen hat zum Ziel die restlose Erfassung aller in Ortschaften und auf Landstraßen umherziehenden, nicht ortsansässigen Personen. Sie werden einer Überwachung insoweit unterworfen, als sie verdächtig sind, ohne festen Aufenthalt zu haben, sich als gesuchte Landstreicher, Zigeuner, Bettler oder sonstige Vagabunden dem Zugriffe der Behörden zu entziehen.

Ein oft besonders bewährtes Hilfsmittel zur Unterstützung des gesamten Streifendienstes bei der Fahndung nach gesuchten Tätern, von denen bekannt ist, daß sie sich in einer bestimmten Umwelt mit mehr oder minder verbrecherischem Einschlag bewegen, bietet die sogenannte „Fahndungskartothek". Es handelt sich hierbei um eine karteimäßig geführte Zusammenstellung aller einschlägigen Gewerbeniederlassungen, Unterkunftsräume und sonstigen Örtlichkeiten, deren Lage nach Art und Zweck dem Rechtsbrecher entweder Möglichkeiten bieten, um unerkannt unterzutauchen, oder die ihm Absatzgebiete sind für entfremdetes Gut.

Bei der Polizeiverwaltung Berlin umfaßt die auf dem laufenden gehaltene Kartei zur Zeit ca. 18000 Einzelangaben.

Die möglichst ergiebig geformte Zusammenstellung läßt erkennen, daß der Streifendienst kriminalpolitisch nach Umfang, Inhalt und Wichtigkeit Aufgaben zu erfüllen hat, die sich vergleichen lassen mit dem Tätigwerden der schnell, sicher und zielbewußt durchgreifenden Hand, der Exekutive im wahrsten Sinne des Wortes als Mittel zum tatkräftigen Ausüben, Ausführen und Durchsetzen polizeilichen Willens wie kaum eine andere zur Wahrung der Staatsautorität geschaffene Einrichtung von hoher Bedeutung.

Schrifttum:

Neben allgemeinen Werken der Kriminologie: Nachrichtenblatt der Reichsbahn 1927, Taschendiebstahl. — Most-Böttger, Leitfaden für Abrichtung des Hundes, 1933.

Paul Kuckenburg.

Stufenstrafvollzug s. Strafvollzug.

Suggestion.

Die Suggestion — ein Begriff, dem heute keinerlei mystischer Beigeschmack mehr anhaftet — ist eine der wichtigsten Urweisen des Seelenlebens, die für den Menschen sowohl als Einzelindividuum wie auch als Gesellschaftswesen große Bedeutung hat. Die Suggestion ist somit Gegenstand der Biologie wie der Soziologie und daraus erklärt es sich, daß sie auch in der Kriminologie uns innerhalb der verschiedenen Teildisziplinen dieser weitverzweigten Wissenschaft (s. d. Art. Kriminologie) begegnet und so zu einem wichtigen kriminologischen Begriff geworden ist.

I. Begriff, Wesen und Arten. Jene Vorgänge, bei denen üblicherweise von Suggestion gesprochen wird, seien zunächst durch Beispiele veranschaulicht: Jemand, der weiß, daß er ein bitteres Medikament im Tee aufgelöst zu nehmen hat, genießt den Tee nur mit Widerwillen, wenngleich die Pflegerin aus Versehen das Medikament nicht hineingab; der Hypnotisierte verzehrt die Kartoffel, die ihm in der Hypnose als Apfel gereicht wird, mit der angenehmen Empfindung des süßen Apfelgeschmackes; politische Ansichten, in der täglich erscheinenden Parteizeitung immer wieder, wenn auch ohne Argumentation vorgebracht, werden schließlich vom Leser als eigene Ansichten übernommen; in einem geselligen Kreis überträgt sich die Stimmung von einem Teilnehmer auf den andern, Lachen und Gähnen wirken „ansteckend"; der Wunsch der Zechgenossen, noch ein weiteres Nachtlokal zu besuchen, veranlaßt Manchen mitzugehen, der selbst keine Lust dazu hat; der furchtsame nächtliche Wanderer erblickt in einem undeutlich sichtbaren Baumstrunk einen kauernden Wegelagerer und hört in den Geräuschen des Waldes herannahende Schritte. Als erstes Problem ist die Frage zu lösen, ob sich diese und ähnliche Vorgänge auf eine gemeinsame Formel bringen lassen.

Die zahlreichen Versuche der psychologischen und medizinischen Literatur, den Begriff der Suggestion abzugrenzen, sind vielfach unklar und einander widersprechend. Als in der Hypnoseforschung durch die Schule von Nancy (Liebeault, Bernheim) die Ansicht herrschend wurde, daß beim Zustandekommen der Hypnose (s. d.) und innerhalb der hypnotischen Erscheinungen die Suggestion eine wesentliche Rolle spielt, wurden die Ausdrücke „Hypnose" und „Suggestion" vielfach als gleichbedeutend verwendet (Forel). Aber diese beiden Begriffe liegen auf verschiedenen Ebenen: Hypnose bedeutet einen psychophysischen Zustand, Suggestion aber einen Erlebnisablauf, der als Mittel zur Herbeiführung jenes Zustandes verwendet wird und auch innerhalb des hypnotischen Zustandes besonders leicht zu stande kommt. Die hypnotische Suggestion kann daher nur als die wirksamste Abart der (viel allgemeineren) Suggestion bezeichnet werden (Schilder). Mit der Hypnose verwandt ist auch die oft von „Experimentalpsychologen" öffentlich vorgeführte „Wachsuggestion", bei der die Versuchspersonen ebenfalls in einen Ausnahmezustand versetzt werden, der — ohne äußerlich schlafähnlich zu sein — gleich der Hypnose mit einer Dissoziation der psychischen Tätigkeit verbunden ist und in dem bei suggestiblen Menschen fast alle Suggestionen wie in der Hypnose gelingen; solche Erscheinungen sind jener der hypnotischen Suggestion gleich zu achten. Als man weiter gewahr wurde, daß Suggestion auch außerhalb der Hypnose im psychischen Geschehen des Alltags häufig vorkommt, entwickelte sich vielfach umgekehrt ein (besonders in der Medizin eingebürgerter) sehr weiter Begriff der Suggestion, unter den „jede geistige Einwirkung eines Menschen auf einen andern" (Kindborg) verstanden wird. Dadurch wäre aber das spezifische Merkmal der Suggestion nicht getroffen: wenn z. B. der Arzt bei der Untersuchung mit einer Nadel in der Hand sagt „Sie werden jetzt einen Stich verspüren" und der Untersuchte eine Furchtreaktion zeigt, so liegt nicht Suggestion, sondern eine gewöhnliche Affekterregung durch einen adäquaten Außenreiz (glaubwürdige Ankündigung eines Übels) vor. Und doch wäre die obige Definition auch gleichzeitig zu eng, weil sie die „Autosuggestion" nicht einschließt, die sich trotz ihrer Umstrittenheit als wesensverwandt mit den übrigen Suggestionserscheinungen erkennen läßt. Abzulehnen sind auch alle jene Begriffsbestimmungen, die das Wesentliche des Suggestionsvorganges in einer „Vorstellung" erblicken (so A. Moll: Suggestion sei ein Vorgang, bei dem unter inadäquaten Bedingungen eine Wirkung dadurch eintritt, daß man die Vorstellung von dem Eintritt der Wirkung erweckt), denn wir beobachten Suggestionen auch auf emotionalem Gebiet ohne Vermittlung von Vorstellungen. Die Definition W. Sterns, der die Suggestion als „Übernehmen einer anderweitigen geistigen Stellungnahme unter dem Schein der eigenen Stellungnahme" auffaßt, schließt wiederum die echte Autosuggestion aus, bei der eine zu übernehmende Stellungnahme eines andern Subjekts nicht in Frage kommt. Andere sehen wiederum im Erleben eines Zwanges, dem der Suggerierte unter Ausschaltung oder Zurückdrängung seiner eigenen Persönlichkeit gehorcht, das Wesentliche, doch trifft dieses Merkmal für zahlreiche Erscheinungen der Suggestion nicht zu. Alle diese Unzulänglichkeiten der Begriffsbestimmung lassen sich jedoch vermeiden, wenn man die Suggestion als jenen Vorgang definiert, bei dem ein Phantasieerlebnis ohne neu hinzukommende adäquate Ursache in das inhaltsgleiche Ernsterlebnis übergeht (Seelig).

In diesem einheitlichen Kriterium aller Suggestionserscheinungen liegt zugleich auch das Wesen der Suggestion. Dem psychischen Geschehen ist eine Bipolarität eigen, die sämtliche Erlebnisarten durchzieht: der Gegensatz von Ernsterlebnis und Phantasieerlebnis. Auf dem Gebiete des Vorstellens ist er altbekannt (Phantasievorstellung gegenüber Wahrnehmungsvorstellung); innerhalb des Denkens stehen den Urteilen, bei denen der erfaßte Sachverhalt ernstlich geglaubt wird, die sogenannten Annahmen oder Phantasieurteile gegenüber, die ohne Überzeugung gedacht werden (so beim Spiel, beim Lesen eines Romanes, bei der Lüge, beim Üben von Sätzen zur Erlernung einer Sprache usw.); ebenso besteht unser emotionales Erleben nicht bloß aus Ernstgefühlen und Ernststrebungen, bei denen etwas „wirklich" schmerzt oder wohltut oder etwas „ernsthaft" gewollt, gewünscht oder auch unbewußt angestrebt wird, sondern auch aus Phantasiegefühlen und Phantasiestrebungen: wir erleben sie besonders beim Spiel und beim Kunstgenuß (hierher gehören alle Emotionen, die wir mit den Gestalten eines Kunstwerkes „miterleben" und die von dem ästhetischen Genuß als solchem, der ein Ernstgefühl ist, wohl zu unterscheiden sind), aber auch fortlaufend im täglichen Leben, da wir alle durch Vermittlung der Ausdrucksbewegungen erfaßten Gefühle und Strebungen unserer Mitmenschen nicht etwa intellektuell uns vorstellen, sondern zunächst als Phantasiegefühle und Phantasiestrebungen nacherleben. In den eingangs angeführten Beispielen und allen sonstigen Fällen von Suggestion geht nun entweder eine Phantasievorstellung in die entsprechende Wahrnehmungsvorstellung (mit Empfindungscharakter) oder eine Annahme in ein inhaltsgleiches, mit Überzeugung gedachtes Urteil oder die zunächst als Phantasiegefühle und Phantasiestrebungen miterlebten Emotionen der (wirklichen oder gedachten) Mitmenschen in eigene Ernstgefühle und -strebungen über. Dadurch ergeben sich vier Arten der Suggestion: Empfindungs-, Urteils-, Gefühls- und Strebungssuggestion. Diese verschiedenen Suggestionsarten sind streng von einander zu unterscheiden, doch stehen sie oft unter einander in mannigfachen Zusammenhängen. So führt im obigen Beispiel die Urteilssuggestion, die Kartoffel sei ein Apfel, zur Empfindungssuggestion des süßen Apfelgeschmackes. Da Urteilssuggestionen leichter zu stande kommen als Empfindungssuggestionen, kann aber auch im praktischen Leben eine bereits eingetretene Urteilssuggestion durch die zuwiderlaufende Wahrnehmungsvorstellung korrigiert werden. Eine parallel verlaufende Urteils- und Gefühlssuggestion liegt vor, wenn z. B. ein politischer Redner nicht bloß den sachlichen Inhalt, sondern auch den affektiven Stimmungsgehalt seines Vortrages auf die Zuhörer überträgt (davon zu unterscheiden sind die Fälle, in denen das Zustandekommen einer Urteilssuggestion durch eine bereits vorhandene Werteinstellung begünstigt wird: erwünschte Mitteilungen werden lieber geglaubt als unerwünschte). Die „Massensuggestion" (das Mitgerissenwerden durch die Masse) beruht schließlich auf einer durch die große Anzahl der Suggestoren vervielfältigten Gefühls- und Strebungssuggestion. — In allen diesen Fällen liegt Fremdsuggestion vor, wenn jenes Phantasieerlebnis, das dann in das inhaltsgleiche Ernsterlebnis übergeht, von einem andern Subjekt im Wege der Sprache oder der Ausdrucksbewegungen vermittelt wird; ihr steht die Autosuggestion gegenüber, bei der das betreffende Phantasieerlebnis ohne Zutun eines anderen Subjektes in demjenigen, der der Suggestion erliegt, selbst entsteht (wie im eingangs angeführten Beispiel vom nächtlichen Wanderer). Sowohl bei der Auto- als auch bei der Fremdsuggestion liegt somit das Wesentliche des Vorganges in dem, der die Suggestion erlebt („passive Suggestion" nach W. Stern), und nicht etwa in der Tätigkeit eines Suggestors (wie es nach dem Wort „Suggestion" rein sprachlich näher liegen würde). Da weiter jedes Erlebnis auch mit einer körperlichen Veränderung einhergeht und dieser psychophysische Zusammenhang zum Wesen des Erlebnisvorganges selbst gehört, ist es durchaus verständlich, daß sich auch bei einem durch Suggestion zu stande gekommenen Erlebnis die diesem (als Ernsterlebnis) entsprechenden körperlichen Erscheinungen zeigen: Veränderung der Atmung, des Pulses, der Drüsensekretion (z. B. Schwitzen bei suggerierter Wärmeempfindung), aber auch Veränderungen des Gewebes, so der Haut (z. B. Brandmale durch die Suggestion, das berührte Eisen sei glühend). Darauf beruhen auch die Stigmatisierungen sowie die Verwendung der Suggestion zu medizinisch-therapeutischen Zwecken.

Die Disposition, Suggestionen zu erleben, die „Suggestibilität", ist eine angeborene. Sie ist von Individuum zu Individuum dem Grade nach verschieden und schwankt auch bei ein und demselben Menschen im Laufe der Lebensentwicklung. Kinder sind im allgemeinen suggestibler als Erwachsene. Unter diesen ist (innerhalb der Gesundheitsbreite) wiederum bei hysteroiden und basedowiden Persönlichkeiten meist eine relativ größere Suggestibilität anzutreffen, völlig unsuggestibel ist jedoch Niemand. Auch entsprechen den oben genannten vier Arten von Suggestionen analoge Teildispositionen: Empfindungs-, Urteils-, Gefühls- und Strebungssuggestibilität. Zwischen diesen Suggestibilitätsarten besteht nicht immer eine Korrelation: ein sehr gefühlssuggestibler Mensch kann gleichzeitig sehr gering urteilssuggestibel sein. Der „suggestible Mensch" ist daher kein einheitlicher Typ; im Einklang mit dieser Auffassung unterscheidet auch schon die vulgäre Charakterologie den „zu Einbildungen neigenden" (erhöhte Empfindungssuggestibilität), vom „leichtgläubigen" Menschen (erhöhte Urteilssuggestibilität), weiter vom „weichherzigen" Menschen (erhöhte Gefühlssuggestibilität) und vom „leicht beeinflußbaren" (erhöhte Strebungssuggestibilität). Schließlich hängt die Bereitschaft, Suggestionen zu erleben, auch von der Einstellung des Augenblicks ab; affektive Erregung, besonders die des Erwartungs-, Angst-, Bewunderungs- und Liebesaffektes, erhöhen die Suggestibilität.

Die Fähigkeit zu suggerieren, die Suggestivität, erfordert somit keine besondere innere „Kraft", sondern besteht lediglich in der Disposition, dem Anderen das den Suggestionsvorgang auslösende Phantasieerlebnis möglichst anschaulich und ichnah zu vermitteln; eine entsprechende Suggestibilität des Anderen ist aber eine unerläßliche Voraussetzung für das Zustandekommen der Suggestion.

II. In der Kriminologie (s. d.) zeigt sich die Bedeutung der Suggestion sowohl innerhalb der Lehre von der Verbrechensbegehung, wo sie uns einerseits in der Ursachenlehre (Suggestion als zum Verbrechen führender

Umweltreiz) und andererseits in der Erscheinungslehre (Suggestion als Mittel der Verbrechensausübung) begegnet, als auch innerhalb der Lehre von der Verbrechensbekämpfung, wo sie in der Aussage- und Vernehmungskunde und in der Prozeßbiologie eine wichtige Rolle spielt.

1. Die Suggestion als Verbrechensursache. Hier handelt es sich vorwiegend um jene Fälle, wo der Täter unter suggestivem Einfluß eines Anderen handelt, ohne daß er in Hypnose oder einen hypnoseähnlichen Zustand (Wachsuggestion im engeren Sinn) versetzt worden ist. Fremdes Wollen wird hier im Wege der Strebungssuggestion (siehe oben) zum eigenen Wollen. Die Kasuistik dieser Fälle ist durch die Arbeiten von Näcke, Schrenck-Notzing, Höpler, Kalmus u. a. eingehend beleuchtet worden. Hier nur wenige Beispiele: Ein seit mehr als 30 Jahren im Gerichtskanzleidienst stehender Beamter hatte es durch Fleiß, Pflichttreue und Verläßlichkeit so weit gebracht, daß er bei einem großen Gerichtshof eine leitende Kanzleistelle erhielt; er hatte täglich mit hohen Geldbeträgen zu tun und arbeitete mit mustergültiger Genauigkeit. Der ihm unterstellte zweite Kanzleibeamte war jedoch ein leichtsinniger, verschuldeter Mann, der neben seiner Ehe ein kostspieliges Verhältnis unterhielt und über eine besondere Sicherheit des Auftretens verfügte. Dieser begann, sich Depositengegenstände anzueignen, deren Abgang er durch gefälschte richterliche Beschlüsse deckte. Der altbewährte Beamte duldete zunächst diese Unredlichkeiten, schließlich ließ er sich eines Tages von seinem Kollegen eine silberne Uhr zuschieben und von da an nahm er an der verbrecherischen Tätigkeit teil, ohne jedoch davon einen praktischen Nutzen zu haben: die auf diese Weise im Laufe der Zeit angeeigneten 43 Wertgegenstände verwahrte er zu Hause sorgfältig in seinem Schreibtisch. Als es zur Entdeckung kam, stellte er sofort die 43 Gegenstände zurück und erlegte außerdem einen Betrag zur Deckung des von seinem Kollegen verursachten Schadens. Die Erklärung für seine anscheinend motivlose Tat liegt in dem suggestiven Einfluß des ihm durch seine Kühnheit und Unverfrorenheit imponierenden Kanzleigenossen. In anderen Fällen sind es besonders Jugendliche, die von einem bewunderten älteren und reiferen Mann suggestiv beeinflußt werden. So wurde im Mai 1918 in Wien ein Raubmord an der Gesellschafterin eines reichen Ehepaares begangen, dessen geistiger Urheber ein 30jähriger Verwandter des Ehepaares war, der sich zur Ausführung eines ihm dienstlich unterstehenden 17jährigen Praktikanten bediente. Relativ häufiger kommt es zu solchen Abhängigkeitsverhältnissen auf Grund von Liebesbeziehungen (sogenannte sexuelle Hörigkeit). So begingen in den von Kalmus berichteten drei Fällen junge, bisher nicht vorbestrafte Mädchen Diebstähle und Betrügereien, um den Geliebten nicht zu verlieren. Eine von diesen tat schließlich alles, was ihr Geliebter von ihr verlangte, half ihren eigenen Onkel ermorden und berauben, suchte noch im Gefängnis die Schuld allein auf sich zu nehmen und es bedurfte erst einer längeren Trennung und des Schutzes vor seinem Einfluß, damit sie ihre psychische Selbständigkeit wieder erlangte. Unter dem Einfluß sexueller Hörigkeit ist es auch wiederholt schon zu Selbstmord und zur Tötung auf Verlangen gekommen. So ließ sich ein Student der Medizin, der infolge eines Zerwürfnisses mit seiner eigenen Geliebten unter schwerer seelischer Depression stand, von einem homosexuell veranlagten jüdischen Mädchen (das trotz hoher intellektueller und künstlerischer Begabung mit seltener Schamlosigkeit Jedermann von eigenen sittlichen Verfehlungen erzählte und auch an einer schweren Geschlechtskrankheit litt) schon nach einer auf der Straße gemachten Bekanntschaft von wenigen Stunden dazu bewegen, zuerst sie und dann sich selbst zu erschießen; vorher hatte er auf Geheiß des jüdischen Mädchens versucht, in dessen Gegenwart mit dem Hotelstubenmädchen geschlechtlich zu verkehren. Suggestion als Verbrechensursache liegt ferner bei kollektiven Einflüssen der mitmenschlichen Umwelt vor, die teils direkt im Wege der Massensuggestion im engeren Sinn und teils indirekt durch Lektüre, Film, Radio u. ä. erfolgen. Hierbei werden meist zuerst die dargebotenen gefühlsmäßigen Einstellungen als eigene erworbene, die dann auch den Boden für die Übernahme der ihnen entsprechenden Willensziele vorbereiten (parallele Gefühls- und Strebungssuggestion, siehe oben). Die Eingliederung des Einzelnen in eine affektiv erregte Gruppe vermag eine völlige Umwandlung in den Äußerungsformen der Persönlichkeit hervorzurufen. Das Gefühl plötzlich erlangter Macht, welche in der Masse ohne eigene Verantwortlichkeit ausgeübt werden könne, läßt tiefere triebmäßige Persönlichkeitsschichten an die Oberfläche gelangen, die mit der relativ konstanten Persönlichkeit im Widerspruch zu stehen scheinen. Hemmungen infolge intellektueller Überlegung werden nicht mehr wirksam. Daraus erklärt es sich, daß die kriminogene Potenz der Masse größer ist als die Summe der kriminogenen Potenzen der sie bildenden Individuen. Ein klassisches Beispiel für das Mitgerissenwerden durch die Masse bietet die Selbstdarstellung Richard Wagners („Mein

Leben", S. 53f.), der als 17-Jähriger in Leipzig unter dem geistigen Einfluß der Pariser Juli-Revolution stehend, innerhalb eines Schwarmes junger Leute an der Plünderung eines Hauses teilnahm und selbst darauf hinweist, wie ihm „das rein Dämonische solcher Volkswutanfälle wie einen Tollen in seinen Strudel mit hineinzog".

Die strafrechtliche Bedeutung der behandelten Suggestionen ist nicht unbestritten. Während z. B. Höpler sowohl für das geltende Recht wie de lege ferenda verneint, daß der unter dem Einfluß der Suggestion Handelnde (selbst bei hypnotischer Suggestion!) für sich einen Schuldausschließungsgrund geltend machen könne, betont Mezger die Möglichkeit, nach Lage des Einzelfalles die Suggestion sowohl als „Zustand von Bewußtlosigkeit", durch welchen „die freie Willensbestimmung ausgeschlossen war", im Sinne des § 51 StGB. aufzufassen, als auch dem Begriff der „unwiderstehlichen Gewalt" des § 52 StGB. zu subsumieren. Gerade für diese Frage wird man jedoch zwischen der hypnotischen Suggestion und der ihrem Wesen nach gleichartigen Wachsuggestion einerseits und den sonstigen Suggestionsfällen unterscheiden müssen. Während in den ersteren Fällen tatsächlich eine Bewußtseinseinengung eintritt, durch die die Zurechnungsfähigkeit für die Zeit des Ausnahmezustandes (zu der auch die Zeit der Ausführung des posthypnotischen Befehles gehört) in der Regel ausgeschlossen sein wird, gilt dies für die übrigen Suggestionsfälle keineswegs: hier stellt die Suggestion lediglich einen der vielen Wege dar, auf denen eigene Wollungen zu stande kommen, für die der Täter (wie für anderweitig motivierte Wollungen) im allgemeinen einzustehen hat. Die kriminalbiologische Untersuchung der Täterpersönlichkeit fördert in solchen Fällen auch meist Dispositionen und Dispositionskomplexe zu Tage, die das Zustandekommen der Suggestion verständlicher machen. In diesem Sinne sind die suggerierten Handlungen doch nicht „persönlichkeitsfremd", mögen sie auch von den Äußerungen der relativ konstanten Persönlichkeit wesentlich abweichen. Daß die Suggestion als Verbrechensursache bei der Strafzumessung zu berücksichtigen sei, wird allgemein gefordert. Gerade hier wird aber eine den Schutz des Volksganzen verfolgende Kriminalpolitik zu beachten haben, daß gesteigerte Suggestibilität des Täters zwar seine Schuld zu vermindern, hingegen seine Gefährlichkeit zu erhöhen vermag (Seelig). — Die Bestrafung des Suggestors als Anstifter oder mittelbarer Täter richtet sich nach den allgemeinen Grundsätzen des Strafrechts.

2. Die Suggestion als Mittel der Verbrechensbegehung. Kriminalphänomenologisch kann die Suggestion in doppelter Weise als Ausführungsmittel einer kriminellen Tat relevant werden: suggestive Einwirkung auf einen Menschen, um ihn als Opfer eines Verbrechens zu mißbrauchen, oder Benützung eines unter Suggestionswirkung stehenden Menschen als Werkzeug bei der Ausführung eines verbrecherischen Anschlages gegen einen Dritten. In beiden Richtungen ist auch hier zwischen jenen Fällen, in denen der suggestive Einfluß unter Herbeiführung eines hypnotischen Schlafzustandes oder eines hypnoseähnlichen Ausnahmezustandes (Wachsuggestion) bewirkt wurde, einerseits und den Fällen sonstiger suggestiver Beeinflussung andererseits zu unterscheiden. Der wissenschaftlichen Kasuistik sind einige, wenn auch nicht sehr häufig vorkommende, Fälle bekannt, in denen an Personen, die in Hypnose oder in einen hypnoseähnlichen Zustand versetzt wurden, Diebstahl bzw. Raub ausgeführt wurde, und Fälle, in denen Personen in solchem Zustand geschlechtlich mißbraucht wurden. Strafrechtlich ist in solchen Fällen die Versetzung in die Hypnose zu dem schon vorgestellten Zweck der Gewaltanwendung gleichzustellen (bestritten) und der Zustand selbst ist als ein Zustand der Bewußtlosigkeit aufzufassen. Beischlaf an einer Hypnotisierten ist demnach Nötigung zur Unzucht bzw. Notzucht. In den bisher bekannt gewordenen Fällen hat der Täter meist in der Hypnose die Erinnerungslosigkeit an die fraglichen Vorgänge für die Zeit nach der Hypnose dem Opfer aufgetragen, um der Entdeckung zu entgehen. Die Aufklärung in der Strafuntersuchung ist dennoch relativ leicht durch neuerliches Hypnotisieren seitens der Gerichtsärzte gelungen; die bei dieser Hypnose gemachten Bekundungen sind jedoch prozessual nicht als Zeugenaussage, sondern als Teil des vom Gerichtsarzt darüber zu erstattenden Sachverständigenbefundes zu behandeln. Ganz anders sind die Fälle eines sonstigen suggestiven Einflusses auf das Opfer (ohne Hypnose) zu beurteilen. In dieser Form spielt die Suggestion in der Erscheinungslehre des Betruges eine besondere Rolle. Der durch sicheres Auftreten, klangvolle Titel und selbstverständlich klingende Bemerkungen über den Besitz sagenhafter Ländereien oder über Beziehungen zu höchststehenden Personen bewirkte „Zauber der Persönlichkeit ' ist das ständige Requisit des besseren Hochstaplers (s. d.); er stellt sich biologisch als Suggestivwirkung dar und erklärt den Erfolg eines Hauptmanns von Köpenick und vieler Anderer. So erwähnt auch das österreichische StG. unter den be-

sonderen Erscheinungsformen des Betruges den Mißbrauch des Schwachsinns eines Andern „durch abergläubische oder sonstige hinterlistige Verblendung zu dessen und eines Dritten Schaden“ (§ 201b). Strafrechtlich kann eine Unterstützung betrügerischer Irreführung durch Suggestion bei der Strafzumessung berücksichtigt werden, und zwar als erschwerend besonders dann, wenn sich der Betrüger der Suggestionswirkung bewußt war und besonders suggestible Menschen als Opfer aussuchte.

Ob die Benützung eines Hypnotisierten oder in einem hypnoseähnlichen (insbesondere auch posthypnotischen) Zustand Befindlichen als schuldloses Werkzeug für die Ausführung eines Verbrechens möglich sei, ist noch immer strittig. Einwandfrei beobachtete Fälle dieser Art liegen nicht vor, die herrschende psychiatrische Literatur lehnt die Möglichkeit ab. Begründet wird dies mit der Erfahrungstatsache, daß auch Hypnotisierte sich nicht zu Handlungen verstehen, die mit ihrer Gesamtpersönlichkeit völlig in Widerspruch stehen. Den Hypnotisierten kann man nur zu jenen Verbrechen anregen, zu welchen er von vorn herein Neigung hat (Schilder). Durch Laboratoriumsexperimente ist bisher nur bewiesen worden, daß in der Hypnose anbefohlene Scheinverbrechen ausgeführt wurden, bei denen es für den Hypnotisierten erkennbar war, daß es sich um Spiel und nicht um Ernst handelt. Das gilt auch für das von einem Laien 1920 inszenierte Experiment, an dem Psychiater Wagner-Jauregg in dessen Sprechstunde einen Mordversuch in der Posthypnose mit blind geladenem Revolver begehen zu lassen. Wenn daher auch im Ernstfall angenommen werden müßte, daß der das Verbrechen ausführende Hypnotisierte selbst eine entsprechende kriminogene Disposition besitzt, so wäre immerhin damit nicht bewiesen, daß der Betreffende auch ohne Hypnose fähig sei, dieser Disposition entsprechend praktisch zu handeln; denn viele kriminogene Dispositionen (s. d.) der Menschen bleiben latent, ohne sich jemals kriminell zu äußern. In solchen Fällen ist die Hypnose als außergewöhnliche exogene Aktualisierungsbedingung wirksam, durch die allein die Ausführung zu stande kommen konnte. Strafrechtlich wäre der Hypnotiseur als mittelbarer Täter verantwortlich. Die Schuldfrage des hypnotisierten Werkzeuges ist nach Lage des Einzelfalles zu beurteilen (s. oben unter II, 1). Bei Benutzung eines unter sonstigem Suggestiveinfluß Stehenden (ohne Hypnose) zur Ausführung eines Verbrechens bleibt der Ausführende jedenfalls verantwortlich; die Suggestion erscheint hier lediglich als für die Strafbemessung relevante Verbrechensursache (oben II, 1).

3. Die Suggestion als Fehlerquelle bei der Aussage. Die Forschungen auf dem Gebiete der Aussage und Vernehmungskunde haben gezeigt, daß die Suggestion in allen Phasen des Zustandekommens der Aussage eine häufige Fehlerquelle ist, die tunlichst vermieden werden soll. Dies ist jedoch nicht immer möglich, da sich in vielen Fällen eine suggestive Aussageverfälschung schon vor der ersten Vernehmung ereignet. Darum ist in jedem Einzelfall stets zu prüfen, ob eine solche Fehlermöglichkeit besteht, und bei der Würdigung der Aussage entsprechend zu berücksichtigen.

a) Schon im Zeitpunkt der Wahrnehmung können insbesondere Erwartungssuggestionen zu Halluzinationen, illusionistischen Fehldeutungen und Fehlern der psychischen Verarbeitung des Wahrgenommenen führen. So behaupteten z. B. mehrere Bauernburschen, daß sie beim Kegelspielen einen vorübergehenden unbekannten Burschen zum Mitspielen einluden, daß dieser aber zunächst nicht geantwortet habe und weitergegangen sei; sie hätten dies als Grobheit betrachtet und dem Burschen nachgeschimpft, worauf sich der Bursche umgedreht und den Kegelspielern eine Flut von Schimpfworten zugerufen habe; tatsächlich war aber der fremde Bursche taubstumm (H. Groß). Hier hat die Erwartung, daß der beschimpfte und nunmehr sich umdrehende Fremde in üblicher Weise (nämlich ebenfalls mit Schimpfworten) reagieren werde, zum Hören von Schimpfworten seitens aller Anwesenden geführt. Beim sogenannten Rieder Justizmord (Arch. f. Krim., 20, 308) gaben zwei Zeuginnen an, sie hätten drei Tage nach der Entdeckung des Mordes beim Vorübergehen am Haus des H., der bereits allgemein als am Mord beteiligt galt, den recht starken Geruch von verbrannten Kleidern wahrgenommen (tatsächlich hatte H. zu dieser Zeit sein Mittagsmahl bereitet). Im Experiment gelingt es ungefähr bei 1—2% der Versuchspersonen (wie ich auch bei Gendarmeriebeamten zeigen konnte), daß an einer mit Wasser gefüllten Eprouvette, der aus einem Benzinfläschchen ein Tropfen zugesetzt wird, der Benzingeruch als noch deutlich wahrnehmbar erklärt wird, während in Wirklichkeit auch das Benzinfläschchen mit reinem Wasser gefüllt ist. Bei zu Hysterie neigenden Frauen und Mädchen kann die Erwartung einer sexuellen Annäherung seitens des Arztes oder Lehrers zu geschlechtlichen Umdeutungen harmloser Vorgänge führen.

b) In der Zwischenzeit zwischen Wahrnehmung und Aussage vermag ein suggestiver Einfluß durch die Darstellungen des fraglichen Vorganges seitens anderer Personen zu entstehen; besonders ist dies dann der Fall, wenn die fremde Darstellung dem eigenen Erinnerungsbild im allgemeinen ähnlich, aber doch in Einzelheiten abweichend ist. Hierbei können nicht bloß Lücken des Erinnerungsbildes im Sinne der dargebotenen Suggestion ausgefüllt, sondern auch ein nicht sehr lebendig erhaltenes Erinnerungsbild unbewußt umgeformt werden. Solchen Einflüssen sind alle Auskunftspersonen ausgesetzt, sofern sie mit anderen Zeugen desselben Vorganges über das Geschehene sprechen oder gar darüber in der Presse lesen. Für die Suggestionswirkung der Presse bot der Berchtholdprozeß das klassische Beispiel (v. Schrenck-Notzing). Im Gerichtsverfahren macht sich in dieser Richtung das vielfach noch immer nicht abgeschaffte stundenlange gemeinsame Warten der Zeugen auf dem Korridor oder in einem Zeugenzimmer äußerst nachteilig geltend.

c) Im Zeitpunkt der Aussage entstehen häufig suggestive Wirkungen durch die Fragestellung und das sonstige Verhalten des Vernehmenden. Diese Bedeutung der Suggestion ist auch den Juristen am bekanntesten. Schon im römischen Recht wurden durch ein von Ulpian angeführtes Reskript des Kaisers Trajan Suggestivfragen verboten: „Qui quaestionem habiturus est, non debet specialiter interrogare, an Lucius Titius homicidium fecerit, sed generaliter, quis id fecerit; alterum enim magis suggerentis quam requirentis videtur" (l. 1 § 21 Dig. de quaestionibus 48, 18). Auch die Carolina (1532) gebot, „keinem Gefangenen die Umstände der Missetat vorzusagen, sondern sie ihn ganz von selbst sagen zu lassen" (Art. 56). Ähnliche Verbote enthielt das bayrische StGB. von 1813. Im Reichsstrafprozeßrecht sind hingegen ausdrückliche Bestimmungen über Suggestivfragen nicht vorhanden, wohl aber in der österreichischen StPO.; bei der Beschuldigtenvernehmung sind als Fangfragen wirkende Voraussetzungsfragen („in welchen eine von dem Beschuldigten nicht zugestandene Tatsache als bereits zugestanden angenommen wird") verboten; ferner sind „Fragen, wodurch dem Beschuldigten Tatumstände vorgehalten werden, die erst durch seine Antwort festgestellt werden sollen", möglichst zu vermeiden, sie dürfen erst dann gestellt werden, wenn der Beschuldigte sonst zu einer Aussage darüber nicht gebracht werden kann, und die Fragen müssen in solchen Fällen wörtlich protokolliert werden (§ 200). Diese letztere Bestimmung gilt auch für die Zeugenvernehmung (§ 167). Die Strafprozeßordnung des Schweizer Kantons Zürich vom Jahre 1919 hat diese Bestimmungen fast wörtlich übernommen.

Aussagepsychologisch sind die erwähnten in Form von Voraussetzungsfragen gestellten Fangfragen, die auch heute noch von manchem gewiegten Praktiker, besonders des Polizeiverfahrens, angewendet werden und deren Zulässigkeit für das deutsche Recht strittig ist, von den Suggestivfragen streng zu unterscheiden; es handelt sich bei diesen Fangfragen um ein Mittel der Vernehmungstechnik (s. d.) zwecks Überführung eines leugnenden Beschuldigten; wenn dieser sich hierbei verrät, so fällt er aus der Rolle seiner Lüge (s. d.), aber er unterliegt keiner Suggestion. Hingegen sind aussagepsychologisch als Suggestivfragen schon alle „Entscheidungsfragen" zu betrachten, auf die man bloß mit Ja oder Nein zu entworten braucht („Hatte die N. ein rotes Kleid an?" statt: „Welche Farbe hatte das Kleid der N.?"). Durch solche Fragestellungen wird ein bestimmter Antwortinhalt als Phantasieerlebnis dargeboten und kann darum in das inhaltsgleiche Ernsturteil übergehen (Urteilssuggestion, s. oben unter I). In der Literatur werden vielfach verschiedene sprachliche Frageformen angeführt, denen verschiedene Grade von Suggestivwirkung zukommen sollen; so wird den sogenannten Erwartungsfragen („Hatte sie nicht ein rotes Kleid an?") im allgemeinen eine erhöhte Suggestivwirkung zugesprochen. Das trifft besonders gegenüber Kindern tatsächlich zu, bei kritisch eingestellten Erwachsenen kann aber eine zu aufdringliche Erwartungsfrage die gegenteilige Wirkung auslösen, sobald nämlich dadurch im Befragten eine Opposition gegen den vermuteten Beeinflussungsversuch entsteht. Hier wirken oft einfache Entscheidungsfragen, deren Suggestivwirkung der Laie nicht bemerkt, mehr.

Einen Spezialfall solcher Entscheidungsfragen stellt die Vorführung eines Menschen oder eines Gegenstandes verbunden mit der an den Vernommenen gerichteten Frage dar, ob er die vorgeführte Person oder Sache wiedererkenne (Konfrontation zwecks Agnoszierung). Die darin liegende Suggestivwirkung hat schon zu zahlreichen Fehlagnoszierungen geführt; sie läßt sich jedoch vermeiden, wenn man an Stelle einer solchen Einzelkonfrontation eine Wahlkonfrontation vornimmt, d. h. den Vernommenen nicht vor die bloße Ja-Nein-Möglichkeit der Agnoszierung gegenüber einer einzigen Person oder Sache stellt, sondern ihm mehrere Agnoszierungsgegenstände zur Wahl vorgibt (z. B. den zu agnoszierenden Verdächtigten unter 5 Personen ungefähr gleichen Alters und

Standes vorführt, die sämtlich dem Vernommenen unbekannt sein müssen).

Neben den Suggestivfragen kommt ferner eine gleich große Wirkung den bisher noch wenig beachteten Suggestivbemerkungen zu (Seelig); dies sind Bemerkungen seitens des Vernehmenden oder anderer anwesender Personen (z. B. in der Hauptverhandlung), durch die diese Personen — oft ihnen selbst unbewußt — ihre eigene Auffassung von dem Geschehenen zum Ausdruck bringen und dadurch dem Vernommenen eine bestimmte mögliche Antwort darbieten. Die relativ starke Wirkung solcher Suggestivbemerkungen läßt sich auch bei Erwachsenen experimentell erweisen (Mitteilungen der Kriminalbiologischen Gesellschaft I, 67).

Die bisher behandelten Suggestivwirkungen des Verhörs sind ihrem Wesen nach Urteilssuggestionen; daneben kann es aber beim Verhör auch zu Strebungssuggestionen (s. oben unter I) in doppelter Richtung kommen: a) Schon die Frage als solche, durch die stets der Wunsch des Fragenden, eine Antwort zu erhalten, zum Ausdruck kommt, löst im Gefragten die Strebung aus, überhaupt eine Aussage über den gegenständlichen Sachverhalt zu machen. Bei strebungssuggestiblen Menschen entsteht so ein erhöhter Antrieb zum Antworten und zwar auch dann, wenn die Wissensgrundlagen unzureichend sind. Solche Zeugen scheuen vor der Erklärung „das weiß ich nicht" zurück, sie antworten, weil der Vernehmende eine Antwort wünscht, und so kommt es vielfach zu „blinden" Verlegenheitskonfabulationen, die in der Mitte zwischen Lüge (s. d.) und Wahrheit stehen; und selbst wenn sich der Zeuge ernsthaft bemüht, entsprechend dem Reproduktionsbild auszusagen, werden unter dem Druck des suggerierten Antwortgebenwollens alle sonstigen Fehlerquellen der Erinnerung und Verarbeitungstätigkeit in erhöhtem Maße wirksam. b) Eine Strebungssuggestion kann auch in dem Sinne wirksam sein, daß der Aussagende nicht bloß überhaupt zum Antworten gedrängt ist, sondern daß er sich auch (vielfach unbewußt) bemüht, den Aussageinhalt möglichst dem anzunähern, was der Fragende nach seiner Meinung zu hören wünscht. Diese Suggestivwirkung ist sogar vielfach bei den Aussagen von Sachverständigen zu beobachten, die eine ihnen selbst nicht bewußte Hemmung haben, ein dem Gericht unerwünschtes Gutachten abzugeben, durch das vielleicht ein mühevoll aufgebauter Indizienbeweis zusammenbricht; infolgedessen halten sie trotz gewollter Objektivität den Befund und das Gutachten möglichst im Sinne der Vermeidung des Unerwünschten. Bei ortsfremden Sachverständigen ist diese Suggestivwirkung durchschnittlich geringer als bei einheimischen oder gar dauernd angestellten Sachverständigen; die Beiziehung solcher fremder Sachverständiger empfiehlt sich darum in Sensationsfällen, bei denen Bevölkerung und Gericht unter einer massensuggestiven Wirkung stehen. Auch sonst hat der Vernehmende zur Vermeidung solcher Suggestivwirkungen streng darauf zu achten, daß er nicht Freude über das Gelingen des Nachweises einer von ihm vermuteten Täterschaft oder Enttäuschung im gegenteiligen Fall verrät.

Die bisher behandelten Suggestivwirkungen des Verhörs kommen, da sie zum großen Teil durch das Fragen entstehen, naturgemäß weniger zur Geltung, wenn man statt dessen vom Aussagenden einen zusammenhängenden Bericht (ohne Stellung von Einzelfragen) verlangt. Daraus erklärt es sich, daß die Berichtsangaben durchschnittlich richtiger sind als die Verhörsangaben. Vernehmungstechnisch darf deshalb das Verhör erst beginnen, wenn die spontane Erweiterung des Berichtes nicht erreichbar ist und die gemachten Berichtsangaben bereits protokolliert sind (gegen diesen letzteren Grundsatz wird in der Praxis vielfach verstoßen und Bericht- und Verhörangaben im Protokoll durch einander gemengt). Ist einmal eine Verhörssuggestion entstanden, so wirkt sie freilich auch bei einem späteren Bericht nach. So konnte im Experiment gezeigt werden, daß unter 89 Versuchen die in 28 Fällen beim Verhör gelungene Suggestion, daß Tauben auf einem Bild seien, weiterhin bewirkte, daß unter den von denselben Versuchspersonen später abverlangten zusammenhängenden Berichten über das Bild in 10 Fällen Tauben vorkamen (Beck). In der Praxis wirkt sich dies z. B. darin aus, daß in Sexualsachen die von einem Kind gemachten Detailangaben (die oft als ein Indiz der Wahrheit angesehen werden) auch bei Vermeidung aller Suggestivwirkungen bei der ersten polizeilichen oder gerichtlichen Vernehmung doch auf Suggestion beruhen können, wenn nämlich das Kind vorher über den vermuteten Vorgang durch die Mutter suggestiv befragt wurde. Es ist daher in solchen Fällen nach Möglichkeit zu erheben, wie sich die erste Befragung des Kindes durch die Angehörigen wörtlich abspielte. Vielfach stellt sich dabei heraus, daß die von der aufgeregten Mutter des vergewaltigten Kindes in der Strafanzeige gemachten Angaben mehr ihren eigenen Sexualerfahrungen als jenen des Kindes entsprechen. So ist bei Kinderaussagen in Sittlichkeitsprozessen die Verhörssuggestion eine wichtige mögliche Fehlerquelle; doch kommen daneben noch andere Fehlerquellen, insbesondere Konfabulation infolge gesteigerter sexueller Phantasie und auch Lüge (s. d.) in Betracht.

Muß in einem konkreten Fall bereits mit der Möglichkeit gerechnet werden, daß eine Verhörssuggestion entstanden sei, dann kann es vernehmungstechnisch mitunter sinnvoll sein, in das neue Verhör absichtlich Suggestivfragen einzustreuen, um zu prüfen, ob und in welchem Maße der Vernommene bei seiner Aussage auf Suggestivfragen eingeht. Solche Fragen haben dann den Charakter einer experimentellen Suggestibilitätsprüfung; gegen ihre prozessuale Zulässigkeit ist nichts einzuwenden, wenn sie sich inhaltlich auf Nebenumstände beziehen, die nicht selbst Beweisgegenstand sind. In wichtigen und schwierigen Fällen ist es jedoch statt dessen vorzuziehen, den Vernommenen auf seine Suggestibilität durch einen kriminologisch-psychologischen Sachverständigen prüfen zu lassen (die Methoden hierfür s. in Mitteil. d. Kriminalbiol. Ges. I S. 67ff.).

4. Die Suggestion bei der richterlichen Urteilsfindung. Auch in der Prozeßbiologie (s. d. Art. Kriminologie) spielt die Suggestion schon dadurch eine Rolle, daß die Vertreter der Anklage und der Verteidigung in ihren Schlußplädoyers die Richter mit allen Mitteln der Rhetorik für ihren Standpunkt zu gewinnen trachten; die Wirkung solcher Überredungskünste ist insoweit als Suggestion anzusehen, als die Übernahme der vorgetragenen Überzeugung nicht auf Grund einer selbst durchgedachten und kontrollierten logischen Argumentation, sondern eben dadurch erfolgt, daß die zunächst als Phantasieurteil erlebte fremde Überzeugung von selbst zum Ernsturteil wird. Eine solche Urteilssuggestion kommt beim Laienrichter (Geschworenen, Schöffen) durchschnittlich leichter zu stande, und zwar besonders dann, wenn eine bestimmte Urteilsfindung durch gefühlsmäßige Einstellungen begünstigt wird. Darauf zielt es z. B. ab, wenn der Anklagevertreter auf die Vorlage der noch blutbespritzten Hacke oder des Photobildes der gräßlich verstümmelten Leiche Gewicht legt oder der Verteidiger das Beweisverfahren auf die minderen Charaktereigenschaften des Opfers und die furchtbaren Quälereien, denen der Angeklagte von seiten des Getöteten ausgesetzt war, zu lenken sucht. Das Herbeiführen solcher Suggestivwirkungen ist an sich prozessual nicht unzulässig. Dagegen erscheint es nicht angängig, innerhalb eines Indizienbeweises Anschauungsmittel zu demonstrieren, die nur im Falle des vorweg genommenen Beweisergebnisses, daß der Angeklagte schuldig sei, gültig sind. So war während einer dreitägigen Schwurgerichtsverhandlung wegen eines Jägermordes, bei der ich als kriminologischer Sachverständiger tätig war, gegenüber der Geschworenenbank eine große Planskizze angebracht, in welcher der von den angeklagten Wilderern zurückgelegte Weg zum Tatort rot eingezeichnet war; daß die leugnenden Angeklagten diesen Weg gegangen seien, war aber lediglich ein Rückschluß aus der Anklagebehauptung, daß sie die Täter wären. In einem mit Verantwortung geführten Beweisverfahren sind solche Suggestivmittel unnötig und unbedingt zu vermeiden. Nicht ganz vermeiden läßt sich hingegen jener Einfluß auf die Urteilsfindung, der in Fällen, die von starker affektiver Anteilnahme der Bevölkerung begleitet sind, durch die Gesamtstimmung der Öffentlichkeit entsteht und sich prozeßbiologisch als massensuggestive Komponente der richterlichen Urteilsbildung darstellt. Erörterungen in der Presse vor Urteilsfällung, die diese Suggestivwirkung verstärken könnten, sind mit Recht zu untersagen.

Schrifttum:

Beck, Über Suggestion, Zeitschr. f. angew. Psychol. 14, 257 (1919). — A. Binet, La suggestibilité, Paris 1900. — Bleuler, Affektivität, Suggestibilität, Paranoia, 1926. — Forel, Der Hypnotismus oder die Suggestion und die Psychotherapie, 1918. — Höpler, Hörigkeit, Arch. f. Krim. 71, 253. — Höpler-Schilder, Suggestion und Strafrechtswissenschaft, 1926. — Ivers, Die Hypnose im Deutschen Strafrecht, 1927. — Kalmus, E., Geschlechtliche Hörigkeit des Weibes als Verbrechensursache, Zeitschr. f. d. ges. Neurologie u. Psychiatrie 76, 191. — Kaufmann, Suggestion und Hypnose, 1920. — Kindborg, Suggestion, Hypnose, Telepathie, 1920. — A. Lenz, Grundriß der Kriminalbiologie, 1927. — v. Lilienthal, Der Hypnotismus und das Strafrecht, Zeitschr. f. d. ges. Strafrechtswiss. 7, 281 (1887). — Lipmann, O., Die Wirkung von Suggestivfragen, 1908. — G. Meyer, Die Suggestion u. ihre gerichtlich-medizinische Bedeutung, Dtsch. Zeitschr. f. d. gerichtl. Medizin 3, 28. — Mezger, Die Suggestion in kriminalpsychologisch-juristischer Beziehung, Zeitschr. f. d. ges. Strafrechtsw. 33, 847 (1912). — A. Moll, Der Hypnotismus, 1907. — Näcke, Selbstmord durch Suggestion, Arch. f. Krim. 10, 169. — Raimann, Suggestion und Autosuggestion, in: Ergebnisse d. ges. Medizin VII, 19. — v. Schrenck-Notzing, Suggestion und Erinnerungsfälschung im Berchtold-Prozeß, 1897. — Derselbe, Die gerichtlich-medizinische Bedeutung der Suggestion (in „Kriminalpsychologische und psychopathologische Studien"), 1902. — E. Seelig, Die Ermittlung der Suggestibilität als Beispiel zur kriminalbiologischen Methodenlehre, Mitteil. d. Kriminalbiol. Ges. I (1927). — Derselbe, Die Ergebnisse und Problemstellungen der Aussageforschung, in: Ergebn. d. ges. Medizin XIII, 401 (1929). — H. Serog, Die Suggestibilität, ihr Wesen und ihre experimentelle Untersuchung, Zeitschr. f. d. ges. Neurol. u. Psychiatrie 88 (1924). — Sighele, Psychologie des Aufbaues und der Massenverbrechen, 1897. — W. Stern, Die Aussage als geistige Leistung und als Verhörsprodukt, in: Beiträge zur Psychologie der Aussage, 1903. — Strauß, Wesen und Vorgang der Suggestion, 1925.

Ernst Seelig.

T.

Tageszeiten s. Jahreszeiten.

Taschendiebe.

1. Unter den Rechtsbrechern, die nach dem Strafgesetz eine fremde bewegliche Sache in der Absicht rechtswidriger Zueignung wegnehmen, hat in der Nachkriegszeit der Taschendieb eine besondere Beachtung erfahren. Nicht etwa aus dem Gesichtspunkt der Tatausführung heraus, daß er nämlich im Gegensatz zu anderen Berufsgenossen stiehlt, wenn der Besitzer der Sache — der Brieftasche, der Uhr usw. — zugegen ist, also aus unmittelbarem körperlichen Gewahrsam, aus den Kleidertaschen oder sonstigen Behältnissen wegnimmt, sondern weil das Treiben der Taschendiebe einen derartigen Grad der Gemeingefährlichkeit angenommen hatte — was auch die Berichte der einzelnen Polizeibehörden des In- und Auslandes bestätigen, — daß unbedingt zur erfolgreichen Bekämpfung dieser Diebesgattung besondere Maßnahmen getroffen werden mußten. Hierauf wird unten noch besonders eingegangen werden.

Eine Abart des Taschendiebstahls, die sogenannte Fledderei, für die ausschließlich lokale Täter in Frage kommen, soll in diesem Rahmen nur kurz gestreift werden. Der Fledderer braucht ja auch bei seiner Tätigkeit nicht die Vorsicht walten zu lassen und so geschickt zu sein wie der Taschendieb. Der hilflose Kranke oder der von reichlichem Alkoholgenuß Betäubte bilden die Mehrzahl der Opfer. Mit Vorliebe benutzt er für seine Taten die späten Abend- und Nachtstunden und als Tätigkeitsfeld Parks, Plätze und die letzten Züge der Stadtbahn. Man wird häufig die Beobachtung machen, daß der Bestohlene die Vermutung oder sogar den bestimmten Verdacht ausspricht, durch ein Betäubungsmittel in einen bewußtlosen Zustand versetzt und dann bestohlen worden zu sein. Diese Angabe ist meist mit großer Vorsicht aufzunehmen, denn abgesehen davon, daß der Täter es oft überhaupt nicht nötig hat, mit Betäubungsmitteln zu arbeiten, weiß er auch, daß die Beurteilung seiner Straftat bei Anwendung eines Betäubungsmittels ihm eine erheblich höhere Strafe einbringen würde.

Auch der sogenannte Beischlafsdiebstahl, worunter in der Praxis der Diebstahl an einer männlichen Person durch eine weibliche Person zu verstehen ist, ohne daß es aber zu einer sexuellen Betätigung gekommen zu sein braucht, sei hier nur kurz erwähnt. Zu beachten ist bei dem letztgenannten Delikt aber ein wesentlicher Unterschied gegenüber dem eigentlichen Taschendiebstahl. Während der Bestohlene in dem einen Fall in der Lage ist, bestimmtere Angaben über die Täterin zu machen, wird der durch Taschendiebstahl Geschädigte selten Anhaltspunkte zu einer erfolgversprechenden Ermittelungstätigkeit geben können. Zumeist wird der Diebstahl erst später entdeckt, so daß nicht nur der Tatort unbestimmt ist, sondern auch eine ausreichende Beschreibung tatverdächtiger Personen fehlen wird.

Es kann getrost behauptet werden, daß 25—30% aller Taschendiebstähle nicht zur Kenntnis der Behörde, die für die Strafverfolgung in Frage kommt, gelangen, weil die meisten Bestohlenen ihr Eigentum für verloren halten. Auch wenn man den Täter faßt, unterlassen sie die Anzeige, da sie an einer Bestrafung kein Interesse haben.

2. Unter Taschendieben sollen in dieser Abhandlung hauptsächlich die reisenden Täter (interlokale und internationale Taschendiebe) verstanden werden, denn nur diese können als wirkliche „Arbeiter“ auf dem Gebiete des Taschendiebstahls angesprochen werden. Hiermit soll jedoch nicht gesagt sein, daß der Taschendiebstahl nur von Ausländern ausgeführt wird. Auch Deutschland stellt einen großen Teil dieser Täterkategorie, und zwar männlichen und weiblichen Geschlechts. Die Zentralstelle zur Bekämpfung reisender Taschendiebe beim Landeskriminalpolizeiamt Berlin registriert s. Zt. 3304 Per-

sonen, darunter 583 deutscher Nationalität. Die Zahl der hier bekannten reisenden Taschendiebinnen beträgt 671. Unter den reisenden Taschendieben fremder Nationalität sind alle Kulturstaaten vertreten. Es dürfte die Regel sein, daß meist Taschendiebe gleicher oder befreundeter Nationalität zusammenarbeiten, also Polen mit Polen, Ungarn mit Ungarn usw. Oft überwiegt aber doch die Aussicht auf größere Beute und hebt die Nationalitätenunterschiede auf. Die Hauptmasse der internationalen Taschendiebe stellen zweifellos die östlichen Randstaaten. Bei dieser geht die Untergruppierung sogar so weit, daß man von einzelnen aus einer Stadt herstammenden Taschendieben spricht. So werden z. B. die Wiener Taschendiebe und die aus Lodz wegen ihrer Geschicklichkeit besonders gerühmt. Verglichen mit anderen Verbrecherkategorieen ist zweifellos die Intelligenz des Taschendiebes oft geschmeidiger und anpassungsfähiger, wie ja auch seine manuelle Geschicklichkeit besonders herausgebildet ist. Der internationale Taschendieb von Format ist kein „Verdiener" gemeinhin, der den Griff nach fremdem Eigentum wagt, wo sich ihm eben eine Gelegenheit bietet. Wie sonst eigentlich nur die Kategorie der Betrüger und Hochstapler läßt er sich in jeder Lage bei der Auswahl seiner Opfer, seinem Benehmen und Verhalten vor Ausführung des Diebesgriffs und nach geglücktem Coup von psychologischen Erwägungen leiten. Es gehört zu den Selbstverständlichkeiten, daß er durch gute Kleidung und gewandtes Auftreten bei eventueller Abschätzung seiner Person schon als nicht verdächtig ausscheiden will. Die gewählte Kleidung, das sichere und überzeugende Auftreten des Taschendiebs, der natürlich auch gute Ausweispapiere bei sich führt, verscheuchen häufig das Mißtrauen, wenn er durch einen anderen Umstand in Verdacht geraten ist. Seine Person, seinen Aufenthalt in der Nähe des Opfers weiß er als harmlos und seine eventuelle Festnahme als einen Fehlgriff darzustellen. Er wird auch noch den Polizeibeamten zu düpieren versuchen und ebenso sicher eine Antwort auf alle Fragen und Erklärungen für sein Verhalten finden, wie er den Diebstahl oder eine Betätigung daran bestreiten wird. Selbst bei einwandfreier Überführung wird er in den seltensten Fällen die Tat zugeben. Der zünftige Taschendieb wird auch niemals, selbst wenn ihm dadurch ein Vorteil winken könnte, seinen Komplicen oder seinen Unterschlupf verraten. In diesem Zusammenhang sei auf das zunftmäßige Zusammenhalten der internationalen Taschendiebe hingewiesen. Erstaunlich ist der geradezu fabelhaft wirkende Nachrichtendienst. Die Festnahme oder Verurteilung eines Taschendiebes im Ausland ist z. B. schon nach wenigen Tagen in allen Kreisen bekannt. Diese Verbindungen erstrecken sich, wie die Praxis gezeigt hat, nicht nur auf den Kontinent, sondern dehnen sich über den ganzen Erdball aus. Um einem Zunftgenossen helfen zu können, wenn er z. B. selbst im Augenblick nicht in der Lage ist, einen Rechtsanwalt zu bezahlen, wird, selbst wenn keine engere Bekanntschaft vorliegt, in großzügigster Weise gesammelt. Es herrscht eben ein hochentwickelter Korpsgeist. Es ist zunächst eine reine Utilitätsfrage, die zu dem Zusammenarbeiten mehrerer Taschendiebe führt. Der gewöhnliche Fall des Taschendiebstahls ist der, daß drei, mindestens aber zwei Taschendiebe („Kolonne") oder („Partie") in der Weise zusammenarbeiten, daß der eine gemäß der ihm zugeteilten Rolle den Gegenstand „zieht" („Zieher"), während der andere die Ausführung der Tat selbst gegen Sicht „deckt" („Decker") bzw. das Opfer ablenkt und der dritte, wenn ein solcher zugegen ist, den gestohlenen Gegenstand übernimmt und damit verschwindet, damit der am meisten exponierte „Zieher", falls dieser in Verdacht gerät, nicht durch den Besitz des gestohlenen Gutes überführt werden kann. Das auserwählte Opfer, auch „Freier" genannt, bemerkt erst zu spät, daß der in seiner Nähe gestandene Herr, der ihm eine Aktenmappe, eine Zeitung oder auch den über dem Arm getragenen Mantel, z. B. in einer Straßenbahnkurve, vor die Brust hielt, ein raffinierter Taschendieb gewesen ist. Der an der eigentlichen Tatausführung direkt nicht beteiligte Komplice hat auch noch die Aufgabe, zu beobachten, ob von seiten der Polizei oder dritter Seite Gefahr droht. Diese letztgenannte Tätigkeit liegt zumeist älteren ortskundigen Taschendieben ob, die besonders die Beamten der Taschendiebsstreife genau kennen und daher in der Lage sind, ihre Komplicen rechtzeitig zu warnen. Es könnte die Frage aufgeworfen werden, ob es unter diesen Umständen nicht praktischer wäre, innerhalb dieser Spezialstreife häufiger einen Beamtenwechsel eintreten zu lassen. Die Erfahrung hat jedoch gelehrt, daß nur solche Beamte erfolgreich arbeiten können, die durch jahrelange Tätigkeit in dieser Spezialmaterie nicht nur die Gewohnheiten der Taschendiebe, d. h. ihr Verhalten, wenn sie sich auf die „Tour" begeben, und ihre Arbeitsweise, sondern auch einen großen Teil der Täter der Person nach kennen. Es ist selbstverständlich, daß sich die Taschendiebe als Tätigkeitsfeld solche Stätten aufsuchen, bei denen einerseits die Möglichkeit erheblicher Beute besteht, andererseits Menschen in größerer Menge zusammenfließen, so daß nicht erst das sogenannte künstliche Gedränge inszeniert zu werden braucht. Die großstädtischen Verkehrsmittel (Untergrund-, Straßen- und Stadtbahn), Bahnhöfe, Warenhäuser, Theater, Rennbahnen, Geldinstitute (Banken, Postscheckamt usw.) und auch die großen Bälle und andere Festlichkeiten sind die hauptsächlichsten Tätigkeitsfelder. Die Erfahrung hat auch gelehrt, daß zahlreiche Diebstähle an Reisegepäck in den D-Zügen und auch Diebstähle vor Kassenschaltern unter Anwendung bestimmter Tricks (Ablenkung des Opfers durch Beschmutzen der Kleidung, durch einen zur Erde gefallenen Geldschein usw.) von bereits bekannten Taschendieben begangen werden.

3. Die Nachlässigkeit und Sorglosigkeit des Publikums — man denke nur an den Kaufparoxysmus der Frauen bei Inventur- und anderen Ausverkäufen, an den Ansturm auf die Garderobe nach Schluß der Vorstellung oder an die Reisezeit, wenn die Aufmerksamkeit auf Geld und Geldeswert vollkommen absorbiert wird durch den einzigen Gedanken, einen guten Platz im D-Zuge zu erobern — provozieren geradezu zur Tat. Und diese leichte Art der Vermögensbereicherung auf Kosten Anderer erklärt psychologisch den dauernden Trieb, zu stehlen. Der internationale Taschendieb ist ein gewerbs- und gewohnheitsmäßiger Täter, der zumeist von Jugend auf bei Eltern und Geschwistern den Taschendiebstahl als etwas Selbstverständliches kennen lernte und so durch das Einwirken der schon als Kind erhaltenen Eindrücke zum Dieb prädestiniert wird. Diebesschulen, wie sie früher zweifellos in Lodz und Warschau bestanden haben, sind in der Nachkriegszeit kaum noch in Erscheinung getreten.

Nach den gemachten Erfahrungen darf Gewerbsmäßigkeit nicht erst dann als vorliegend erachtet werden, wenn der Taschendieb bereits wegen mehrerer Taschendiebstähle bestraft worden ist. Es muß bei diesem Delikt berücksichtigt werden, daß solche Diebstähle fast nur bei Ergreifung auf frischer Tat zur Bestrafung gelangen. Aus der Art der Ausführung ist jedoch in den meisten Fällen schon bei der ersten Ergreifung zu ersehen, daß der Täter derartige Diebstähle schon des öfteren begangen haben muß, da er sonst kaum über die nötige Sachkenntnis verfügen würde. Wenn man nur die große Anzahl der zur Anzeige gelangenden Taschendiebstähle berücksichtigt, dürfte die Gemeingefährlichkeit dieser Diebe genügend beleuchtet sein. Wenn dazu die subjektive Einstellung der Taschendiebe kommt, die von vorn herein eine Strafe bis zu 6 Monaten Gefängnis ohne weitere Bedenken als „Geschäftsrisiko" in Ansatz bringen, so erscheint die Steigerung der Kriminalität auf diesem Gebiet durchaus erklärlich. Der gewerbsmäßige Taschendieb ist nicht zu bessern. Er fühlt sich in seiner Freizügigkeit, die ihn so oft dem schnellen Zugriff der Polizeibehörde entzieht, wohl und wird nie dazu zu bewegen sein, einem geordneten Leben nachzugehen. Ihn als lästigen Ausländer auszuweisen, oder falls er nicht als staatenlos gilt, in sein Heimatland abzuschieben, sind Maßnahmen, die sich als wirkungslos erwiesen haben. Er wird, wenn ihm der Aufenthalt aus irgend einem Grunde in Deutschland wünschenswert erscheint, ohne Rücksicht auf die wegen Übertretung der Paßvorschriften usw. zu erwartende geringe Strafe bald wieder auftauchen und sein gemeingefährliches Treiben fortsetzen. Kann er aber wegen eines nachgewiesenen Taschendiebstahls verurteilt werden, so muß die Strafe durch ihre Höhe abschreckend wirken. Selbstverständlich kann niemals der einzelne Fall der Staatsanwaltschaft als Unterlage für den Strafantrag oder dem Gericht für die Strafzumessung gelten. Dagegen wird der Taschendieb die rechte Beurteilung finden, wenn nicht nur seine im Inlande erlittenen Vorstrafen, sondern auch die im Ausland erfolgten einschlägigen Bestrafungen sowie eine Charakterisierung seiner gemeingefährlichen Tätigkeit ausreichend bekannt sind. Die Strafandrohung für den Taschendiebstahl in den neueren Strafgesetzentwürfen läßt darauf schließen, daß endlich die Gemeingefährlichkeit und Raffiniertheit des Taschendiebes gebührend eingeschätzt werden.

4. Um das Verbrechertum erfolgreich bekämpfen zu können, ist in erster Linie eine gut organisierte Polizei nötig. Die Polizeizentralen der deutschen Länder bilden zunächst das Fundament der interlokalen und internationalen Verbrechensbekämpfung, die durch Schaffung besonderer Zentralstellen noch einheitlicher gestaltet wurde. So ist auf Beschluß der Deutschen Kriminalpolizeilichen Kommission auch die Zentralstelle zur Bekämpfung internationaler Taschendiebe beim Landeskriminalpolizeiamt Berlin geschaffen worden. Diese Stelle sammelt und ergänzt das Material über reisende Taschendiebe fortlaufend, so daß bei der Festnahme eines Taschendiebes nicht nur die betreffende Polizeibehörde, sondern auch die zuständigen Justizbehörden auf schnellstem Wege ausreichend informiert werden können. Im Zentrum des Fahndungsdienstes steht das internationale Büro bei der Polizeidirektion Wien, dem das Material über internationale Täter, also auch Taschendiebe, aus allen Ländern zugeleitet wird.

Daß auch die Justizbehörden die Notwendigkeit einer Spezialisierung erkannt haben, beweist z. B. die Einrichtung eines Sonderdezernats bei der Staatsanwaltschaft I Berlin und einer Spezialkammer im Bereiche des Landgerichts I Berlin.

Von besonderem Vorteil haben sich auch gelegentliche Konferenzen der Sachbearbeiter für die zentrale Bekämpfung internationaler Taschendiebe der einzelnen europäischen Länder erwiesen. Diese Zusammenkünfte bilden gerade durch den persönlichen Kontakt der zuständigen Sachbearbeiter ein wertvolles Bindeglied im polizeilichen Abwehrkampf gegen internationale Verbrecher.

Hans Lobbes.

Tatbestandsfeststellung.

Die Tatbestandsfeststellung gehört zu den wichtigsten, aber auch schwierigsten Aufgaben, vor die der Kriminalist gestellt ist. Ob es sich um diese Tätigkeit beim Kriminalbeamten, Gendarmen, Landjäger, Staatsanwalt oder Richter handelt, immer geht es darum, aus dem wahrnehmbar Vorhandenen den richtigen Schluß auf das Geschehene zu ziehen. Richtig wird dieser Schluß nur dann sein, wenn das aus ihm gewonnene Bild der Wahrheit entspricht; und dies wird nur dadurch ermöglicht, daß die aus der Unvollkommenheit jedes Menschenwerkes fließenden, sowohl beim Erforschen des Vorhandenen als beim Schließen vom Vorhandenen auf das Geschehene, denkbaren Fehlerquellen möglichst eingeengt werden.

Schon diese allgemeine Betrachtung zeigt die notwendigen Voraussetzungen für eine gedeihliche Arbeit:

1. Die volle Eignung des Kriminalisten zu ihrer Bewältigung;

2. das richtige Erforschen, richtige Erfassen des Vorhandenen (Wahrnehmung) und die richtigen Schlußfolgerungen aus dem Erforschten und Erfaßten auf das Geschehene.

1. Eignung des Kriminalisten. Bei keiner kriminalistischen Arbeit wird die Frage der Persönlichkeit des Arbeitenden eine so große Rolle spielen wie bei der Tatbestandsfeststellung. Dies ist einem Kunstwerk vergleichbar, dem auch deutlich der Stempel der Persönlichkeit des Künstlers aufgedrückt ist, ja noch mehr als die Persönlichkeit auch deren Stimmung während der Arbeit. Die für jeden Kriminalisten geforderten Eigenschaften werden vor allem bei der Tatbestandsfeststellung von größter Bedeutung sein: Tatkraft und Umsicht, Genauigkeit und Ordnungsliebe und strenge Selbstzucht. Tatkräftiges, festes Anpacken ist die Grundbedingung für eine erfolgreiche Tatbestandsaufnahme; jede Zaghaftigkeit, Ängstlichkeit ist von Übel; zielbewußt muß die Erforschung der Wahrheit begonnen und bis zum gedeihlichen Ende fortgesetzt werden; je gediegener die Vorbildung des Kriminalisten, je genauer sein Verständnis für Land und Leute, je größer seine Erfahrung, je tiefer seine Menschenkenntnis, desto verläßlicher wird seine Umsicht die Arbeit gestalten. Tatkräftige Arbeit wird auch regelmäßig das Interesse an der Arbeit in sich begreifen, ohne das ein gedeihliches Wirken nicht möglich ist. Hat Tatkraft und Umsicht dazu geführt, alles Wahrnehmbare, was für die Erforschung von Bedeutung werden könnte, zu finden und zu erfassen, fordert die Genauigkeit und Ordnungsliebe, daß die Wahrnehmung, sei sie etwas Gesehenes, Gehörtes oder mit anderen Sinnen Wahrgenommenes, stets auf ihre Richtigkeit und Wahrheit genauestens überprüft, in das bereits Gesammelte und verläßlich Erforschte eingeordnet, mit diesem verglichen werde.

Bei einer genauen Prüfung jedes neu erforschten Beweismittels mit dem schon Vorhandenen wird es möglich sein, Unstimmigkeiten zu entdecken, die eine „unmögliche Situation" ergeben und damit deutlich zeigen, daß etwas im Aufbau nicht stimmt, daß irgend wo ein Fehler steckt. Solange dieser Fehler nicht restlos aufgedeckt ist, ist ein gedeihliches Weiterarbeiten unmöglich, weil die Gefahr besteht, daß in den Wahrnehmungen Lücken oder Fehler stecken, daß Wahrgenommenes nicht richtig erfaßt wurde und daher die aus dem Wahrgenommenen auf das Geschehene gezogenen Schlüsse falsch sind.

Die Genauigkeit erfordert unter anderem die volle Kenntnis aller einschlägigen Akten, insbesondere der Vor- und Bezugsakten. Aus Prozeß- und Zwangsvollstreckungsakten ist die wirtschaftliche Lage des Schuldners zu ersehen; sie können ebenso wie Ehrenbeleidigungsakten Aufschluß geben über das gegenseitige Verhältnis der in Betracht kommenden Personen, lassen möglicherweise auf Freundschaften oder Feindschaften schließen, deren Grad erkennen, auf Verbrechensursachen Schlüsse ziehen, Vorstrafakten können auf eine Spezialisierung des Täters hinweisen, die für oder gegen seine Täterschaft in dem zu untersuchenden Falle sprechen. Aus diesen Akten ergibt sich auch die Art, wie er seine kriminelle Tätigkeit einleitet, wie er sich nach verübter Tat zu benehmen, wie er sich zu verantworten pflegt. Die Genauigkeit erfordert auch eine gründliche Vorbereitung zu jedem neuen Schritt in der Tatbestandsfeststellung; nur so ist es, namentlich bei verwickelten, mittelbaren Beweisen, möglich, Widersprüche z. B. in Zeugenaussagen zu vermeiden, solche aufzudecken und an deren Erklärung heranzutreten. Nur bei klarer Übersicht über alle Einzelheiten des bereits Erforschten ist es möglich, seine Arbeit stets auf ihre Güte zu überprüfen, die jeweils erhaltenen Erhebungsergebnisse auf ihre Stichhaltigkeit und Richtigkeit zu kontrollieren. Unter Umständen wird es nötig sein, Ergebnisse der Untersuchung z. B. den Lauf eines gestohlenen Gutes, den vom Täter zur und von der Tat genommenen Weg, die Zeitfolge und den Umfang der von den Tätern begangenen strafbaren Handlungen, die Einzelheiten eines geführten Alibibeweises u. a. in Form von Übersichtstafeln festzuhalten und mit dem neu Erforschten immer wieder zu vergleichen. Solche und ähnliche strenge Kontrollen sind namentlich dann unerläßlich, wenn das Wahrgenommene, das Erforschte einen wichtigen Pfeiler für die Weiterarbeit zu bilden hat oder gar eine Umstellung der Operationsbasis nötig machen könnte. Die Kontrollpflicht besteht bei allen Beweisen und wird allenfalls durch Zuziehung von Sachverständigen zu erhalten sein. Gründlichkeit und Umsicht verlangen weiter, alle halbwegs möglichen Lösungen stets im Auge zu behalten und daher auch auf alle scheinbaren Kleinigkeiten oder Nebensächlichkeiten genau zu achten, die bei einer der vielen Lösungsmöglichkeiten etwa von Bedeutung sein könnten. Die Erfahrung lehrt, daß Kleinigkeiten oft eine sehr wichtige Rolle in der Beweiskette bildeten (z. B. Staubreste oder die Art der Verteilung des Staubes, dessen Inhalt, kleine Stoffaserreste, Haare oder Haarteile u. ä.).

Es ist klar, daß eine derart geleistete Arbei sehr viel Geduld erfordert und daß oft mühsame Arbeit geleistet werden muß, die sich später als nicht notwendig darstellt. Durch solche scheinbaren Mißerfolge darf die Geduld und Arbeitsfreude keine Grenze finden, denn schließlich ist bei einer Tatbestandsfeststellung keine Arbeit überflüssig, die zur Klärung beizutragen geeignet ist, auch die nicht, welche zeigt, daß diese oder jene Lösung ausgeschlossen ist.

Große Geduld erfordert auch mitunter die Behandlung von Menschen, die wir zur Auskunfterteilung benötigen und die, sei es durch Schwerfälligkeit, Unbeholfenheit oder gar Begriffstutzigkeit, sei es durch lästige Geschwätzigkeit, sei es durch Verschlagenheit, uns viel kostbare Zeit kosten. Geduld und zähe Beharrlichkeit wird auch hier viel eher zum Ziele führen als deutlich gezeigte Ungeduld.

Nichts vermag das Ansehen des Kriminalisten und damit eine erfolgreiche Tätigkeit so zu schädigen wie ein Vorgehen, das ihn ins Unrecht setzt, sei es in der Sache, sei es in der Form. Selbst bei den für jeden Kriminalisten lästigsten Parteien darf die Geduld nicht versiegen: den Querulanten (s. d.). Die Erfahrung lehrt, daß das Querulieren, eine Abart des Verfolgungswahnes, regelmäßig Leute betrifft, denen einmal Unrecht geschehen ist; da sie wegen ihres krankhaften Zustandes nirgends ernst genommen werden, können sie leicht Opfer gewissenloser Menschen werden, die, von der Voraussetzung ausgehend, der Querulant finde kein Gehör und keinen Glauben, ihn schädigen oder ausbeuten. Hört man diese Kranken nicht an, läßt man ihre Angaben völlig ungeprüft, erklärt man sie solchen gewissenlosen Angriffen gegenüber für völlig vogelfrei.

Mit Geduld in innigstem Zusammenhang steht strenge Selbstzucht. Der Kriminalist wird sich stets vor Augen halten müssen, daß er mit Arbeitsfreude an seine Tätigkeit herantreten müsse. „Animo dolente nihil credere oportet" — diesen Satz muß sich der Kriminalist stets gegenwärtig halten. Er muß frei sein und frei bleiben von allen Affekten und Stimmungen. Es ist ja klar, daß Leidenschaften (Liebe, Haß, Rache, Eifersucht), aber auch Stimmungen (Sympathie oder Antipathie, politische, soziale, konfessionelle Gegensätze), ja sogar Liebhabereien (Markensammeln gegenüber Markenfälschung, Jagdfreude gegenüber Wildern, Kunsthandel gegenüber Kunstschwindel u. ä.) das Wahrnehmungsbild stören, die daraus gezogenen Schlüsse verfälschen können. Auch körperliches Unwohlsein, unangenehme Erlebnisse oder Erinnerungen, ja sogar böse Träume können Stimmungen hervorrufen, welche die notwendige Unabhängigkeit unserer Arbeit beeinflussen können. Derartige Affekte und Stimmungen sind aber verhältnismäßig leicht bekämpfbar, weil sie bei halbwegs wirksamer Selbstbeobachtung und Selbstkritik zum Bewußtsein kommen. Ein Niederkämpfen dieser Stimmungen ist unbedingte Pflicht, denn ihre Wirkung ist zumindest eine mehr oder weniger starke Herabsetzung der Arbeitsfreude, die sich in Teilnahmlosigkeit äußert. Diese wird aber nur allzu leicht auf Personen übertragen, die bei der Arbeit helfen sollen, die Mitarbeiter, die Sachverständigen, die Zeugen. Schwerer erkennbar sind Kränkungen der Eitelkeit und des Artgefühles; die Eitelkeit ist eine jener menschlichen Eigenschaften, auf die man sich stets verlassen kann, mit der man also auch stets rechnen muß; ihre Verletzung wirkt kränkend und kann daher leicht störende Stimmungen auslösen. Wenn z. B. eine Auskunftsperson plumpe Lügen vorbringt, die geglaubt werden sollen, kann sie die Eitelkeit des Vernehmenden verletzen, den man für dumm und einfältig genug hält, das Vorgebrachte zu glauben. Eitelkeitsverletzungen, die schon wiederholt Mißgriffe oder schwer gut zu machende Fehler in der Tatbestandsfeststellung verursachten, entstehen mitunter, wenn neben einander arbeitende Kriminalbeamte eifersüchtig vor einander das jeweils Erforschte geheim halten, um dem Mitarbeiter im Erfolg zuvorzukommen. Die Überprüfung der eigenen Arbeit wird hierdurch vernachlässigt, auf mehr oder weniger unvollständiger Grundlage wird weiter gearbeitet, das gemeinsame Ziel geht verloren.

Die Verletzung des Artgefühles kann eine die Wahrheitserforschung schädigende Wirkung vor allem dort erzeugen, wo auf politische Ursachen zurückzuführende, gesetzlich strafbare Handlungen zu untersuchen, zu beurteilen sind. Die Sorge um die Gefährdung eigener Art durch die Täter kann zu ganz bedeutenden Fehlerquellen führen. Gerichtliche Urteile in politisch unruhigen, verworrenen Zeiten (z. B. die der französischen Kriegsgerichte im besetzten Ruhrgebiet) finden in der Verletzung des Artgefühles mit ihre Erklärung.

Die Selbstzucht erfordert es weiter, bei jedem Schritt der Forschungsarbeit diese zu überprüfen und nicht einen Augenblick damit zu säumen, die gebildete Meinung aufzugeben oder zu ändern, wenn sie durch die Erhebungen unhaltbar oder auch nur wankend geworden ist. Es ist nicht zu vermeiden, daß man sich gleich vor Beginn der Tatbestandsfeststellung ein Bild von der Sache zu schaffen sucht, wie es sich aus der zunächst erstatteten Anzeige ergeben kann. Dieses Bild wird unwillkürlich angelehnt an einmal Erlebtes oder Erdachtes, es kann bei genauer Orts- und Personenkenntnis auch mehr oder weniger der Wirklichkeit entsprechen.

An diesem Bilde darf nur so lange festgehalten werden, als es nicht verschoben, verändert wurde, die gebildete Meinung darf nicht zur vorgefaßten werden, der auf sie aufgebaute, vielleicht lieb gewordene Plan muß aufgegeben werden, wenn nach der weiteren Erhebung die Durchführung des Planes nicht mehr zum Ziele führte, kann durch ein Hinausschieben eines solchen Entschlusses kostbare Zeit verloren gehen, können wertvollste Spuren verschwinden.

Gleichwie der Kriminalist seine Arbeit von allen störenden Einflüssen freizuhalten hat, wird er auch die Tätigkeit aller seiner Hilfskräfte, insbesondere der Sachverständigen und der Zeugen von derartigen Einflüssen fernhalten, er wird diese Hilfskräfte apperzeptionsfähig gestalten und halten müssen. In diesem Zusammenhang ist nur die Möglichkeit eines suggestiven Einflusses durch das behördliche Einschreiten als solches zu erwähnen. Der Gendarm, der voll gerüstet einschreitet, der Kriminalbeamte, der mit den modernen technischen Hilfsmitteln der Kriminalpolizei Erhebungen pflegt, der Staatsanwalt oder Richter, die mit ausgedehnten Machtmitteln von Gesetzes wegen ausgerüstet ihres Amtes walten, die bei der Verhandlung als Machtfaktoren deutlich erkennbar erscheinen, alle können schon durch ihr Einschreiten als solches auf leicht beeinflußbare Naturen einen die Wahrheitsforschung trübenden Einfluß ausüben; die oft gehörte Bemerkung „ich war das erste Mal vor Gericht und war so aufgeregt, daß ich gar nichts wußte", ist keineswegs immer als faule Ausrede zu werten, und es sind nicht gerade die Schlechtesten, die solchen Einflüssen der Autorität unterliegen. Namentlich die leicht suggestive Jugend wird diesen Einflüssen besonders zugänglich sein, dazu kommt, daß jeder Kriminalist durch das Recht des Fragens stets im Vorteile ist dem Gefragten gegenüber. Es ist daher die selbstverständliche Pflicht, diese mehr oder weniger störenden Einflüsse durch wohlwollendes, verständnisvolles Entgegenkommen zu beseitigen oder zumindest zu lindern; die Vernommenen müssen die Überzeugung gewinnen, der Wahrheitserforschung zu dienen, Mitarbeiter und Mitfinder der Wahrheit und des Rechtes zu sein. Hierbei wird das Einhalten der vom Gesetz vorgeschriebenen Formen das beste Mittel sein, Ernst und Würde der Amtshandlung zu wahren und auch im Bewußtsein des Vernommenen zu erhalten. Jedermann muß von vorn herein klar sein, daß er an einem der wichtigsten Hoheitsrechte des Staates, der im Dienste der Strafrechtspflege stehenden Wahrheitserforschung mit beteiligt und mit tätig sein müsse; schon äußerlich muß dies erkennbar sein, und die Persönlichkeit des Kriminalisten, die Art seines Auftretens und seiner Umgebung werden zu dieser Erkenntnis beitragen müssen. Ob der Staatsbürger dem Staat als Vertragsteil gegenübersteht, z. B. am Postschalter, oder ob er eine Hoheitsverwaltung des Staates vor sich hat, muß auch äußerlich deutlich erkennbar sein.

2. Richtiges Erforschen und Erfassen (Wahrnehmung) und Schlußfolgerungen. Es wurde schon erwähnt, daß die Tatbestandsfeststellung alle möglicherweise denkbaren Lösungen in Betracht ziehen und auf dieser breiten Grundlage aufgebaut werden muß. Sie muß nicht bloß feststellen, was

wahrnehmbar ist, vielmehr auch das, was nicht wahrgenommen, nicht festgestellt wurde, denn auch diese negative Feststellung kann für die Klärung von großer Bedeutung sein, z. B. in der Weise, daß sie bestimmte Lösungen ausschließt, der Rahmen für die Tatbestandsfeststellung kann nicht groß genug sein. Die alte von Hans Groß besonders empfohlene Regel „quis, quid, ubi, quibus auxiliis, cur, quomodo, quando?" „Wer, was, wo, womit, warum, wie, wann?" hat bei einer Tatbestandsfeststellung im Vorverfahren voll zur Geltung zu kommen. Regelmäßig wird zunächst den Fragen: was ist geschehen, wo und wann, wie und womit ist es geschehen? heranzutreten sein. Die richtige Forschung nach dieser Richtung wird gleichzeitig Anhaltspunkte dafür geben, wer als Täter in Betracht kommen kann und warum er dies tat, die Beweggründe der Tat. Von größter Bedeutung für diese Forschungsarbeit sind die zahllosen Beweise durch die Sache, die Kenntnis aller kriminaltechnischen Behelfe und die Auswahl der richtigen Sachverständigen. Alle Einzelheiten der Tat, die Art ihrer Begehung, die darin etwa sich zeigende Manier oder Berufszugehörigkeit des Täters (Art des Knotenbindens, des Gebrauches von Werkzeugen, der Wahl des Angriffspunktes, die Art, wie er den Schauplatz betreten, wie er ihn zurückgelassen, technische Handgriffe oder Handfertigkeiten u. ä.) lassen wichtige Schlüsse auf die Art der Verübung, auf die Täterschaft eines oder mehrerer Täter, auf die Mithilfe von Kundschaftern, Aufpassern oder anderen Helfern, auf die Vertrautheit der Täter oder deren Unvertrautheit mit Ort und Zeit und Gelegenheit, auf deren Übung oder Ungeübtheit zu. Zweckmäßige Verwertung der Spurenkunde und Spurensicherung, der Psychologie des Verbrechertums, dessen Kniffe, Gewohnheiten und Gepflogenheiten (Gaunersprache, Zinken und andere Verständigungsmittel), Aberglaube (Opferglaube, Grumus merdae u. ä.) werden notwendige Behelfe für eine erfolgreiche Tatbestandsfeststellung sein. Auch die Erfahrung, daß auch der gewiegteste Verbrecher selten an der „einen großen Dummheit" vorbeigeht, die ihn verrät, und deren Begehung oft recht unwahrscheinlich und unerklärlich scheint, wird niemals zu vergessen sein. Beim Beweis durch die Sache wird die Ausschöpfung aller modernen kriminal-technischen Hilfsmittel, so unter anderen neben der Photographie, der Daktyloskopie, der Dechiffrierung, der Fluoreszenz, gegebenenfalls die Heranziehung Sachverständiger von größtem Nutzen sein. Mit der Zunahme der Spezialisierung in allen Berufen wird bei der Auswahl des richtigen Sachverständigen Vorsicht am Platze und stets zu bedenken sein, daß die meisten Menschen sich scheuen, einen Mangel an Sachkenntnis einzugestehen, daher ein Auswechseln des Sachverständigen oft auf Schwierigkeiten stoßen wird. Es ist mithin in Fällen von Zweifeln an der vollen Eignung des Sachverständigen zu empfehlen, diesen von seinem Spezialfach aus ein Gutachten erstatten zu lassen und dann noch die Gutachten verwandter Berufe einzuholen (z. B. für Holzarbeit einen Zimmermann, einen Tischler, einen Drechsler, einen Holzschnitzer). Von größter Bedeutung für die Tatbestandsfeststellung ist die Photographie, die insbesondere dann unvermeidbar ist, wenn das eben Wahrgenommene Veränderungen unterliegt. Daher wird die Photographie vor allem beim Augenschein eine große Rolle spielen, z. B. bei Spuren, deren vollständige Sicherung nicht möglich ist, die aber Wettereinflüssen ausgesetzt sind oder aus anderen Gründen Veränderungen unterliegen, desgleichen bei Sachverständigenbeweisen, die eine, wenn auch noch so geringe, Veränderung oder Einbuße der Materie (so u. a. bei chemischen Untersuchungen) des untersuchten Gegenstandes zur Folge haben können.

Bei der Erforschung und Untersuchung von Spuren (s. d.) werden außer der Photographie auch Lupe und Mikroskop unentbehrlich sein. Beim Beweise durch die Person sind die Lehren und Erfahrungen der Psychologie der Aussage von größter Bedeutung. Ein Zeuge hat über die von ihm wahrgenommenen Tatsachen auszusagen. Jede Aussage eines Zeugen ist durchtränkt von einer Reihe von Schlüssen, die im Gewand einer Tatsachenerzählung einhergehen, als wahrgenommene Tatsachen vielleicht auch empfunden werden und doch nur Ansichten, Auffassungen enthalten, die auf Wahrgenommenes auf Grund der Erfahrung aufgebaut werden. Diese Schlüsse können aber falsch sein, auch wenn die ihnen zu Grunde liegenden Wahrnehmungen richtig sind. Diese Schlüsse müssen von den wahrgenommenen Tatsachen genau abgesondert und auf ihre Richtigkeit geprüft werden. Z. B. der Zeuge sagt, er habe auf dem Tisch ein gefülltes Tintenfaß gesehen. Wenn der Zeuge nicht etwa Gelegenheit hatte, die im Behältnis vorhandene Tinte mit Erfolg zu benützen, in welchem Falle auch diese Benützung der Tinte eine Wahrnehmung von Tatsachen war, ist diese Aussage zum großen Teil ein Schluß. Tatsache ist nur das Vorhandensein eines Behältnisses auf dem Tische, das nach Ort, Zeit und anderen Umständen als gefülltes Tintenfaß angesehen wurde. Inwiefern diese Ansicht, dieser Schluß richtig ist, bedarf einer abgesonderten Prüfung. Die Fehlerquellen beim Schließen können auch ganz unabhängig von den Fehlerquellen beim Wahrnehmen sein und z. B. auf Mangel an Erfahrung oder Mängeln der Bildung oder der Fähigkeit, richtig zu schließen, beruhen.

Wenn z. B. jemand behaupten würde, ein ins Wasser gesteckter Stab sei hierdurch gebrochen worden, so ist die Wiedergabe des Gesehenen richtig, der Schluß ist aber falsch (eine Sinnestäuschung liegt nicht vor), weil der Betreffende die Gesetze der Lichtbrechung nicht kennt. Auch darin kann die Unrichtigkeit eines Schlusses ihren Grund haben, daß der Sinn auf diesen Schluß hingeleitet wurde; so ist z. B. das plastische Sehen regelmäßig ein Schluß, daß von uns Gesehenes plastisch sein müsse, weil uns solch Gesehenes schon in zahllosen Fällen durch Tasten von seiner Plastik überzeugt hatte.

Einer gleichen Sonderprüfung werden die den Schlüssen beizuzählenden Werturteile, Schätzungen oder Begutachtungen aus Wahrgenommenem auf Grund besonderer Vorbildung oder Erfahrung zu unterziehen sein, z. B. Jemand, der den Täter beobachtete, schließt aus seinen Wahrnehmungen auf den Grad der Trunkenheit des Beobachteten. Die Überprüfung des gezogenen Schlusses wird nur durch Erforschung der Erfahrung, der Vorbildung des Zeugen möglich sein, welche zu den Schlüssen führten. Es handelt sich hier um sogenannte sachverständige Zeugenaussagen (s. d.). Zieht ein solcher Zeuge seine Schlüsse aus dem Wahrgenommenen aus besonderer beruflicher Vorbildung oder Erfahrung, wird diesen Schlüssen ein Wert kaum abzusprechen sein. Z. B. der behandelnde Arzt, der aus den wahrgenommenen Tatsachen des Krankheitsbildes Schlüsse auf die Art der Erkrankung zieht, der Techniker, der aus dem beobachteten Autounfall auf Fehler in der Lenkung des Autos verweist, der Handwerker, der aus den bei der Arbeit wahrgenommenen Tatsachen auf die Güte oder die Schlechtigkeit des verwendeten Stoffes oder dessen Erzeugung schließt, u. a. Von dem vom Zeugen behaupteten Fachwissen wird im Wesentlichen die Richtigkeit seiner Schlüsse abhängen und es wird daher unter Umständen eine Überprüfung dieses Fachwissens, allenfalls durch ein Sachverständigengutachten, nötig werden.

Genauester Überprüfung sind Schätzungen zu unterziehen. Die Verläßlichkeit von Schätzungen z. B. von örtlichen und zeitlichen Entfernungen, Geschwindigkeitsgraden, hängt nicht bloß vom Schätzungsvermögen der schätzenden Person ab, sie ist auch abhängig von allerhand Nebenumständen, als Witterungs-, Sicht-, Hörverhältnissen, welche die Schätzung mehr oder weniger beeinflussen können. Auf all dies ist Rücksicht zu nehmen, ebenso darauf, ob die Schätzung auf Grund einer gegenwärtigen Wahrnehmung oder aus der Erinnerung erfolgt. Wurde die Schätzung auf irgend ein Hilfsmittel aufgebaut (z. B. eine Uhr, einen Maßstab) wird auch die Überprüfung dieses Werkzeuges nötig sein, sobald die Richtigkeit der Schätzung in Zweifel gezogen ist oder auch nur angezweifelt werden kann; endlich wenn dieser Schätzung entscheidende Bedeutung für die Tatbestandsfeststellung zukommt.

Aber auch die reine Zeugenaussage, also die Wiedergabe wahrgenommener Tatsachen ist auf ihre möglichen Fehlerquellen genauestens zu überprüfen, und das beste Mittel hierzu wird regelmäßig die Erforschung der Wissensquelle sein. Fehlerursachen können schon in der Wahrnehmung selbst liegen, endlich in der Wiedergabe des Wahrgenommenen begründet sein. Die Wahrnehmung ist abhängig von dem Grade der Bereitschaft, wahrzunehmen (vgl. auch den Art. Beobachtung). Unaufmerksamkeit, vielleicht durch anderweitige Gedankenarbeit herbeigeführt, Zerstreutheit, Interesselosigkeit an den Vorgängen der Außenwelt hindern eine verläßliche Wahrnehmung, ebenso können körperliches oder seelisches Unbehagen, in stärkerem Grade Erkrankungen, Einflüsse von Aufregungen und Affekten, organische oder funktionelle Störungen eines oder mehrerer Sinnesorgane die Wahrnehmungsfähigkeit herabsetzen oder gar ausschalten. Diese Ausschaltung kann auch nur für zeitlich abgegrenzte Teile der Wahrnehmung wirksam werden, es entstehen Wahrnehmungslücken, deren Ausfüllen dann nach der Lebenserfahrung angestrebt wird, damit aus dem Wahrgenommenen ein geschlossenes Bild entstehe. Aber auch die Bereitschaft, wahrzunehmen, kann zu einem solchen Grade der Erwartung gesteigert werden, daß die Wahrnehmungsfähigkeit getrübt wird, z. B. wir beobachten bei einem gefährlichen Straßenübergang, wie ein Fußgänger sorg- und achtlos weiter geht und wie ein Auto in rascher Fahrt daherkommt. Wir erwarten einen Unglücksfall, und wenn wir den Fußgänger tatsächlich in nächster Nähe des Autos stürzen sehen, so werden wir derart geneigt sein, diesen Sturz mit dem von uns vorerwarteten Zusammenstoß mit dem Auto zu erklären, daß wir die wirklichen Vorgänge (etwa ein rechtzeitiges Ausweichen des Autos, ein Stürzen des Fußgängers infolge Ausgleitens) übersehen, daß wir den für eine richtige Wahrnehmung gerade wichtigsten Zeitabschnitt überspringen und an Stelle der versäumten Wahrnehmung einen Schluß setzen, der die Anfangswahrnehmung und die aus dieser erwartete Endwahrnehmung mit einander verbindet (Erwartungssuggestion). Gefördert wird eine solche Entstehung einer Wahrnehmungslücke durch die Tatsache, daß wir langsam sehen und dann einzelne Augenblicke des Gesehenen zu einem Gesamtbild vereinigen. Momentbilder über sportliche Veranstaltungen zeigen uns deutlich, wie langsam wir sehen, denn diese Bilder zeigen uns Stellungen des laufenden Menschen, des laufenden Pferdes, des Athleten, die wir einzeln nicht wahrgenommen haben.

Wahrnehmungsfehler können auch bei Gehörtem entstehen. Selten wird Gehörtes dem Wortlaut nach, regelmäßig nur dem Sinne nach aufgefaßt, und es ist daher stets die Frage zu prüfen, ob der wirkliche Sinn erfaßt wurde (vgl. die Rede des Antonius über Brutus in Shakespeares Julius Cäsar „Brutus ist ein ehrenwerter Mann"). Besondere Vorsicht ist geboten bei Angaben, aus welcher Richtung etwas gehört wurde; nur wenige Menschen haben ein hierfür verläßliches Hörempfinden und Unterscheidungsvermögen.

Bei Angaben über Empfindungen am Körper infolge von Angriffen oder Verletzungen ist zu berücksichtigen, daß unsere Körperteile nur dann solche Empfindungen richtig vermitteln, wenn sie in der gewöhnlichen Lage sind, und daß auch, abgesehen davon, die Festlegung des Sitzes von Verletzungen, deren Art und Ursache durch das Empfinden auf große Schwierigkeiten stößt, diesbezügliche Angaben daher genauester Überprüfung bedürfen. Es kann z. B. die Wahrnehmung, es sei auf uns geschossen worden, Empfindungen von Schmerz, von Rinnen des Blutes erzeugen, obwohl uns der Schuß gar nicht getroffen hat; es kann sogar ein Gespräch z. B. über Ungeziefer das Empfinden des Juckens herbeiführen, der Geschmacks- und Geruchssinn spielen in der Kriminalistik zwar eine untergeordnete Bedeutung, doch ist auch hier nicht zu übersehen, daß Angaben über Geschmacks- und Geruchsempfindungen mit größter Vorsicht zu behandeln sind, da die Begriffe von angenehm und unangenehm, scharf und schwach, süß und bitter oder sauer und ähnlich, individuell verschieden und schwer überprüfbar sind und auch durch Umstellungen (z. B. eine als Süßspeise gesehene Speise ist in Wirklichkeit eine gesalzene) dem Schmecken und Riechen eine falsche Richtung geben können.

Die zweite Vorbedingung für eine wahrheitsgetreue Aussage ist die richtige Arbeit des Gedächtnisses. Das hat zur Voraussetzung, daß das richtig Wahrgenommene richtig und vollständig erneuert (reproduzierbar) wird und daß das erneuerte Bild mit dem Wahrgenommenen völlig wesensgleich ist. Die Erneuerung des Wahrgenommenen ist vielfach unvollständig; es entstehen bewußte oder unbewußte Erinnerungslücken, deren richtige Ausfüllung mitunter durch Totalanalogie gelingt, die aber auch Phantasie auszufüllen bestrebt sein kann, woraus Verfälschungen des Erinnerungsbildes möglich werden.

Besondere Vorsicht ist am Platze bei Personen, welche eine Schädelverletzung erlitten haben und infolge dessen mitunter Gedächtnis-(Erinnerungs-)lücken aufweisen, die auch Verwechslungen von Personen, Mängel an Orts- oder Zeiterkenntnis (Fehllokalisationen), Teilvertauschungen nach sich ziehen können.

Um zu einer verläßlichen Aussage zu kommen, wird die Gedächtnisarbeit des Vernommenen in ihren einzelnen Stufen zu überprüfen sein. Dabei ist nicht zu vergessen, daß das sogenannte unbewußte Gedächtnis, das meist mechanisierte Bewegungen auslöst, (z. B. bei unwillkürlichem Ausweichen vor Verkehrshindernissen aller Art auf längst gewohnten Wegen, bei gewohntem An- und Auskleiden bei regelmäßig wiederkehrenden Anlässen usw.) regelmäßig verläßliche Arbeit leistet und daß es Menschen mit besonders ausgeprägtem Teilgedächtnis (z. B. Namens-, Zahlengedächtnis) gibt. Erlaubte, d. h. nicht verwirrende, beeinflussende Gedächtnishilfen sind die Erinnerung an Nebenumstände, von denen ein Hergang begleitet war, und das Zurückversetzen der Auskunftsperson an den Ort des Hergangs unter möglichst gleichen Verhältnissen und Umständen. Die Vernehmung der Auskunftsperson am Ort der wahrgenommenen Begebenheit unter möglichst gleichen Verhältnissen, wie sie zur Zeit der Wahrnehmung bestanden, wird regelmäßig eine wichtige und der Wahrheitserforschung zweckdienliche Gedächtnishilfe sein.

Die dritte Grundbedingung für eine wahrheitsgemäße Aussage ist die richtige Wiedergabe des Wahrgenommenen. Voraussetzung hierfür ist, daß der Aussagende auch bei der Ablegung der Aussage unabhängig von allen schädlichen Einflüssen gemacht und gehalten werde. Es ist schon oben erörtert worden, daß solche Einflüsse schon durch das behördliche Einschreiten als solches ausgelöst werden können und daß durch verständnisvolles Entgegenkommen bei aller Wahrung des nötigen Ernstes diese Einflüsse ausgeglichen werden müssen. Hier wird Menschenkenntnis und Menschenbeurteilung von größter Bedeutung sein. Der Vernehmende wird bemüht sein müssen, sich bei der Vernehmung und bei der Fragenstellung dem Seelenleben und dem Bildungsgrade des Vernommenen tunlichst anzupassen (möglichst wenig voraussetzen, wird am ehesten zum Ziele führen!); er wird dem Charakter des Vernommenen entsprechend vorzugehen haben, um die Wahrheit zu erfahren. Menschen mit mangelndem Selbstvertrauen werden anders zu behandeln sein wie solche mit übertriebenem Selbstvertrauen; Menschen, die nicht gewöhnt sind, ernst zu denken, zielbewußt zu handeln, wird die Verantwortung für das Gesagte ernstlich vorzuhalten sein. Besonders eitle Personen pflegen auch ihre Aussage danach einzurichten, daß sie bei der Sache möglichst gut, d. h. in einer ihrer Eitelkeit schmeichelnden Art und Weise, abschneiden; dadurch können Wahrheitsentstellungen erfolgen, die dem Vernommenen gar nicht zum Bewußtsein gekommen sein müssen, namentlich, wenn er über einige Phantasie verfügt. Besonders gefährlich für die Wahrheitsforschung ist es, wenn der Vernommene die Quelle der Wahrnehmung verwechselt, z. B. etwas von dritter Seite Gehörtes als persönlich Gesehenes, Gehörtes darstellt und dabei die Wissensquelle verwechselt oder übersieht. Je mehr Aufsehen ein Straffall in der Öffentlichkeit erregt hat, desto mehr liegt die Gefahr einer derartigen Verwechslung der Wahrnehmungsquelle vor. Solche Fehler sind nur durch genaueste Erforschung der Wissensquelle aufzudecken und damit unschädlich zu machen. Unerläßlich wird diese Erforschung insbesondere in den Fällen sein, in denen der Vernommene schon von anderer Seite über die Sache befragt worden war, z. B. ein Kind oder ein Jugendlicher von Eltern, Erziehern, Dienst- oder Arbeitgebern, irgend eine Auskunftsperson von einem Zeitungsberichterstatter. Daß Kinder und Jugendliche leicht beeinflußbar sind, ist bekannt (s. d. Art. Zeugenaussagen Jugendlicher); durch mehr oder weniger suggestive Fragestellung können sie zu Aussagen verleitet werden, die der Wahrheit nicht entsprechen, die Aufbauschungen, Verzerrungen, Übertreibungen irgend eines wahrgenommenen Sachverhaltes enthalten oder ganz und gar Phantasiegebilde sind. Insbesondere Mädchen im Pubertätsalter neigen leicht zu Übertreibungen, vor allem in Dingen sexueller oder erotischer Natur; sie haben mitunter das Bedürfnis, Mittelpunkt eines Interesses zu werden, und bauschen daher mehr oder weniger harmlose Begebenheiten in phantasievoller Weise zweckentsprechend auf.

Auch zweckwidrige Befragungen durch Zeitungsberichterstatter können, namentlich in Aufsehen erregenden Straffällen, schweren Schaden für die Wahrheitserforschung herbeiführen. Der Zeitungsberichterstatter trachtet, und zwar möglichst rasch, seinen Lesern Sensationen zu bringen; trifft er nun auf einen üblen Menschen, dessen Eitelkeit er noch durch entsprechende Fragen oder Versprechungen (Abdruck eines Lichtbildes in der Zeitung!) aufzupeitschen verstand, so läßt sich dieser zum Kronzeugen Gemachte zu allerhand Angaben verleiten, die er vor Gericht nicht zu verantworten vermöchte. Wird dann diese Person wirklich als Zeuge vernommen, steht er vor der Gewissensfrage, ob er das Begonnene fortsetzen und Gefahr laufen soll, falsch auszusagen, oder ob er eingestehen soll, früher gelogen oder zumindest übertrieben zu haben, wodurch er den Vorwurf der Unaufrichtigkeit oder gar der Lächerlichkeit auf sich ladet.

Von größter Bedeutung für die Tatbestandsfeststellung durch Personenvernehmung ist die Art der Fragestellung. Als Regel hat zu gelten, daß der Einzelfragestellung zunächst der Bericht der Auskunftsperson über ihre Wahrnehmungen und die allenfalls notwendige Ergänzung dieses Berichtes vorauszugehen haben. Dann ist zu bedenken, daß die Fragen der festzustellenden Tatsache angepaßt, aber derart gestellt werden müssen, daß deren Beantwortung nicht unmöglich ist. Es handelt sich z. B. um die Feststellung, ob Jemand wegen Diebstahls schon beanstandet wurde. Wird etwa die Frage dahin gestellt, ob der Betreffende jemals gestohlen habe, dann ist eine Antwort ohne eine restlose, daher praktisch unmögliche Durchforschung des Vorlebens nicht möglich. Bei richtiger Fragestellung genügt eine einzige Beanstandung wegen Diebstahls zur Bejahung.

Unbedingt zu vermeiden ist eine von der Frage ausgehende Suggestivwirkung. So kann z. B. der in der Frage mehr oder weniger geäußerte Wunsch, über das Gefragte bestimmte Auskünfte zu erhalten, bei unselbständigen, verschüchterten Naturen und bei Unsicherheit des Wissens zu blinden oder zu Verlegenheitsaussagen führen. Blind ist die Aussage dann, wenn der Vernommene die Übereinstimmung des Ausgesagten mit dem Wahrgenommenen und Gemerkten nicht mehr überprüft. Bei besonders starker Suggestivkraft der Frage kann die Beeinflussung mitunter so weit gehen, daß der ganze Aussageninhalt dem geäußerten Wunsche angepaßt wird. Das kann z. B. auch bei Sachverständigengutachten eine Rolle spielen. Die Fassung der Frage als solche kann auf den Vernommenen schlechten Einfluß üben und es sind daher alle Suggestivfragen, welche schon eine bestimmte Antwort vorwegzunehmen bestrebt sind, zu vermeiden. (Entscheidungsfragen, die nur mit ja oder nein beantwortet zu werden brauchen, Erwartungsfragen, Voraussetzungsfragen). Besonders schädlich können Suggestivfragen dort werden, wo es sich um das Wiedererkennen von Personen oder Sachen handelt.

Eine blinde Aussage kann auch hervorgerufen werden durch Interesselosigkeit des Vernehmenden. Merkt der zu Vernehmende, daß an der Tatbestandsfeststellung auf seiten des Kriminalisten kein Interesse besteht oder daß dieser deutliche Zeichen der Ungeduld, der mangelnden Arbeitsfreude, des Strebens, die lästige Arbeit endlich zu beenden, zeigt, dann erlischt auch für den zu Vernehmenden jedes Interesse, der Sache zu dienen, und er macht eine Aussage, die ihm eine möglichst rasche Beendigung seiner Tätigkeit verspricht. Die Aussage muß deshalb nicht geradezu erlogen sein, sie ist vielleicht nur unüberlegt, von dem Streben durchtränkt, wieder fortzukommen.

Lügenhafte Aussagen sind natürlich nach Kräften zu bekämpfen. Dabei ist zu bedenken, daß solche Aussagen häufig ohne vorher gefaßten Lügenentschluß erst während der Aussage entstehen können, wenn der Vernommene durch die Aussage in eine unangenehme Situation gerät oder bei wahrheitsgemäßen Angaben geraten könnte. Es braucht sich da gar nicht um besondere Gewissenskämpfe zu handeln, mitunter genügt es, daß der Vernommene sich keine Blöße geben, z. B. nicht unaufmerksam erscheinen will, weil er etwas nicht gesehen hat, was alle anderen Anwesenden gesehen hatten. Auch das Bestreben, es mit Niemandem zu verderben, kann zu blinden, aber auch zu verlogenen Aussagen führen (z. B. bei Wirten, die erfahrungsgemäß nichts gesehen haben wollen).

Zur Überprüfung der Richtigkeit einer Aussage ist zunächst, und zwar ausnahmslos, die Erforschung der Wissensquelle heranzuziehen. Daneben kann unter Umständen ein Beweis durch die Sache beste Dienste leisten; es werden z. B. Aussagen über Sichtverhältnisse, über Orts- und Zeitverhältnisse, über Wahrnehmungsmöglichkeiten, durch möglichst an Ort und Stelle angestellte Seh- und Hörproben überprüft werden können, allenfalls durch Einholung von Sachverständigengutachten.

Schrifttum:

Das einschlägige Schrifttum ist kaum übersehbar; es sei daher nur genannt, H. Groß, Kriminalpsychologie, 2. Aufl., Vogel, Leipzig. — Groß-Höpler, Handb. für Untersuchungsrichter, 7. Aufl., Schweitzer Verlag, insbes. I, 17—22, 28—31, 35—57, 65 bis 72, 73—144 die daselbst bezogenen Arbeiten, Werke und Monographieen und die seit Erscheinen der letzten Auflage dieses Handbuches veröffentlichten Arbeiten. — Anuschat, Die Gedankenarbeit des Kriminalisten, krimin. Schlußfolgerungskunst und ihre Grenzen, Berlin, Gerstmann. — Böhme, Täterermittlungen mit Hilfe schallanalytischer Untersuchungen, Intern. Öffentl. Sicherheit, 1. Jahrg., 8. Heft. — Cleric, Der Beurteilungszeuge, 19. Jahrg. 1924, Schweizerische Juristenzeitung. — Delbrück, Die pathologische Lüge, Enke, Stuttgart 1891. — Goroncy, Die Geruchswahrnehmungen und ihre kriminelle Bedeutung, Arch. f. Krimin. 75, 164ff. — Seelig, Die Ergebnisse und Problemstellungen der Aussageforschung, XIII, Heft 3/4 der „Ergebnisse der gesamten Medizin", Urban-Schwarzenberg, und die daselbst bezogenen Werke und Arbeiten. — Sonderepper, Die strafrechtliche Behandlung der Frau, Chur, Sprecher, Epperling und Co. — Wagner-Jauregg in Hofmann-Haberda, Lehrbuch der gerichtl. Medizin, 11. Aufl., Urban-Schwarzenberg, 2, 1190ff.

Erwin Hoepler †.

Nachtrag: Kenyeres, Sachliche Beweise bei der Klärung von Todesfällen. Berlin, de Gruyter, 1935.

Tatort.

I. Für die strafrechtliche Betrachtung einer Tat ist die Frage, wo sie begangen ist, also die Frage nach dem Tatort in mehrfacher Hinsicht bedeutungsvoll. Ob die Tat im Inland oder im Ausland begangen ist, ist in der Regel ausschlaggebend für ihre Verfolgbarkeit (RStGB. §§ 3ff.). Für eine große Anzahl von strafrechtlichen Tatbeständen ist die besondere tatsächliche oder rechtliche Beschaffenheit des Tatorts Tatbestandsmerkmal oder wenigstens Strafschärfungsgrund (vgl. z. B. RStGB. § 116 „auf öffentlichen Wegen, Straßen oder Plätzen", §§ 130a, 166, 167 „in einer Kirche oder einem anderen, zu religiösen Versammlungen bestimmten Ort", § 292 „an Orten, an denen zu jagen er nicht berechtigt ist", § 243 Nr. 1, 2, 4 ,7 u. a.). Nach dem Tatort endlich bestimmt sich in erster Linie der Gerichtsstand (StPO. § 7).

Die Antwort auf die Frage, wo eine strafbare Handlung im Rechtssinn als begangen zu gelten hat, macht keine Schwierigkeiten, wenn es sich um eine Tat handelt, die sich in einem Vorgang und ihren „auf der Stelle" — örtlich und zeitlich verstanden — eingetretenen Folgen erschöpft. Sind aber zur Erfüllung des gesetzlichen Tatbestandes oder bloß tatsächlich zur Erreichung des tatbestandsmäßigen Erfolges mehrere örtlich auseinander liegende Handlungen erforderlich gewesen oder tritt der Erfolg an einem anderen Orte ein, als die ihn verursachende

Handlung vorgenommen wurde, so kann die Frage aufgeworfen werden, ob die Tat an allen Orten, wo sie irgendwie in Erscheinung getreten ist, oder nur an einzelnen, etwa dem Ort der Handlung oder dem des Erfolges, begangen sein soll. Die in der Rechtsprechung herrschende Auffassung (RGSt. 10, 423; 13, 338 u. a.), die sich auch die Entwürfe eines Allgemeinen Deutschen Strafgesetzbuchs zu eigen gemacht haben (§ 8), läßt eine Tat als an jedem Ort begangen gelten, wo sich der Tatbestand der strafbaren Handlung ganz oder zum Teil verwirklicht hat (oder im Falle des Versuchs nach dem Vorsatz des Täters hätte verwirklichen sollen), also sowohl am Orte der Tätigkeit als an dem des Erfolges.

II. Für die kriminalistische Betrachtung ist diese Begriffsbestimmung zu eng. Tatort ist für die Kriminalistik u. U. auch der Ort, an dem nur Vorbereitungshandlungen — im Rechtssinn — vorgenommen wurden, auch die Orte, die die von dem Täter durch seine Handlung in der Richtung nach dem Erfolg ausgelöste Bewegung durchlaufen hat, und schließlich auch die Orte, an denen sich jenseits des gesetzlichen Tatbestandes, aber im Anschluß an ihn Vorgänge abgespielt haben, aus denen auf den Täter und den Tatverlauf in subjektiver oder objektiver Hinsicht Schlüsse gezogen werden können. Erst diese Ausweitung des Tatortbegriffs wird den Bedürfnissen der kriminalistischen Praxis gerecht; denn die Kriminaltaktik und -technik sieht im Tatort in erster Linie den Träger von Tatspuren und deshalb lokalisiert sie die Tat überall da, wo diese für die Aufklärung verwertbare Spuren hinterlassen haben kann. Spuren kann beispielsweise bei einem Mord schon das juristisch als reine Vorbereitungshandlung zu wertende Ausprobieren, Laden oder Schleifen der Mordwaffe, das Geschoß auf seiner Bahn vom Schützen zum Opfer, das Weglaufen des Täters, das Wegschaffen der Leiche des Getöteten oder der Beute nach vollbrachter Tat hinterlassen haben; keine dieser Örtlichkeiten hat im Rechtssinn als Tatort zu gelten, zur Erforschung des tatsächlichen Hergangs des Verbrechens können sie bedeutungsvoller sein als der Ort der Handlung oder der des Erfolges.

Für die Aufklärung eines strafbaren Tatbestands ist der Tatort in dem dargelegten Sinn dann von ausschlaggebender Bedeutung, wenn anzunehmen ist, daß er Spuren aufweist, die Anhaltspunkte für die Ermittlung des Täters oder des Hergangs der Tat geben. Solche Spuren werden bei einer Reihe von strafbaren Handlungen regelmäßig vermutet werden dürfen, insbesondere dann, wenn Gewalt im weitesten Sinn geübt worden ist, wenn Personen verletzt oder Sachen beschädigt oder zerstört worden sind. Nicht selten führen in solchen Fällen die hinterlassenen Spuren erst zur Entdeckung einer strafbaren Handlung; dann gehen alle weiteren Ermittelungen vom Tatort aus, er und seine Beschaffenheit sind zunächst die einzigen Anhaltspunkte, an die jene angeknüpft werden können.

Es kommt freilich auch vor, daß erst eine Auswirkung fern vom Tatort zur Entdeckung des Verbrechens führt. In solchen Fällen muß zunächst die Frage aufgeworfen werden, ob die Auffindung des eigentlichen Tatorts für die weitere Aufklärung von Bedeutung sein kann, und sodann, ob die zuerst entdeckte Auswirkung Schlüsse auf die Lage des Tatorts, auf den Täter oder auf sonstige erhebliche Umstände der Tat zuläßt. Ein Beispiel für solche Fälle ist die Auffindung anscheinend herrenloser, offenbar aus einem Diebstahl, einem Raub oder einer anderen Straftat herrührender, dann aber aus irgend welchen Gründen (Schwierigkeit des Transports, drohende Ergreifung) im Stich gelassener Gegenstände unbekannter Herkunft (Fahrzeuge, Tiere, Kindsleichen); in solchen Fällen wird, unbeschadet der Verfolgung des Täters an Hand etwaiger vom Fundort wegführender Spuren, die Verfolgung der zum Fundort hinführenden Spuren in entgegengesetzter Richtung, also zum eigentlichen Tatort hin vorzugsweise geboten sein. Ein praktisch besonders wichtiges Beispiel dieser Art ist ferner die Auffindung einer Leiche in einem Wasserlauf; hier können Beschädigungen auf Stellen (Wehre, Rechen) hinweisen, die die Leiche im Wasser passiert haben muß, aus dem Fundort der Leiche können Personen, die mit dem Wasserlauf, seinen Strömungen und Tiefeverhältnissen vertraut sind (Fischer, Fährleute, Schiffer, Jäger auf Wasserwild), oft überraschende Schüsse auf die Stelle ziehen, an denen die Leiche dem Wasser übergeben worden sein muß.

III. Steht der Tatort in dem unter II dargelegten Sinne fest und ist seine Beschaffenheit nach der Art der Tat für die weitere Aufklärung von Erheblichkeit, so darf eine Ortsbesichtigung (s. d. Art. Augenschein) durch den Ermittlungsbeamten (Polizei, Staatsanwalt und Untersuchungsrichter) schon deshalb niemals unterbleiben, weil die Tat erst dadurch die räumliche Beziehung erhält, ohne die sich die menschliche Phantasie ein Bild von Vorgängen der Außenwelt nun einmal nicht machen kann. Dieses Bild aber ist erforderlich als Grundlage nicht nur für die weiteren Nachforschungen, sondern auch für eine zutreffende tatsächliche und rechtliche Beurteilung der Tat.

Daß die Ortsbesichtigung so rasch als möglich vorzunehmen ist, ist eine so selbstverständliche Forderung, daß auf ihre besondere Hervorhebung verzichtet werden kann. Ebenso selbstverständlich ist, daß es für den ersten Angriff von besonderem Wert ist, wenn der Ermittlungsbeamte den Tatort oder wenisgtens seine Lage schon in dem Augenblick kennt, in dem er von der Tat erstmals etwas erfährt; deshalb verlangt Hans Groß (Handb. für Untersuchungsrichter, 12. Aufl., Teil I, S. 49ff.), daß der Ermittlungsbeamte immer bestrebt sein soll, seinen Bezirk in allen Einzelheiten kennen zu lernen, so daß er im Bedarfsfall sich sofort eine Vorstellung von den einzelnen Örtlichkeiten, ihrer Lage und Umgebung, den Zugangs- und Abgangswegen u. a. machen kann.

Kommt der Ermittlungsbeamte an den Tatort, so ist seine erste Aufgabe, ihn bis zum Abschluß der Besichtigung gegen Veränderungen zu sichern, ihn und damit die zu erwartenden Spuren bis dahin in dem Zustand zu erhalten, den er antrifft. Diese Regel erfährt nur dann eine Ausnahme, wenn der vorgefundene Zustand erhebliche Gefahren für Andere in sich birgt, wenn also z. B. für einen schwer Verletzten ärztliche Hilfe in Anspruch genommen oder bei einem Bauunfall oder einem Brand weiterer Zerstörung entgegengewirkt werden muß; auch in solchen Fällen wird aber der Ermittlungsbeamte prüfen müssen, ob es nicht ohne Erhöhung der Gefahr möglich ist, den ursprünglichen Zustand wenigstens in einem Lichtbild oder (und) einer Zeichnung festzuhalten, und er wird bemüht sein müssen, durch geeignete Vorkehrungen und Anordnungen dafür zu sorgen, daß durch die Hilfeleistung so wenig wie möglich Veränderungen am Tatort verursacht werden.

Die Art und Weise, wie der Tatort gegen Veränderungen vorläufig zu sichern ist, ist durch seine Lage und Beschaffenheit bestimmt. In Gebäuden liegende oder sonst umhegte Räume sind zu verschließen. Ein Tatort im Freien ist in zureichendem Umkreis abzusperren; dabei sind, soweit möglich, auch die Örtlichkeiten zu berücksichtigen, über die der Täter (oder das Opfer) an den Tatort gelangt sein oder sich von ihm entfernt haben kann. Liegt der Tatort mitten im Verkehr, so wird die Absperrung meist nur kurze Zeit möglich, also größte Beschleunigung geboten sein; einen gewissen Zeitgewinn kann in solchen Fällen die mit Hilfe der Verkehrspolizei ins Werk zu setzende Umleitung des Verkehrs bedeuten.

Im Anschluß an die Sicherstellung des Tatorts im Ganzen ist zu prüfen und, wenn irgend möglich, alsbald festzustellen, ob in der Zeit zwischen der Tat und dem Erscheinen des Ermittlungsbeamten bereits Veränderungen am Tatort vorgekommen sein können, sei es daß unbeteiligte Personen (auch Tiere) ihn betreten oder berührt haben, sei es daß Beteiligte nach der Tat Spuren verwischt oder irreführende Spuren verursacht haben (s. d. Art. Spuren und Spurensicherung). Lassen sich die Unbeteiligten ermitteln, so mag es zweckmäßig sein, sich alsbald von ihnen Fuß- und Fingerabdrücke, u. U. auch Tier- und Fahrzeugspurenabdrücke zur späteren Vergleichung mit den Tatortspuren geben zu lassen. Ist festgestellt, daß am Tatort Reinigungsversuche (Aufwaschen, Fegen) vorgenommen worden sind, so wird es manchmal noch möglich sein, die dabei benutzten Geräte, das Abwaschwasser, den Kehricht u. dgl. zur weiteren Untersuchung auf Spuren sicher zu stellen. — Soweit es gelingt, zu ermitteln, wie der Tatort unmittelbar nach der Tat ausgesehen haben kann, ist das Ergebnis alsbald durch schriftliche Aufzeichnung oder Skizze festzulegen. Nachdrücklichst zu warnen ist aber vor einer alsbaldigen Rekonstruktion des Tatorts nach dem Bilde, das jene Ermittlungen ergeben haben; denn solche Versuche haben in der Regel die Zerstörung wichtiger Spuren zur Folge und richten nur Verwirrung an, zumal jenes anfängliche Bild keineswegs immer unbedingt zutreffend ist, vielmehr häufig später richtig zu stellen sein wird. Mit Rekonstruktionen sollte überhaupt stets zugewartet werden, bis der Tatort in allen Einzelheiten feststeht und in einer schriftlichen Darstellung, einer Situationsskizze und im Lichtbild festgehalten ist.

Das Verfahren bei der Tatortbesichtigung wird naturgemäß einmal durch die Örtlichkeit und sodann durch den zunächst feststellbaren Tatbestand bestimmt. Es wird verschieden sein, je nachdem der Tatort im Freien oder in umschlossenem Raume, im Gelände außerhalb einer bewohnten Ortschaft, oder in einer solchen, auf einem Verkehrsweg oder abseits liegt, je nach dem es sich beispielsweise um einen Mord, eine Beschädigung von Obstbäumen, einen Verkehrsunfall oder eine Brandstiftung handelt (s. deshalb d. Artt. Brandstiftung, Einbrecher, Mord u. a.). Einige allgemeine oder wenigstens auf Gruppen von Fällen anwendbare Regeln lassen sich immerhin aufstellen.

Jede Tatortaufnahme hat mit der Feststellung der Lage des Tatorts im Ganzen zu beginnen. Ist Tatort ein Raum innerhalb eines Gebäudes, so ist dessen Lage nach Straße, Straßenseite und Hausnummer, außerhalb einer Ortschaft nach Entfernung und Richtung von einem festliegenden, wenn irgend tunlich auf einer genauen Karte (Meßtischblatt, Gemarkungskarte) auffindbaren Punkte (Wegekreuzung, -biegung, -einmündung, entsprechende Punkte eines Wasserlaufs, Ausgang einer Ortschaft, Höhenpunkt, Waldecke oder dgl.) zu bestimmen; wird der Ermittlungsbeamte an einen solchen Ort außerhalb einer Ortschaft gerufen und hat er eine Karte zur Hand, so nimmt er sie schon auf dem ersten Gang zum Tatort mit. Entsprechend der Ortsbestimmung von Gebäuden außerhalb einer Ortschaft ist bei Tatorten im Freien zu verfahren. Richtungen sind stets nach der Himmelsgegend zu bestimmen, die auf der Karte, dem Kompaß oder notfalls auf der Taschenuhr (nähere Anweisung hierzu bei Groß, Handb. für Untersuchungsrichter I, 181 oder bei Polzer, Handb. für den praktischen Kriminaldienst S. 109) abgelesen werden kann; Angaben, die nach den Körperseiten des Betrachters (rechts-links) orientiert sind, und ungenaue Angaben (oben-unten, seitwärts u. dgl.) sind zu vermeiden, eindeutig ist die Rechts-Links-Orientierung nur bei Körperteilen von Menschen und Tieren und bei Wasserläufen. — Zur allgemeinen Lage des Tatorts gehört auch sein örtliches Verhältnis zur Umgebung, insbesondere zur bewohnten oder zur Tatzeit vermutlich von Menschen besuchten Umgebung, dies — abgesehen davon, daß u. U. in ihr der Täter zu suchen ist — schon deshalb, weil die Umwohner oder Anwesenden sinnlich wahrnehmbare Eindrücke von der Tat selbst oder dem Täter (Schreie, Schüsse, Schläge, Lauf- oder Fallgeräusche, Lichtschein, Mündungsfeuer, Brandgeruch usw.) empfangen haben und deshalb als wichtige Tatzeugen in Betracht kommen können. — Liegt der Tatort in einem Gebäude, so ist der Tatraum durch die übrigen Räume des Gebäudes (Stockwerk, Vorder-, Hinter- oder Seitenbau, anstoßende Räume) und die Gebäudeseiten (Vorderfront, Hinterfront, Giebelseiten oder -ecken mit Himmelsrichtung) zu bestimmen.

Liegt so der Tatort in seinen allgemeinen räumlichen Beziehungen fest, so ist seine Beschaffenheit festzustellen. Hierzu gehören bei Tatorten im Freien der Grund und Boden, auf dem er liegt (Ackerfeld, Wiese, Weg, Straße) und die Gegenstände, die fest mit ihm verbunden sind (Bäume, Sträucher, Hütten, Zäune); ihr Standort ist von einem ortsfesten Punkte aus nach Entfernung und Richtung zu bestimmen. Auch die Witterung (Bewölkung, Sonnen- oder Mondschein, Niederschläge, Sichtmöglichkeit, Windrichtung und -stärke) soll niemals außer acht gelassen werden; ist die Tat vermutlich erst kurze Zeit vor der Entdeckung begangen, so versäume man nicht, alsbald sich von einer zuverlässigen Person das Wetter von dem Zeitpunkt ab, in dem frühestens die Tat begangen sein kann, beschreiben zu lassen, andernfalls bei der zuständigen Wetterbeobachtungsstelle die erforderlichen Erkundigungen einzuziehen. — In Räumen im Innern von Gebäuden gehören zur allgemeinen Beschaffenheit die Maße, die Umschließungen (Boden, Wände, Decke) und die Einrichtung (Möbel, Geräte, lagernde Vorräte u. dgl.).

Wo für einen Tatort nur bestimmte Zu- und Abgangsmöglichkeiten in Frage kommen, sind sie festzustellen; dabei ist aber selbstverständlich im Auge zu behalten, daß der Täter auch andere als die bestimmungsgemäßen oder bequemen Möglichkeiten benutzt haben kann. Die Art und Weise, wie sich der Täter Zugang verschafft hat, gibt u. U. auch wertvolle Fingerzeige in der Richtung der Person des Täters. War der Zugang oder der Angriffspunkt besonders geschickt gewählt, so wird sich der Verdacht auf einen Gewohnheitsverbrecher lenken, verrät das Vorgehen genaue Kenntnis der Örtlichkeit, so wird der Täter unter den mit ihr vertrauten Personen zu suchen sein, entspricht die Art und Weise, wie der Täter eingedrungen ist oder ein Behältnis geöffnet hat, einer handwerklichen Übung, so deutet das auf einen Täter aus den einschlägigen Fachkreisen.

Ist die allgemeine Lage und Beschaffenheit des Tatorts, seiner Umgebung und seiner Zugänge bestimmt, und sind, wo es erforderlich erscheint, die nach der Tat eingetretenen, aber nicht durch sie verursachten Veränderungen festgestellt, so wendet sich der Ermittlungsbeamte dem Hauptzweck der Tatortbesichtigung, der Suche nach den Spuren der Tat zu.

Spuren (s. d. Art. Tatspuren) sind alle Veränderungen der Außenwelt, als deren Ursache die Tathandlung in ihrem ganzen Umfange, ihre Vorbereitung und die nachfolgenden, von ihr ausgelösten Vorgänge anzusprechen sind (Fußspuren, Fahrzeugspuren, Fingerspuren, Werkzeugspuren, Geschoßspuren, Beschädigungen aller Art an Umschließungen und Verschlüssen, wie Mauern, Zäunen, Fenstern, Türen, Schlössern, Spuren von Flüssigkeiten oder anderen Stoffen, wie Gift, Blut, Brenn- und Zündstoffe u. v. a.). Da solche Veränderungen manchmal nicht ohne weiteres als durch die Tat verursacht erkennbar sind, — z. B. die Möbel eines Zimmers sind umgestellt, um erkennbare Spuren zu verdecken, oder ein in der einen Ecke eines Raumes lagernder Vorrat ist zur Vorbereitung der Tat an eine andere Stelle gebracht worden —, so mag es sich nicht selten empfehlen, noch vor Beginn der eigentlichen Spurensuche auch die Beschaffenheit des Tatorts vor der Tat durch Befragung geeigneter Auskunftspersonen festzustellen.

Die erste Voraussetzung für das Auffinden verwertbarer Spuren ist die, daß der Ermittlungsbeamte von dem Augenblick seines ersten Erscheinens am Tatort an sich selbst, soweit irgend tunlich, aller Handlungen enthält, durch die irgend etwas am Tatort verändert wird, ehe nicht alle erreichbaren Spuren ermittelt und sichergestellt sind, und dafür sorgt, daß auch alle anderen Anwesenden sich ebenso verhalten. Das ziel- und systemlose Herumlaufen am Tatort, das bloß neugierige oder vorschnelle Anfassen von Gegenständen hat schon die Aufklärung mancher Straftat vereitelt oder erschwert. Gegenstände, an denen sich Finger- oder sonstige leichtverwischbare Spuren finden können, dürfen nur mit Handschuhen und nur angefaßt werden, wenn es gar nicht anders geht. Verfehlt ist es auch, mit Fußspuren alsbald Versuche in der Richtung anzustellen, ob ein bestimmter Fuß oder eine Fußbekleidung in sie hineinpaßt; abgesehen davon, daß die Maße und Formen der Spur regelmäßig infolge der wechselnden Druckverlagerung andere sind als die des Fußes oder der Fußbekleidung, die sie verursacht haben, werden durch solche Experimente gerade die charakteristischen, feineren Zeichnungen der Spur (Abdrücke von Papillarlinien, von Nägeln, Reparaturen oder Defekten u. dgl.) regelmäßig zerstört.

Schädigungen vorhandener Spuren zu verhüten, wird dem Ermittlungsbeamten regelmäßig nur gelingen, wenn er vor Beginn der Spurensuche sich darüber klar zu werden versucht, welche Arten von Spuren nach dem allgemeinen Befund zu erwarten sind und wo sie sich voraussichtlich finden werden. Steht der Hin- oder Rückweg des Täters einigermaßen fest, so sind alle an ihm gelegenen Gegenstände möglicherweise Spurenträger; dabei dürfen natürlich nicht nur die dem Blick zugewendeten Seiten der Gegenstände ins Auge gefaßt werden, auch die zunächst nicht sichtbaren Seiten können wichtige (Finger-, Blut-)Spuren aufweisen.

Alle erfaßbaren Spuren wird der Ermittlungsbeamte nur dann feststellen können, wenn er beim Suchen planmäßig verfährt. (s. hierzu d. Art. Durchsuchung). Der Plan hat sich nach der besonderen Lage des einzelnen Falles zu richten, muß aber stets so beschaffen sein, daß kein Punkt des Tatorts übergangen wird. Das wird bald in der Weise zu erreichen sein, daß die Suche an einem Ende beginnend und die ganze Breite des Tatorts abstreifend diesen gewissermaßen bis zum anderen Ende „aufrollt"; bald wird man zweckmäßiger von der Peripherie ausgehend in einer spiralförmigen Bahn zum Mittelpunkt vorschreiten. Als Mittelpunkt hat letzterenfalls die Stelle zu gelten, an der vermutlich die eigentliche Tathandlung (Tötung, Einbruch, Brandlegung) begangen, u. U. auch die Stelle, an der der tatbestandsmäßige Erfolg eingetreten ist, bei kriminellen Leichenfunden in der Regel die Leiche; ihre nähere Untersuchung wird dann zweckmäßigerweise bis zuletzt aufgespart. Bei der Absuchung ist aber auch zu berücksichtigen, daß manche sehr wertvolle Spuren (z. B. Blutspuren, Stoffe, die rasch verdunsten, Fußspuren im Schnee, Sand, weichem Boden u. ä.) der Gefahr des schnellen Verschwindens oder der Zerstörung besonders ausgesetzt sind; ihnen gilt es deshalb die Aufmerksamkeit zuzuwenden, bevor man sich an die Spuren macht, die noch nach Stunden oder gar Tagen sichtbar zu sein pflegen (Schußbeschädigungen an Bäumen, Türen, im ortsfesten Bodenbelag u. dgl.).

Sind die natürlichen Beleuchtungsverhältnisse unzureichend, so muß für künstliche Beleuchtung Sorge getragen, unter Umständen besseres natürliches Licht abgewartet werden. Stehen die bei vielen Kriminalpolizeistellen vorhandenen transportablen Scheinwerfer zur Verfügung, so verdienen sie unbedingt den Vorzug, da sie die schärfste Beleuchtung auch der Stellen ermöglichen, an die das natürliche Licht oder die ortsfeste Lichtquelle nicht dringt. Man versäume geeignetenfalls auch nicht, auf der Spurensuche die Örtlichkeit Fleck für Fleck mit einer Taschenlampe abzuleuchten, da manche Spuren erst in künstlichem oder wechselndem Licht sichtbar werden.

Während des Absuchens darf der Tatort nur von den dazu berufenen Personen betreten werden; wirken mehrere Personen dabei mit, so muß eine die Leitung haben und in der Weise ganz straff handhaben, daß ihr jede Spur alsbald nach ihrer Entdeckung vorgewiesen und mit ihr ausschließlich nach den Weisungen des Leiters verfahren wird. Sind die für die Sicherung und Auswertung der Spuren in Frage kommenden Sachverständigen erreichbar, so empfiehlt sich in allen Fällen ihre Zuziehung schon zu der Ortsbesichtigung, weil eine Spur, an ihrem ursprünglichen Ort und in ihrer ursprünglichen Beschaffenheit gesehen, regelmäßig mehr und sicherere Aufschlüsse gibt als eine von ihrem Ort losgelöste, abgeformte oder abgebildete Spur (s. d. Art. Sachverständige). Ist mit der Möglichkeit zu rechnen, daß die Verwendung von Spürhunden zu einem Erfolg führt, so ist auch für ihre Bereitstellung zu sorgen, da die Frische der Spur für den Erfolg ausschlaggebend ist (s. d. Art. Polizeihund). Eine zweckmäßige Zusammenfassung aller Hilfskräfte sind die heute wohl bei allen größeren Polizeibehörden eingerichteten, sogenannten Mordkommissionen (s. diesen Art.), deren Zusammensetzung ein für alle Mal bestimmt ist und für die ein ebenso festgelegter „Mobilmachungsplan" die Gewähr bietet, daß sie raschestens in Aktion treten, an den Tatort gelangen können und mit allem ausgerüstet sind, was an Hilfsmitteln in Frage kommen kann.

Die Lage jeder einzelnen Spur wird nach festen Ausgangspunkten bestimmt, ihre Form und sonstige Beschaffenheit beschrieben. Mit Spuren, die samt ihren Unterlagen entnommen, in ihrer ursprünglichen Beschaffenheit erhalten und demgemäß „im Original" zu Gerichtshanden gebracht werden können, ist entsprechend zu verfahren; andere Spuren sind abzuformen (s. die Artt. Daktyloskopie und Moulageverfahren) oder wenigstens im Bilde festzuhalten. Es ist, nebenbei bemerkt, niemals ein Fehler, wenn zu viel aufgenommen und sichergestellt worden ist; schon oft sind Gegenstände oder Befunde, die zunächst in keiner Beziehung zur Tat gestanden zu haben scheinen, im weiteren Verlauf der Ermittlungen von ausschlaggebender Bedeutung geworden. Für alle Spurensicherungsverfahren ist natürlich Voraussetzung, daß der Ermittlungsbeamte, auch wenn keine Mordkommission mit ihrer Ausrüstung zur Verfügung steht, die erforderlichen Gerätschaften und Materialien an den Tatort mitbringt; für diesen Zweck sind heute wohl fast überall Zusammenstellungen in Form von leicht transportablen, ständig in gebrauchsfertigem Zustand gehaltenen, sogenannten Kommissionstaschen oder Tatortkoffern greifbar.

Außer den eigentlichen Spuren können Stoffe von Bedeutung werden, die vom Tatort an den Körper (unter die Fingernägel!), die Kleider oder die Werkzeuge des Täters (u. U. auch des Opfers) gelangt sein können. Deshalb mag es sich manchmal empfehlen, bei der Ortsbesichtigung auch Proben vom Erdreich, Staubproben, Vegetationsproben, Wasserproben, Gesteinsproben, von Tatorten in einem Zimmer noch vorhandene Proben anscheinend verwendeter oder sonstwie bei der Tat in Erscheinung getretener Flüssigkeiten alsbald zu erheben; dabei ist aber jeweils zu prüfen, ob nicht anstatt einer Probe der ganze vorgefundene Vorrat mitzunehmen ist, was zweckmäßig ist, wenn die Menge für die Beurteilung des Sachverhalts von Bedeutung sein kann oder wenn sie so klein ist, daß sie leicht zu transportieren und aufzubewahren ist.

Wichtig kann endlich auch die negative Feststellung sein, daß Spuren, die nach dem Befund (oder auch nach der Behauptung eines Verdächtigen) vorhanden sein müßten, fehlen. Der Ermittlungsbeamte wird es sich z. B. bei einem Brand, wenn der verdächtige Brandgeschädigte bestimmte Gegenstände oder Vorräte als mitverbrannt angibt, von denen Spuren im Brandschutt zu finden sein müßten, nicht verdrießen lassen dürfen, den Brandschutt einer genauen Durchsicht zu unterziehen; finden sich dabei die zu erwartenden Spuren nicht, so ist damit ein gewichtiges Indiz gewonnen. Besondere Beachtung verdienen auch Stellen, an denen Einwirkungen durch die Tat oder ihren Erfolg, die nach dem angenommenen Tatverlauf eingetreten sein müßten, fehlen (Beispiele: von einem Brand unversehrt gebliebene Stellen eines sonst verbrannten oder angekohlten Fußbodens, intermittierende oder plötzlich verschwindende Geh- oder Fahrspuren, reine Stellen inmitten einer umfangreichen Blutspur oder sonstigen Verunreinigung u. dgl.); bei solchen Befunden ist manchmal anzunehmen, daß die Stelle irgendwie vor der Einwirkung geschützt war, Form und Ausdehnung lassen u. U. einen Schluß darauf zu, welcher Art der Schutz war (z. B. es wird ein Gegenstand gefunden, der auf die Stelle paßt, von dem also angenommen werden kann, daß er zur Zeit der Tat dort gestanden ist). Wo ein Spurenbefund mit dem angenommenen Sachverhalt oder Tatverlauf nicht vereinbar erscheint, wird der Ermittlungsbeamte seine Annahmen nachzuprüfen und evtl. richtig zu stellen haben, er muß aber auch mit der Mölichkeit rechnen, daß die Spuren absichtlich zu seiner Irreführung verursacht sein können; man denke an die vorgetäuschten Selbstmorde (s. d. Art. Selbstmord), an die Möglichkeiten, einen Kampf vorzutäuschen, an die fingierten Einbrüche zur Verdeckung von Unterschlagungen oder zur Täuschung von Versicherungsgesellschaften u. ä. Da gerade bei solchen Täuschungsversuchen dem Täter oder seinen Helfershelfern häufig Flüchtigkeiten unterlaufen, die zum Verräter werden, so ist bei allen Unstimmigkeiten im Befund die Eventualität eines fingierten Sachverhalts im Auge zu behalten.

Schließlich darf auch eines am Tatort nicht vergessen werden. Es kommt immer wieder vor, daß sich der noch unbekannte Täter oder Mittäter bei der Tatortbesichtigung einfindet, sei es daß ihn bloß der bekannte, rätselhafte Drang an den Tatort zurückführt, sei es daß er eine Gelegenheit sucht, Spuren zu beseitigen, etwas über den Gang der Ermittlungen zu erfahren oder gar sie in die Irre zu führen. Der umsichtige

Ermittlungsbeamte wird deshalb während der Besichtigung die Neugierigen, die sich herandrängen oder gar sich ungerufen als Helfer aufspielen, scharf im Auge behalten, ja er wird je nach den Umständen den Tatort vielleicht sogar noch einige Zeit nach Abschluß der Besichtigung überwachen lassen, um auch die Möglichkeit der späteren Rückkehr des Täters nicht unausgenützt zu lassen.

IV. Die Ergebnisse der Tatortbesichtigung müssen für das Verfahren so festgehalten werden, daß sie jederzeit reproduzierbar sind. Dazu dient einmal die Abnahme (Abformung, Nachbildung, Aufnahme) der einzelnen Spuren und Proben; sie (ihre Abzüge oder Abdrücke) sind nach Fundzeit und -stelle durch fest anzubringende Kennzeichnung (Anhänge- oder Aufklebezettel, Aufschrift auf ihnen selbst oder ihrer Umhüllung) und Verzeichnung auf besonderer Seite gegen Verwechslung und Verlust zu schützen.

Demnächst ist der Tatort eingehend zu beschreiben. Man verfährt hierbei ebenso wie bei der Besichtigung. Einer allgemeinen Beschreibung des Tatorts und seiner räumlichen Beziehungen folgt die Beschreibung der Einzelheiten des Befundes; auch dabei ist planmäßig in einer von vorn herein festgelegten Reihenfolge zu verfahren.

Da man aber auch mit der ausführlichsten Beschreibung keine so klare Vorstellung erwecken kann, wie mit einer zeichnerischen oder bildlichen Wiedergabe, so ist auf diese besonders Gewicht zu legen. Die Methode der zeichnerischen Darstellung eines Tatorts (Näheres s. bei Hans Groß, Handb. für Untersuchungsrichter II, 578ff.) richtet sich nach dessen allgemeiner Beschaffenheit. Oberster Grundsatz jeder Plan- oder Grundrißskizze ist Maßgerechtigkeit und richtige Orientierung; die Maßgerechtigkeit muß sich auf alle auf der Zeichnung erscheinenden Gegenstände erstrecken, nachdem Größen und Entfernungen, soweit irgend tunlich, mit dem Bandmaß festgestellt sind. Der Maßstab ist so zu wählen, daß die Stellen, an denen Spuren gefunden wurden, erkennbar gemacht werden können; würde die Skizze infolgedessen in ihrem Format unhandlich oder unübersichtlich, so wäre es zweckmäßig, außer einer allgemeinen Übersichtsskizze eine oder mehrere Detailskizzen in größerem Maßstab zu fertigen, auf denen die Spuren eingetragen werden, und auf der Übersichtsskizze erkennbar zu machen, welche Teile nochmals in größerem Maßstab ausgeführt sind. — Bei Tatorten unter freiem Himmel empfiehlt sich Beibehaltung der üblichen kartographischen Zeichen und Bezeichnungen. Sind von dem Tatort bereits Karten in überhaupt oder wenigstens für die Übersicht ausreichendem Maßstab vorhanden, so werden die in Betracht kommenden Teile abgepaust und auf die Pause die auf die Tat bezüglichen Vermerke und Zeichen eingetragen; ist der Maßstab der Karte nicht ausreichend, so mag die Fertigung einer Vergrößerung oft einfacher sein als eine Neuaufnahme. — Für die Wiedergabe der Inneneinteilung von Gebäuden kann man nicht selten die Baupläne, sei es aus dem Besitz des Eigentümers sei es aus den Akten der Baupolizeibehörde heranziehen, darf dabei freilich nicht außer acht lassen, daß bei der Bauausführung von den Plänen abgewichen oder daß die Inneneinteilung durch spätere Um- oder Einbauten abgeändert worden sein kann. Auf alle Fälle ist auch hier, was die Anlage und die Darstellung der Einzelheiten anlangt, nach dem Muster von Bauplänen zu verfahren. Befinden sich die darzustellenden Räume in verschiedenen Stockwerken und ist ihre Lage zu einander von Bedeutung (Durchbrüche durch Decken oder Böden), so ist neben den Stockwerksgrundrissen ein Aufriß zu fertigen. Ist die Einrichtung eines Raumes von Wichtigkeit, so empfiehlt sich eine sogenannte Kreuzprojektion; man fertigt zunächst eine Skizze der Bodenfläche und projiziert darauf die Gegenstände, die auf dem Boden stehen, sodann fügt man an jede Seite einen Aufriß der an sie anstoßenden Wandfläche, auf ihn projiziert man die an den Wänden stehenden oder hängenden Gegenstände; man erhält so, wenn man die Skizzen der Wandflächen an den Seiten der Bodenskizze aufbiegt, eine getreue und übersichtliche Darstellung der Einrichtung. Das Verfahren ist von Hans Groß (vgl. dessen Handb. für Untersuchungsrichter II, 584ff.) in die Kriminaltechnik eingeführt und in der Folge fast allgemein übernommen worden (vgl. Polzer, Handb. für den praktischen Kriminaldienst S. 96ff. u. a.).

Bildet die Skizze gewissermaßen das Gerippe der Tatortdarstellung, an dem der Beschauer sich über die Lage im allgemeinen und über die Lage der Einzelheiten auf dem Tatort und zu einander orientiert, so vermittelt doch erst das Lichtbild die erforderliche Anschaulichkeit, ja es macht u. U. Dinge (Spuren) erst sichtbar, die dem menschlichen Auge entgangen sind. Damit diese Anschaulichkeit erzielt werde, müssen die Punkte, von denen aus Aufnahmen gemacht werden, mit äußerster Umsicht und Sorgfalt ausgesucht werden; zur Ermöglichung späterer Nachprüfung werden jene Punkte auf der Tatortskizze vermerkt und die Tageszeit der Aufnahme und die Belichtungsverhältnisse notiert. Ist damit zu rechnen, daß einzelne Gegenstände oder Spuren auf dem Lichtbild nicht oder nicht genügend erkennbar werden, so sind die betreffenden Stellen mit Schildern oder dgl. zu markieren und diese mit aufzunehmen. Daß lediglich auf die Anschaulichkeit und nicht auf die „Schönheit" der Lichtbilder Wert zu legen ist, ist selbstverständlich (Näheres s. im Art. Photographie).

Den Vorzügen des Lichtbilds stehen allerdings auch Mängel gegenüber. Auf dem Lichtbild sind die Maße (Längen- und Winkelmaße) in der Regel nicht ersichtlich oder können wenigstens nur teilweise oder unter ganz erheblichen technischen Schwierigkeiten ersichtlich gemacht werden; die Ansicht wird auch nur so wiedergegeben, wie sie sich von bestimmten Punkten aus bietet, von Punkt zu Punkt verschiebt sich das räumliche Verhältnis der Gegenstände zu einander und zum Raum, es werden Gegenstände sichtbar oder verschwinden, so daß ein Totaleindruck nicht zu gewinnen ist; endlich gibt das photographische Objektiv unter bestimmten, nicht ausschaltbaren Umständen (Weitwinkelaufnahmen) die Dinge anders wieder, als sie wirklich sind. Aus allen diesen Gründen wird sich der Ermittlungsbeamte niemals die Frage vorlegen: Lichtbild oder Skizze, er wird vielmehr stets dafür besorgt sein müssen, daß der Tatort auf beide Arten zur Darstellung gelangt.

Vollkommene Gewähr für die Richtigkeit bieten Skizze und Lichtbild nur, wenn sie gleichzeitig mit der Tatortbesichtigung, jedenfalls bevor Lageveränderungen vorgenommen sind, angefertigt werden; sind insbesondere Spuren, die später verschwinden, oder nicht ortsfeste Gegenstände (Leichen!) aufzunehmen, so sollte das tunlichst unmittelbar nach der Auffindung geschehen. Wegen der Aufnahme von Rekonstruktionsversuchen nach aus den Ermittlungen gewonnenen Annahmen über den Tatverlauf wird auf das oben (S. 773/74) Ausgeführte Bezug genommen; solche Aufnahmen sind auch stets als Rekonstruktionen ausdrücklich zu kennzeichnen.

Schrifttum:

Hans Groß, Handbuch für Untersuchungsrichter. — Polzer, Handbuch für den praktischen Kriminaldienst. — Weingart, Kriminaltaktik. — Schneickert, Kriminaltaktik und Kriminaltechnik. — Kenyeres, Sachliche Beweise bei der Klärung von Todesfällen.

Karl Hafner.

Tätowierung.

I. Um 1880 schrieb Cesare Lombroso, der für sich beanspruchen darf, als Erster eingehend den Zusammenhang zwischen Tätowierung und Kriminalität behandelt zu haben: „Das Studium der Tätowierungen, das nach den vorzüglichen Arbeiten eines Severi, Lacassagne und Lucchini ganz und gar abgeschlossen erschien, führt doch noch jährlich zu neuen und höchst merkwürdigen Entdeckungen." (Neue Fortschritte in den Verbrecherstudien, S. 154.) Wenn sich auch seitdem die Auffassung über die seitens Lombrosos und der anthropologischen Schule überhaupt der Tätowierung in kriminologischer Hinsicht beigelegte Bedeutung wesentlich geändert hat, so ist es doch zutreffend, daß auch in den vier Jahrzehnten nach jenem Ausspruch die Wissenschaft sich mit der als Tätowierung bezeichneten Erscheinung noch vielfach beschäftigt hat. Es scheint so, als ob erst in den letzten Jahren die Diskussion ihr Ende erreicht hat und nunmehr bestimmte Ergebnisse als gesichert angesehen werden müssen. Diese sind allerdings ganz anders ausgefallen, als Lombroso bei Niederschrift des obrigen Satzes annehmen zu können glaubte.

Unzweifelhaft kann Ursprung und Bedeutung der Tätowierungen ohne genaue Kenntnis der Völkerkunde und der Volksbräuche (= Folklore) nicht verstanden werden. Wenn auch auf diesem Gebiete durchaus nicht alle Fragen, welche die Tätowierung aufgibt, gelöst sind, so kann doch ein religiös-mystischer Ursprung als feststehend angenommen werden. Vermutlich ist der Gedanke einer Blutsbrüderschaft des besonders geweihten Menschen mit der Gottheit der Ausgangspunkt, woraus sich dann unschwer der Glaube an eine Wirkung der Tätowierung als schützendes Amulett, als Zaubermittel (Liebeszauber, s. unten) und — in Verbindung mit einer Abwandlung des Schmuckgedankens — als furchterregendes Schreckmittel für den Feind und böse Geister (ähnlich wie die Maske) erklären läßt. Die heute noch vielfach, insbesondere im Orient, aber auch in Europa anzutreffenden eintätowierten mystischen Abwehrzeichen (fünf Punkte, gespreizte Hand) gegen Verhexung durch den bösen Blick usw. sind allerdings wohl weniger ein bewußter Ausfluß dieser ursprünglichen Schutzverbundenheit mit höheren Gewalten, als des Wunsches, diese an und für sich heilbringenden Zeichen jederzeit bei sich zu führen. Neben diesem Kennzeichen einer metaphysischen Verbundenheit steht das praktischen Zwecken dienende der Blutsverbundenheit, d. h. der Familien- und Stammeszugehörigkeit. Daß aus ihm sich Zeichen der Rang- und Standesunterschiede entwickeln, versteht sich von selbst; ebenso, daß damit infolge des Triebes, dem gesellschaftlich höherstehenden Vorbilde zum mindesten in Äußerlichkeiten nachzueifern und es ihm innerhalb der Grenzen erlaubter Nachahmung gleichzutun, eine

Überleitung zur Befriedigung des Schmuckbedürfnisses gegeben ist. Es unterliegt keinem Zweifel, daß der Schmucktrieb zum anderen Teile, und zwar zum stärkeren, im Bereich des Sexuellen wurzelt und demgemäß nach Anbringung geschlechtlicher Lock- und Reizmittel strebt. Mittels der Tätowierung geschieht das in der Weise, daß der Geschlechtscharakter durch zeichnerische Hervorhebung, durch Übertreibung oder entsprechend dem herrschenden sexuellen Schönheitsbegriff auch durch Korrektur, meist der sekundären Geschlechtsmerkmale, besonders unterstrichen wird.

So stark diese Ursprungselemente bei primitiven Völkern, welche der Tätowierung huldigen, auch heute noch in Erscheinung treten und in ihrer Bedeutung und Zweckbestimmung nur unter einer dünnen Schicht des Unbewußten schlummern: vorhanden sind sie trotz aller Abwandlungen auch überall da, wo heute in hochzivilisierten Ländern mit abendländischer Kultur die Tätowierung ausgeübt wird, nur daß eben das Bewußtsein von Ursprung und Ziel regelmäßig fehlt, wohl aber beide gelegentlich, wenigstens annähernd, erfühlt werden. Es liegt daher der von Lombroso ausgesprochene Gedanke wirklich sehr nahe, die Tätowierung bei einem Angehörigen eines Volkes, das deren Übung als Brauch nicht, oder in einem wesentlichen Umfange nicht mehr kennt, sei heute als ein Symptom atavistischer Eigenschaften und Neigungen zu werten. So unabweisbar die in dieser Auffassung steckende Wahrheit ist, so verzerrt erscheint, was daraus durch das Bestreben wurde, diesen Gedanken der kriminalanthropologischen Theorie Lombrosos als Beweismittel dienstbar zu machen. Die Behauptung, vorhandene Tätowierungen seien Degenerationszeichen, ihre mit Erduldung von Schmerzen verbundene Anbringung lasse beim Ausführenden auf Roheit und Grausamkeit, bei ihrem Träger auf herabgesetzte Schmerzempfindlichkeit — typische Zeichen eines Rückschlages aus längst überwundenen Kulturschichten — schließen, ist in dieser Allgemeinheit sicherlich nicht haltbar. Im einzelnen wird darauf noch einzugehen sein. Worauf es in diesem Zusammenhang ankommt, ist lediglich, daß zur unmittelbaren Deutung der heute bei Angehörigen zivilisierter Nationen sich findenden Tätowierungen nicht auf den von den ethnologischen Wissenschaften aufgezeigten ursprünglichen Sinn zurückgegriffen werden darf, sondern daß für das Ausführen und Ausführenlassen von Tätowierungen in unserer Zeit ganz andere Beweggründe, Überzeugungen und gesellschaftliche Erwägungen wirksam sind, die — zunächst jedenfalls — auch nur aus der Gegenwart heraus verstanden und gewertet werden dürfen. Deshalb erübrigt es sich auch im allgemeinen, Betrachtungen über die tiefere Symbolik der eintätowierten Bilder anzustellen. Soweit die Deutung und Bedeutung des Symbols in der Gegenwart nicht in weiteren Volkskreisen und insbesondere in denjenigen, welchen ihr Träger angehört, lebendig ist, sind Erklärungen müßig, die eine natürlichem Empfinden und Bewußtsein fremde, möglicherweise im Laufe einer Jahrhunderte langen Kulturentwicklung verloren gegangene Erklärung unterstellen. Solche gekünstelte Sinngebungen sind meist dem reichen Schatz einer recht schematischen Symboldeutung der psychoanalytischen Schule entnommen. Das bedeutet, daß sie immer den angeblich sexuellen Ursprung jeglichen Sinnbilds betonen, auch wenn sich — bei voller Anerkennung der Bedeutung des Geschlechtlichen für jede Kultur — im Einzelfall unschwer eine Erklärung finden läßt, welche die Vorstellung des Tätowierenden wie die des Tätowierten bei Wahl der Zeichnung als eine harmlose, jedenfalls aber völlig geschlechtlich-neutrale erweist. Bei der Deutung moderner Tätowierungen wird eben viel zu häufig übersehen, daß auf ihren Träger und ihren Verfertiger nicht ohne weiteres auch die Vorstellungswelt primitiver Völker, bei denen die Sitte des Tätowierens zu Hause ist oder war, übertragen werden darf. Daß in ihrem Bewußtsein das Sexuelle eine ganz andere Rolle spielt und spielen muß als bei den Angehörigen eines Kulturvolkes, zumal eines christlicher Religion, ist selbstverständlich. Der irrigen Annahme Lombrosos, bei tätowierten abendländischen Zeitgenossen auf die Gesinnung Primitiver schließen zu dürfen, liegt, wie so oft bei ihm, eine unrichtige Verknüpfung von Ursache und Wirkung zu Grunde, entsprungen aus der Liebe zu einem genialen Gedanken und dem Eifer, seinen Inhalt als allgemein gültig zu erweisen.

II. 1. Unter Tätowierung versteht man eine Zeichnung der Körperhaut eines lebenden Wesens, in deren tiefere Zellagen nach erfolgter Durchstechung der Oberhaut Farbstoff eingeführt wird. Zur Durchtrennung der Oberhaut kann jegliches Werkzeug benutzt werden. Früher verwandte man dazu Dornen, Fischgräten, scharfe Muscheln, zugeschnitzte Holzstäbchen, Knochensplitter, Glasscherben; heute werden wohl allgemein Nadeln dazu gebraucht, die gebündelt oder dicht neben einander gereiht in einem Griff vereinigt sind. Ihre Länge ist so bemessen, daß sie durch die Oberhaut hindurch bis in die Lederhaut hineinreichen. Würde der in die Wunden eingeriebene Farbstoff bei nicht so tief gehenden Stichen nur in die Oberhaut gelangen, so würde er mit den sich dauernd erneuernden Zellen der Epidermis abgestoßen werden; gelangt er zu tief in das Gewebe hinein, so wird er durch den Blutstrom hinausgeschwemmt. In beiden Fällen würde es sich also um eine nur kurz dauernde Einfärbung handeln, ganz abgesehen davon, daß bei einer zu tiefen Lagerung des Farbstoffs die Zeichnung durch die darüber liegenden Haut- und Gewebeschichten verdeckt wird. Daß bei einem solchen Eingriff, der Wege in das Blut- und Lymphsystem eröffnet, immer die Gefahr einer Blutvergiftung gegeben ist, bedarf keiner Erörterung. Aseptische Behandlung der in der Gegenwart benutzten, manchmal sogar elektrisch betriebenen Apparate vermag dem vorzubeugen. Selbstverständlich werden auch in Europa heute noch neben vollkommen einwandfrei arbeitenden Tätowierwerkzeugen die primitivsten Behelfsmittel, wie sie gerade zur Hand sind, benutzt.

Diese kurze Erörterung der Technik der Tätowierung macht den grundsätzlichen Unterschied klar, der zwischen ihr und der äußeren Bemalung des Körpers besteht, die im übrigen desselben Ursprungs wie die Sitte der Tätowierung, natürlich auch gleichen Zwecken dient.

2. Das prähistorische Alter der Tätowierung ist heute durch die Wissenschaft unzweifelhaft erwiesen. Über ihre Verbreitung in der Frühzeit berichtet die Bibel an verschiedenen Stellen (3. Mose 14, 28; Hesekiel 9, 6; Jesaias 44, 5), für das klassische Alterzum ist sie u. a. durch Herodot (Buch 4 Kap. 181; Buch 5 Kap. 6), Plato (Über die Gesetze Kap. 8), Caesar (Bell. Gall. Buch 5 Kap. 14), Cicero (de off. Buch 2 Kap. 7), ferner durch Juvenal, Martial, Petron und Seneca bezeugt. Wo der Ursprung der Sitte zu suchen ist, steht nicht fest. Jedenfalls aber wäre es falsch, aus der Etymologie des Wortes Tätowierung einen diesbezüglichen Schluß zu ziehen. Das Wort stammt aus einer mißverstandenen Wiedergabe der polynesischen Bezeichnung tata hou, in einigen Dialekten auch tatau, tatu oder tatua, die James Cook (1728—79) von seinen Südseefahrten mitbrachte und in einer immerhin anfechtbaren Orthographie englisch tattow schrieb. Ob die Behauptung, die Wurzel des Wortes sei das javanische tau = Wunde — also das davon abgeleitete Tätigkeitswort = verwunden — zutreffend ist, ist schließlich ebenso gleichgültig wie die nicht unbedingt einleuchtende Annahme, das Wort sei eine Lautnachbildung des durch das Einschlagen der Nadeln erregten Geräusches. Zutreffend aber dürfte sein, daß die deutsche Wortbildung tätowieren auf einer mißverstandenen Schreibweise beruht, daher nicht gerade glücklich ist und deshalb vielleicht besser durch tatauieren, Tatauierung zu ersetzen wäre. Immerhin hat sich im deutschen Sprachgebrauch tätowieren und Tätowierung eingebürgert.

3. Außer von der technisch richtigen Punktierung der Haut — nicht zu oberflächlich und nicht zu tief — hängt die Dauer einer Tätowierung von der Beschaffenheit des verwendeten Farbstoffs ab. Im allgemeinen bleiben die am häufigsten ausgeführten Blau- und Schwarztätowierungen, bei denen mit Indigo, Berlinerblau, tierischer oder pflanzlicher Asche, Ruß, pulverisierter Kohle, Schießpulver, chinesischer Tusche eingefärbt wird, lebenslänglich und darüber hinaus erhalten. Zur Rottätowierung finden Zinnober, Karmin, Eisenoxyd, rote Tusche Verwendung. Durch Mischung der Stoffe werden neue Farben erzielt, doch sind die Rottätowierungen und die unter Verwendung von Rot gewonnenen Farbigtätowierungen im allgemeinen weniger haltbar als Blau- und Schwarztätowierungen. Aber auch bei den letzteren ist nach 30 bis 40 Jahren vielfach ein Verschwimmen der Zeichnungskonturen zu bemerken. Bei der Benutzung gewöhnlicher Schreibtinte ist infolge von deren Zusammensetzung eine längere Dauer meist nicht gewährleistet.

Bei dem mit jeder wirksam ausgeführten Tätowierung anfangs verbundenen, aber meist schnell vorübergehenden Entzündungszustande der behandelten Stelle gelangen Farbstoffteile auch in die nächstgelegenen Lymphdrüsen, so daß auch nach operativer Beseitigung einer Tätowierung, von der nur eine Narbe zurückgeblieben ist, meist doch noch durch Untersuchung der benachbarten Lymphdrüsen der Nachweis einer ehemals an dieser Stelle vorhanden gewesenen Tätowierung geführt werden kann. (Über Biologie und Histologie der Tätowierung vgl. im einzelnen Riecke s. Schrifttum.)

III. Kriminologie und Kriminalistik sind an der Tätowierung aus zwei Gründen interessiert; einmal wegen des schon erwähnten von Lombroso aufgeworfenen Problems und zweitens wegen ihrer Bedeutung für den Erkennungsdienst.

1. In der Systematik der Kriminalwissenschaft ist der von Lombroso behauptete Zusammenhang zwischen Kriminalität und Tätowierung sowie dessen Erklärung dem Abschnitt von der Lehre der Verbrechensursachen zuzuzählen. Mit der Widerlegung der — Lombroso wenigstens ursprünglich als möglich vorschwebenden — rein anthropologischen Erklärung des Phänomens Verbrechen ist auch der Versuch erledigt, aus der in der Verbrecherwelt angeblich häufiger

als unter der nicht kriminellen Bevölkerung geübten Sitte des Tätowierens einen Teilbeweis für die aufgestellte Grundlehre herzuleiten. Gleichwohl kann an der Tatsache, daß sich unter den Verbrechern, und zwar gerade unter den schwersten, eine überraschend große Anzahl von Tätowierten befindet — jeder Besuch eines Zuchthauses bestätigt aufs neue diese Erfahrung —, nicht vorübergegangen werden. Eine soziologische Betrachtungsweise zeigt neben dem in einer Übertreibung und zu weit gehenden Verallgemeinerung eines genialen Gedankens liegenden Fehler Lombrosos die wahre Ursache auf. Nicht ein besonderer anthropologischer Typ, nämlich der geborene Verbrecher und die geborene Dirne, deren sittliche Defekte angeblich u. a. durch die an ihnen zu findenden Tätowierungen auch äußerlich in Erscheinung treten, sind die Träger von mehr oder weniger primitiven Hautzeichnungen, sondern Personen, welche infolge eines geringen Kultur- und Zivilisationsstandes und einer meist minderen Intelligenz den niederen Bevölkerungsschichten angehören, sei es, daß sie ihnen entstammen, sei es, daß sie in ihnen versinken. Diese Kreise aber sind es auch, aus welchen der stärkste, immerwährende Zuzug zur Verbrecherwelt erfolgt, einmal, weil sie infolge der erwähnten geistigen und seelischen Beschaffenheit kriminellen Reizen am wenigsten Widerstand leisten, und ferner, weil sich an ihnen wirtschaftliche Not und Krisenzeiten am ehesten und unmittelbar auswirken.

Es ist hier nicht der Ort, den Streit über die größere Wirksamkeit endogener oder exogener Ursachen für die Kriminalität zu erörtern: vermerkt sei nur, was niemals vergessen werden sollte, daß die Beschäftigung mit einer These Lombrosos mit Sicherheit immer wieder zu den letzten Fragen der Kriminologie führt. Was wiegt demgegenüber, d. h. gemessen an der wissenschaftlichen Leistung als Ganzem, der Nachweis des Irregehens im einzelnen?

Die Auswertung der vermittels einer Verbindung von anthropologischer und soziologischer Betrachtungsweise gewonnenen Erkenntnis erweist sich nach verschiedenen Teilen hin als fruchtbar.

Es erhebt sich zunächst die Frage, ob der Umstand, daß ein Verbrecher tätowiert ist, charakterologische Bedeutung zukommt. Hans Groß (Handbuch, 5. Aufl., I, S. 195) meint, daß man Tätowierungen fast nur bei Leuten energischer Veranlagung finde, welche sich schon in ihrer Berufswahl ausspreche, also zumeist bei Matrosen, Soldaten, Fleischern, Flößern, Fischern, Holzknechten, Schmieden usw. Ein Schneider, Weber, Kellner werde nicht leicht Tätowierungen aufweisen. Das erkläre sich nicht etwa daraus, daß energische Leute leichter die Schmerzen ertrügen, die mit dem Tätowiertwerden verbunden sind, es liege dies überhaupt in ihrem Charakter, etwas Absonderliches, nicht leicht zu Erwerbendes aufweisen zu wollen. Dabei spiele das Sexuell-Sinnliche solcher Naturen eine bedeutende Rolle; das lasse sich nicht recht erklären, finde aber darin seine Bestätigung, daß kräftige sinnliche Naturen überhaupt ihren Körper gern in den Vordergrund brächten und sich und Andere gern mit diesem beschäftigten.

Die praktische Erfahrung scheint diese Beobachtung zu bestätigen. Gleichwohl erscheint sie mir unzutreffend und ihre Erklärung verfehlt, zum mindesten in dieser Verallgemeinerung.

Was zunächst die Schmerzerduldung beim Tätowiertwerden anbetrifft, so dürfte bei ihrer zweifellos übertriebenen Betonung noch die Lombrososche These nachwirken, die ja aus klar zu Tage liegenden Gründen gerade dieses Momentes bedurfte, wollte sie die von der Tätowierung angeblich unzertrennliche „wilde Grausamkeit" und „Roheit" wahrscheinlich machen. Schmerzen, wie sie durch Ausführung einer Tätowierung zugefügt werden, und noch viel stärkere, werden aus Eitelkeit ohne weiteres und gern ertragen; manche verzärtelte Modedame unserer Zeit, die sich willig kosmetischen Operationen unterwirft, ist Beweis dafür. Immerhin mag in manchen Fällen eine herabgesetzte Schmerzempfindlichkeit festzustellen sein. Sie ist aber in den genannten Kreisen überhaupt häufiger als in den höherstehenden. Eitelkeit ist aber auch in erster Linie wirksam bei denjenigen Personen, welche, narzissushaft verliebt in ihren eigenen Körper, diesen oder einzelne Teile desselben zur Schau stellen. Damit ist auch die besondere Note der von Groß in diesem Zusammenhang vermuteten unbestimmten Sinnlichkeit gekennzeichnet. Unzutreffend ist es weiter, daß ein innerer, charakterologischer Zusammenhang bestehe zwischen Tätowierung einerseits und Ausübung von Energie, Mut und starke körperliche Betätigung erfordernden Berufen andererseits. Der Zusammenhang ist vielmehr ein rein äußerlicher. Fast alle die von Groß genannten Berufe, wie Matrosen, Soldaten, Flößer, Fischer und Holzknechte, bringen es mit sich, daß ihre Angehörigen für längere Zeiträume von der Allgemeinheit abgeschieden zu mehreren in enger Kameradschaft zusammenleben müssen, daß körperliche Geheimnisse nicht aufrecht erhalten werden können und gleichzeitig die Empfindung körperlicher Scham vor einander stark verringert wird. Die Trennung vom anderen Geschlecht bewirkt bei vielen ein stärkeres Hervortreten autoerotischer Neigungen und Empfindung. Gemeinsamkeit der Arbeit und Gefahr erweckt ein stärkeres Gefühl der Zusammengehörigkeit, des Korpsgeistes, der Gemeinschaft, das unwillkürlich auch nach äußerer Kennzeichnung strebt. Außerdem ergeben sich bei diesem durch schwere körperliche Arbeit ausgefüllten Zusammenleben längere Ruhepausen, die infolge körperlicher Abspannung nur selten zu geistiger Beschäftigung genutzt, meist vielmehr in einem Zustande tatenloser Langerweile verbracht werden. In solchen Stunden der Erholung, der Ruhe und — der Gedankenlosigkeit setzt, zumal da sonst zu einer regelmäßigen Körperpflege wenig Zeit und Gelegenheit bleibt, infolge der geschilderten seelischen Disposition, die Beschäftigung mit dem eigenen und mit dem fremden Körper ein. Nachahmungssucht und primitives Schmuckbedürfnis führen dann zum Tätowieren, sobald sich ein Anlaß dazu entweder in Gestalt eines in dieser Kunst durch eigene Erfahrung, wenn auch nur stümperhaft bewanderten Kameraden oder durch die verführerischen Musterbilder und die Überredungsgabe eines gewerbsmäßigen Tätowierers ergibt. Auf Schiffen, im Lager, an Ruheplätzen, in Herbergen, in Krankenhäusern, in Arrestanstalten, in Arbeitshäusern, Zwangserziehungsanstalten und in Gefängnissen — ganz besonders in ihnen, wo die meisten Tätowierungen entstehen, sind ja die oben gekennzeichneten Umstände verwirklicht — kommen die ihren Träger lebenslang begleitenden Tätowierungen zu stande, in deren Ausführung in der Gedanken- und Willenlosigkeit einer Stunde geistiger und körperlicher Entspanntheit eingewilligt wurde. Daß in vielen Fällen Alkoholgenuß, Prahlerei und die Furcht, für prüde oder feige gehalten zu werden, einen verhängnisvollen Einfluß auf den oft sehr schnell, aber immer zu spät bereuten Entschluß ausüben, versteht sich von selbst.

Es sind also meist nicht die charakterlich starken, unabhängigen und energischen Naturen, die sich tätowieren lassen, sondern im Gegenteil die Schwachen, die dem Beispiel wie dem suggestiven Zureden unterliegenden Unselbständigen und Unpersönlichen, die vielfach mehr oder weniger unbewußt ihren Mangel an Eigenart durch einen ungewöhnlichen Schmuck ausgleichen möchten, den sie mit niemand gemein zu haben glauben. Das Vorhandensein einer Tätowierung ist also viel weniger ein Zeichen einer persönlichen Eigenart als der Besonderheit einer bestimmten Umgebung, in welcher der Tätowierte längere oder kürzere Zeit gelebt hat, eines „Milieus", mit dessen Atmosphäre er auf seinem Lebenswege mindestens einmal in engere Berührung gekommen ist.

Nun könnte allerdings trotzdem die Individualität des Tätowierten in der von ihm getragenen Hautzeichnung wenigstens in gewisser Weise zum Ausdruck kommen, und diese Ansicht wird auch vielfach allen Ernstes vertreten. Der tatsächliche Verlauf der Dinge macht es aber bis auf seltene Ausnahmefälle höchst unwahrscheinlich, daß sich aus der Wahl des eintätowierten Bildes etwas Wesentliches über die Charaktereigenschaften seines Trägers entnehmen läßt.

In ihrer weit überwiegenden Zahl haben die Hautzeichnungen nämlich etwas Klischeehaftes und kehren in derselben oder ähnlichen Weise zu Tausenden wieder. Tatsächlich werden sie fast immer nach bestimmten Vorlagen — ganze Musterhefte davon waren noch vor wenigen Jahren im Besitz zahlreicher gewerbsmäßiger Tätowierer auch in Deutschland — angefertigt und es hängt nur von den zeichnerischen Fertigkeiten des Tätowierenden ab, ob er die Zeichnungen frei aus der Hand oder mittels Pause auf den Körper überträgt. Für ihre Wahl ist also viel mehr der Grad der Geschicklichkeit und der künstlerischen Begabung des Zeichners sowie die Größe der Auswahl seiner Vorlagen als der persönliche Geschmack des Tätowierten maßgebend. So kommt es denn, daß beide sich viel öfter über die zu tätowierende Darstellung einigen, als daß ein bestimmter Wunsch des Tätowierten und damit sein persönlicher Geschmack und eine ihm eigene Vorliebe für einen besonderen Vorwurf den Ausschlag gäbe. Weiter wird die Auswahl der Zeichnung auch sehr häufig durch Dritte maßgebend beeinflußt: eine bestimmte Darstellung ist „Mode" und wird aus diesem Grunde von dem Tätowierer wie von den Kameraden als besonders wirkungsvoll angepriesen; eine Geliebte wünscht die Verewigung eines ihr gefallenden, vielleicht schon von ihr getragenen Liebe- oder Treuesymbols und weiß ihren Wunsch unschwer durchzusetzen.

Schließlich dürfen auch die Fälle nicht übersehen werden, in denen in jenen Kreisen unerfahrene Neulinge zum besten gehalten werden. Sie haben in jugendlicher Schwärmerei sich eines jener immer wiederkehrenden sentimentalen Bilder ausgewählt, wie die Taube mit dem Brief oder der Blume im Schnabel, den Friedensengel mit dem Palmenzweig, oder das Grab mit der Trauerweide und der Rasenbank davor; zu ihrem Entsetzen aber sehen sie nach beendigter Operation, daß eine obszöne Zeichnung oder eine zynische, gerade im Umlauf befindliche

Redensart ihren Rücken ziert. Hierhin gehört auch die den Greenhorns nicht selten zu teil werdende Überraschung, daß das von ihnen gewählte Emblem, dessen Umschrift oder ein harmlos klingender Spruch in jenen Kreisen einen bösen Doppelsinn besitzt, der unter Umständen durch die Körperstelle, an der die Tätowierung angebracht wurde, zur Entstehung kommt oder besonders unterstrichen wird. Jedes Wörterbuch des Rotwelschs oder des Argot enthält dafür zahlreiche Beispiele. Also selbst in solchen doch offenbar ganz eindeutig liegenden Fällen darf der aus der Tätowierung sprechende Zynismus nicht immer dem Tätowierten zugeschrieben werden.

Schließlich sind noch zu berücksichtigen diejenigen Fälle, in denen im Laufe der Jahre eine völlige Wandlung in den äußeren und inneren Verhältnissen des Tätowierten sich vollzogen hat, während die Tätowierung naturgemäß unverändert geblieben ist. Als Beispiele werden vielfach erwähnt der französische uniformierte Polizeibeamte, der die Tätowierung: mort aux vaches (etwa: Tod allen Bullen! = Kriminalbeamten) trug, und ferner der Marschall und spätere König von Napoleon I. Gnaden, an dessen ehemals revolutionäre Vergangenheit die dem Arm eintätowierte Verwünschung: mort aux rois erinnerte. Ich selbst habe Gelegenheit gehabt, bei einigen self-made-men Tätowierungen von ähnlichem anachronistischen Reiz zu beobachten. — In diesem Zusammenhange ist auch daran zu erinnern, daß sich gerade unter den Deserteuren aller Armeen des Weltkrieges ganz besonders zahlreiche Personen befanden, die Tätowierungen kriegerischer und patriotischer Embleme trugen.

Alles in allem ist jedenfalls größte Vorsicht und Zurückhaltung bei der charakterologischen Deutung der eintätowierten Zeichnungen und Inschriften am Platze, wenn man auch wohl nicht so weit wird gehen können, um in völliger Umkehrung der von Lombroso und einem Teil seiner Anhänger vertretenen Ansicht zu sagen, daß die Tätowierungen weniger die Wesensart des T ä t o w i e r t e n als des T ä t o w i e r e n d e n widerspiegelten (L o c a r d).

Die Wahrheit liegt auch hier in der Mitte. Sicherlich beruht der Umstand, daß ein Krimineller Tätowierumgen trägt, weniger auf einer inneren verbrecherischen Neigung, Gesinnung oder Veranlagung als auf zufälligen äußeren Verhältnissen. Immerhin aber läßt dieser Umstand, vorbehaltlich der aus Obigem sich ergebenden Einschränkungen, einen allerdings nur sehr allgemeinen Schluß auf den Grad seiner Geistes-, Seelen- und Geschmacksbildung zu. So verstanden kann dann auch der I n h a l t des Dargestellten unter Umständen zu vorsichtigen weiteren Folgerungen auf das Vorherrschen gewisser Charakterzüge, wie Eitelkeit, Renomiersucht, rohe Sinnlichkeit und Schamlosigkeit berechtigen. Namentlich bei der Wiederholung erotischer oder pornographischer Zeichnungen usw. wird man mit der Annahme nicht fehlgehen, daß ihr Träger mit den Kreisen der niedrigen Prostitution — ob der weiblichen oder männlichen ist auch bei oberflächlicher Kenntnis der Verhältnisse leicht zu sehen — eine verhältnismäßig enge Fühlung gehabt haben muß. Tätowierungen erotischen Inhalts bei F r a u e n lassen in Europa wohl stets auf eine schwere Verwahrlosung schließen. Ein gewisses W a r n u n g s s i g n a l, zumal bei j u n g e n Personen, ist aber das Vorhandensein auch der harmlosesten Tätowierung eigentlich immer. Zeigt sie doch zum mindesten an, daß der Betreffende in eine Gesellschaft von Personen geraten ist, aus deren Umgang, objektiv gesehen, sittliche Gefahren, auch solche krimineller Natur, erwachsen können.

Wenn dies für die weitaus größte Zahl der Tätowierungen gilt, so gibt es doch auch eine bestimmte, allerdings sehr kleine und nur in Ausnahmefällen zur Kenntnis der Behörden gelangende Gruppe, welche sich n u r in Verbrecherkreisen findet: die eintätowierten Zeichen, welche dem Eingeweihten die Z u g e h ö r i g k e i t zu e i n e r b e s t i m m t e n O r g a n i s a t i o n oder Bande von politischen oder gemeinen Verbrechern zu erkennen geben sollen. Daß solche Tätowierungen in einigen Balkanstaaten, in Italien und Frankreich in Übung waren und zum Teil noch sind, ist erwiesen; für Deutschland gilt dasselbe für die Zeit der Räuberbanden um 1800, aber auch für die Gegenwart ist ihr Vorkommen zum mindesten höchst wahrscheinlich.

Es versteht sich eigentlich von selbst, daß nicht nur, wie schon erwähnt, die bei der Ausführung von Tätowierungen bevorzugten Muster einer M o d e unterworfen sind, sondern auch die Unsitte des Tätowierens selbst. In den Jahren vor Ausbruch des Weltkrieges war in Europa mit Ausnahme von England und Bosnien — im letzteren Lande zeigen Tätowierungen der Frauen häufig die Zugehörigkeit zur katholischen Konfession an — die Übung des Tätowierens auch in den Kreisen der weniger gebildeten Bevölkerung immer mehr zurückgegangen, so daß man aus diesem Grunde beinahe als von einer den Minderwertigen und Kriminellen vorbehaltenen Stigmatisierung sprechen konnte. Mit dem Kriege nahm, was mit der oben gegebenen Erklärung in Einklang steht, die Zahl der Tätowierungen in allen europäischen Ländern ungeheuer zu, um nach seiner Beendigung wieder auf den Umfang der Vorkriegszeit, in Deutschland in den letzten 15 Jahren noch weit darunter, zu sinken. Eigenartiger Weise hat in England die Tätowierung auch in den Kreisen der besten Gesellschaft, wenn auch nur in geringem Umfang, Eingang gefunden. Der Höhepunkt dieser recht snobistischen Modeströmung fiel in die Jahre um die Jahrhundertwende. Wenigstens erinnere ich mich, daß in jener Zeit elegante, in englischer Sprache abgefaßte Werbeschreiben mit der Aufforderung, sich tätowieren zu lassen, sogar in der Schweiz ihren Weg in die exklusivsten Fremdenheime fanden, in denen englische Studenten und Sportsleute verkehrten. Daß unter diesen Umständen auch die englische und amerikanische Weiblichkeit der entsprechenden Kreise von Tätowierungen nicht ganz frei geblieben ist, kann nicht Wunder nehmen. Inwieweit die Tatsache, daß auch heute in England noch keineswegs in allen Schichten der Höhergebildeten eine Abneigung gegen die Tätowierung besteht, mit gewissen Besonderheiten der Erziehung der männlichen Jugend jener Kreise (Internatserziehung) zusammenhängt, kann hier nicht erörtert werden.

Beim weiblichen Geschlecht ist in Europa die Tätowierung äußerst selten. Sie findet sich, von den genannten Ausnahmen abgesehen, fast nur in den Kreisen der niedrigen Prostitution und kommt wohl immer unter dem Einfluß des Zuhälters oder des bevorzugten Geliebten zu stande, wird auch nicht selten von ihm selbst ausgeführt. In Frankreich findet man auch vereinzelt bei eleganten Halbweltlerinnen kleine, äußerst geschickt und künstlerisch ausgeführte Tätowierungen, die ähnlich wie ein grain de beauté oder eine mouche (Schönheitspflästerchen) des pikanten Reizes keineswegs entbehren. In den letzten Jahren hat aber in allen Ländern und in allen Kreisen die Unsitte Eingang gefunden, die immer der Erneuerung bedürftige Rotfärbung der Lippen durch eine dauerhafte Tätowierung zu ersetzen. Dieser höchst schmerzhafte Unfug bringt auch bei einer von allen Vorsichtsmaßregeln begleiteten ärztlichen Ausführung die Gefahr schwerer gesundheitlicher Schädigung und dauernder Entstellung durch krankhafte Schwellung (Ödem) der Lippen mit sich.

Erwähnt sei schließlich noch, daß von französischen Forschern aufmerksam gemacht worden ist auf Versuche Prostituierter, syphilitische Ekzeme durch Tätowierungen zu verdecken, oder doch unauffällig zu machen. Dabei hat sich ergeben, daß bei Verwendung von Zinnober — wohl infolge der in ihm enthaltenen Spuren von Quecksilber — die tätowierten Stellen von Ekzemen frei blieben.

Es ist viel systematische Arbeit darauf verwendet worden, festzustellen, welche Hautzeichnungen am häufigsten wiederkehren und welchen Stoffgebieten sie entnommen sind. Man glaubte wohl auf diese Weise dem Geheimnis des psychologischen Zusammenhanges zwischen Bild und Wesensart seines Trägers näher zu kommen. Aber schon der Umstand, daß an der Spitze auf den Militärdienst und auf den Beruf bezügliche Darstellungen stehen, zeigt die Aussichtslosigkeit dieses Vorgehens, zumal da schon zwischen diesen beiden Gruppen keine reinliche Scheidung möglich ist. Naturgemäß sind nämlich die sich auf den Dienst bei der Marine beziehenden Zeichnungen (Anker, Segelschiffe, Dampfer, Flaggen, Seejungfrauen und andere Meerwunder) und die den Beruf des Matrosen, Fischers usw. bezeichnenden die gleichen, ganz davon zu schweigen, daß auch noch eine dritte Gruppe hineinspielt, nämlich die der Symbole (Anker als Sinnbild der Treue). Wie gering schließlich die aus der Berufswahl in kriminalpsychologischer Hinsicht zu ziehenden Schlüsse zu bewerten sind, habe ich an anderer Stelle darzulegen versucht (vgl. Art. „Beruf“). Auch darf nicht übersehen werden, wie stark derartige Untersuchungen durch die unterschiedliche Berufsschichtung in den verschiedenen Ländern beeinflußt werden. Das geht schon aus den beiden folgenden in Frankreich und in Belgien gewonnenen Zusammenstellungen hervor.

I. Zusammenstellung von Lacassagne, beruhend auf den Sammlungen des gerichtsmedizinischen Instituts in Lyon:

Patriotische und religiöse Sinnbilder	150
Berufskennzeichen	230
Inschriften	256
Auf den Militärdienst bezügliche Darstellungen	280
Allgemeine Symbole	436
Auf Liebe und Erotik hinweisende Zeichen	498
Phantasiezeichnungen und historische Hinweise	550
	2400

Wenn überhaupt ein bestimmtes Ergebnis aus diesen Zusammenstellungen gewonnen werden kann, so scheint es mir das der völligen Problematik nicht nur der Gruppeneinteilung, sondern auch der Deutung des Inhalts des Dargestellten zu sein. Auffallend sind ferner die in einzelnen Gruppen prozentual völlig abweichenden Zahlen der

II. Zusammenstellung von Verwaeck, Brüssel:

Stoffgebiet	Belgier	Fremde	zus.
Beruf	61	54	115
Heer	599	164	763
Schlepper u. Flößer	466	12	478
Marine	360	186	546
Familie	609	155	764
Freundschaft	19	6	25
Liebe	433	149	582
Erotik	103	41	144
Sport	313	72	385
Religion	76	23	99
Patriotismus	20	41	61
Politik	15	25	40
Geschichte	48	14	62
Tiere	98	58	156
Pflanzen	119	65	184
Phantasie	253	246	499
Verbrechen u. Verbrecherwelt	90	74	164
Schmucklinien (Ornamente)	325	279	604
Unvollendete Tätowierungen	338	—	338
	4345	1664	6009

Landfremden. Mag man bei Politik und Verbrechen dafür allenfalls noch eine Erklärung finden können, so ist das bei anderen Gruppen schlechterdings unmöglich. Bei Patriotismus wäre man geradezu gezwungen zu behaupten, die Landfremden hätten sich aus Heimweh und Erinnerungsschmerz zur Eintätowierung von Zeichen der Vaterlandsliebe bestimmen lassen, oder etwa gar, sie seien wegen ihres Patriotismus ausgewandert oder zur Auswanderung gezwungen worden. Wie man sieht, gerät man bei Erklärungsversuchen hier völlig in das Gebiet subjektiver Vermutungen und haltloser Phantasieen. Daß solche Unterlagen nicht geeignet sind, um mittels ihrer auch noch Schlüsse auf psychologische Zusammenhänge zwischen den dargestellten Gegenständen oder Sinnbildern und ihren Trägern zu ziehen, bedarf wohl keiner Begründung mehr.

2. Die Prüfung und Sichtung der Tätowierungen nach ihrem Inhalte hat aber dennoch eine Bedeutung für die Kriminalwissenschaften. Sie liegt allerdings nicht auf dem der Kriminologie und der ihr angehörenden Kriminalaetiologie, sondern auf dem der Kriminalistik, d. h. der Lehre von der praktischen Verbrechensbekämpfung.

Die Tätowierung als ein fast unveränderliches und unvergängliches körperliches Kennzeichen einer Person ist von größtem Wert für deren Identifizierung. Wenn Tätowierungen, was Unvergänglichkeit und Unveränderlichkeit anbelangt, auch beinahe den Papillarmustern gleichzustellen sind, so fehlt es ihnen doch an der diesen eigenen Einmaligkeit. Die eintätowierten Darstellungen und Zeichen kehren, wie erwähnt, fast alle auch bei anderen Personen wieder und teilweise, infolge des Durchpausverfahrens, in einer Ähnlichkeit, welche die Feststellung von Abweichungen auch bei Vergleichsmöglichkeiten nach Lichtbildern sehr erschwert, gar nicht zu reden von den ganz einfachen Strichzeichnungen, wie Kreuze, Sterne, Punkten usw. Allerdings wird diese einer Gleichheit nahe kommende Ähnlichkeit dadurch wieder aufgehoben, daß dieselben Darstellungen bei zwei verschiedenen Personen kaum jemals sich an genau derselben Körperstelle befinden werden, wenngleich der räumlichen Verteilung von Natur sehr enge Grenzen gesetzt sind. Eine Registrierung von Tätowierungen für Zwecke des kriminalpolizeilichen Erkennungsdienstes sollte daher niemals nur durch Angabe der tätowierten Darstellung, wie z. B. Herz, Dolch, Frauenkopf u. dgl., erfolgen, sondern stets unter Beifügung eines, möglichst auch die Größenverhältnisse wiedergebenden Lichtbildes (Zentimetermaß mit photographieren). (Eigentlich sollte auch über Tätowierungen ohne Beifügung von Lichtbildern nicht geschrieben werden!) Außerdem ist es wichtig, den Sitz der Tätowierung genau zu bezeichnen. Sofern das durch Photographie nicht möglich oder sofern es zu umständlich und kostspielig ist, erfüllt die Einzeichnung in eine jedem Registraturblatt aufgedruckte Umrißzeichnung eines menschlichen Körpers diesen Zweck völlig. (Ich habe in dem von Prof. Dr. Neves vorbildlich eingerichteten und geleiteten Institut für gerichtliche Medizin in Lissabon eine ungewöhnlich vollständige und in allen Fällen sicher orientierende Registratur von Tätowierungen gesehen, die in dieser Weise angelegt ist.)

Die Durchführung einer Klassifikation der Tätowierungen ist infolge der Verschiedenartigkeit ihrer Ausführung, die jeder formelmäßigen Erfassung spottet, aber doch immer nur eine allgemeine Bezeichnung der Darstellung, wie z. B. berufliche, patriotische, religiöse usw., zuläßt, äußerst schwierig. Möglich ist sie nur bei einer Verwertung von drei Hauptmerkmalen, nämlich Darstellung der Tätowierung, Farbe und Bezeichnung der Körperstelle, an der sie sich befindet. Dabei kann man verschiedener Ansicht sein, ob es zweckmäßiger ist, die Darstellung oder die „topographische" Bezeichnung als die Grundeinteilung, von der auszugehen ist, zu wählen. Bei Aufstellung der Registratur nach topographischen Gesichtspunkten kann man sich zweckmäßiger Weise etwa an das von Bertillon herrührende Schema anlehnen. Ohne die Möglichkeit einer Übersicht über sämtliche nach beiden Gesichtspunkten gesammelten und niedergelegten Tätowierungen wird man aber in der Praxis kaum arbeiten können. Daher muß trotz aller sich ergebenden Schwierigkeiten eine weitgehende Unterteilung der Gruppen bildlicher Darstellungen durchgeführt werden.

Die oben wiedergegebenen Einteilungen sind unzulänglich, aber es ist schwer, allgemeine Hinweise für die Praxis zu geben, da die Zahl der Gruppen von der Menge des in einer Sammlung vorhandenen Materials abhängt, und dessen Zusammensetzung wiederum durch die rassischen und sozialen Verhältnisse der Bevölkerung maßgebend bestimmt wird. Wie bei den meisten erkennungsdienstlichen Sammlungen muß sich auch hier, und gerade hier, die zweckmäßige Einteilung und Unterteilung aus der Arbeit selbst ergeben.

Die gerichtliche Tätowierung etwa in der Form einer mittelalterlichen Brandmarkung hat trotz der Abschaffung dieser zwangsweisen Kennzeichnung um die Mitte des vergangenen Jahrhunderts (in Rußland noch später) ihre Verfechter gefunden (vgl. Schrifttum: Liersch). Schon die sich aus der Zerstörung aller Wiederaufstiegsmöglichkeiten eines auf diese Weise für immer zum Verbrecher gestempelten Verurteilten ergebenden Einwendungen dürften diesen Vorschlag erledigen. Etwas anderes ist es, ob man die von Séverin Icard gegebene interessante Anregung in Erwägung ziehen will, über die Locard (Traité III, S. 293) berichtet. Danach sollen bestimmte, besonders gefährliche, unverbesserliche Gewohnheitsverbrecher durch Einspritzungen von Paraffin unter die Haut in einer nur dem Eingeweihten (z. B. Gefängnisarzt) durch Fühlen der entstandenen geringfügigen Knotenbildung zu erkennenden Weise gekennzeichnet werden. Sitz und Zahl der kaum sichtbaren und vom Laien von natürlichen Hautverdickungen nicht zu unterscheidenden Knötchen vermag dann weitere für den Erkennungsdienst wichtige Aufschlüsse zu geben, die eine schnelle Identifizierung zulassen.

Es bleiben noch die für den kriminalpolizeilichen Erkennungsdienst wichtigen Fragen des natürlichen Verschwindens von Tätowierungen und ihrer Entfernung durch künstlichen Eingriff zu erörtern.

Schon in den einleitenden allgemeinen Ausführungen über Tätowierungen ist darauf hingewiesen, daß die Dauer der Zeichnung, abgesehen von der Ausführungstechnik, von der chemischen Zusammensetzung des verwendeten Farbstoffs abhängig ist. Es muß damit gerechnet werden, daß Tätowierungen verblassen, die Farben sich verändern oder auch vollständig verschwinden, letzteres jedoch nur in sehr seltenen Fällen. Worauf dies beruht, ob und wie dieser Verlauf beschleunigt werden kann, gehört in das Gebiet der Medizin, ist im einzelnen auch zu umstritten, um hier dargelegt zu werden. Die Praxis wird das für sie Notwendige aus der folgenden von Lacassagne aufgestellten und von Locard veröffentlichten Tabelle entnehmen können.

Farbstoff	die Tätowierung ist blaß geworden	die Tätowierung ist verschwunden			die Tätowierung hat ihre Farbe verändert
		durch Zeitablauf	durch Entzündung	durch Unfall	
Chinesische Tusche .	5	—	—	—	—
Zinnober	2	2	7	2	—
Holzkohle	13	2	—	—	
Schreibtinte	3	—	—	—	—
Preußischblau. . . .	—	—	—	—	1
Steinkohle	—	—	1	—	—

Die am nächsten liegende und unschwer durchzuführende Methode einer künstlichen „Entfernung" ist natürlich die, vorhandene und von den Polizeibehörden registrierte Tätowierungen durch Hinzufügung neuer zu verändern, unkenntlich zu machen oder zu überdecken. Das geschieht vielfach, führt aber nicht zu dem gewünschten Erfolge, da die ursprüngliche Zeichnung immer zu erkennen sein wird, gegebenenfalls durch Photographie mit schräg auffallendem Licht oder unter der Quarzlampe. Dabei sei erwähnt, daß bei allen erkennungsdienstlichen Vergleichen von Tätowierungen auch auf deren Alter geachtet werden muß. Dies ist einmal, wie schon anfangs erwähnt, an dem Verblassen der Farben und dem Verschwimmen der Konturen, weiter aber auch an der verschiedenen Spannung der Haut zur Zeit der Ausführung der Tätowierung zu erkennen. Je nachdem erscheint die Zeichnung eingeschrumpft und zusammengelaufen oder gedehnt.

Ein häufig geübtes radikales Mittel zur wirklichen Entfernung von Tätowierungen ist die Zerstörung der Haut durch Schneiden oder Verbrennen. Beides wird nicht selten mit den primitivsten Mitteln, dem Rasiermesser und der Zigarette ausgeführt. Bei diesen Verbrennungen, die man übrigens häufig bei Prostituierten findet, bleibt es allerdings infolge der entstehenden starken Schmerzen meist nur bei einem mehr oder weniger weit durchgeführten Versuch. Wenn auch mit der Zerstörung der Hautschicht die Zeichnung verschwindet — nicht immer auch die Spuren von Farbstoff —, so bleibt an ihrer Stelle doch eine Narbe zurück, die auch lange Jahre nach ihrer vollständigen Heilung bei Reiben der Haut als blasser Fleck oder Streifen in der geröteten Umgebung in Erscheinung tritt. Auch die nach einer Entfernung des tätowierten Hautstücks unter Anwendung aller Künste der kosmetischen Chirurgie verbleibenden geringen Narben sind auf die angegebene Weise sichtbar zu machen.

Außer diesen genannten Enttätowierungsmethoden gibt es noch eine Reihe anderer Verfahren, von denen die Verätzung der Haut das am häufigsten geübte ist. Neben den auch hier angewandten, schwere Narben zurücklassenden primitiven Mitteln, werden in eingeweihten Kreisen besondere geheime Zusammensetzungen vertrieben. Ihr Erfolg ist bei verschiedenen Personen wohl auch individuell sehr stark bedingt, wie das überhaupt bei allen Hautbehandlungen der Fall ist. Immerhin wird einigen Rezepten nachgerühmt, daß infolge ihrer Anwendung in einzelnen Fällen ein völliges Verschwinden der Tätowierungen zu verzeichnen gewesen sei. Ob diese angeblichen Erfolge sich auch gegenüber den erwähnten Prüfungsmethoden würden behaupten können, erscheint zweifelhaft, ist aber natürlich nicht festzustellen.

Im kriminalpolitischen Nachrichtendienst Deutschlands spielt die Tätowierung eine verhältnismäßig geringe Rolle, obwohl auch in Deutschland eine Reihe von Fällen aufzuzählen wäre, in denen die Identifizierung und infolgedessen die Verurteilung des Täters auf dem Wiedererkennen seiner Tätowierung beruhen. Erst kürzlich hat in einem viel besprochenen Mordprozeß gegen Mitglieder der kommunistischen Partei die Tätowierung des eines Täters eine für das Beweisergebnis ausschlaggebende Rolle gespielt; ebenso 1927 in dem Verfahren gegen den gefürchteten Einbrecher Kirsch. (Das älteste mir bekannt gewordene Zeugnis über gerichtliche Kognition einer Tätowierung in einem in Deutschland verhandelten Strafprozeß findet sich in Feuerbachs Merkwürdige Verbrechen Nr. XXIII, Johann Paul Forster.) Gleichwohl erwähnt der für das kriminalpolizeiliche Nachrichtenwesen in allen deutschen Ländern maßgebend gewordene Runderlaß des Preußischen Ministers des Innern vom 12. V. 1927 die Tätowierungen nur nebenbei an letzter Stelle der für die bei Anlage der Merkmalskartei aufgezählten Beispiele. In dem für diese Kartei vorgeschriebenen Mustervordruck fehlt ein Hinweis auf Tätowierungen überhaupt. Auch das viel benutzte Lehrbuch über die Personenbeschreibung von O. Vogel (Berlin 1931, A. W. Hayn's Erben) beschränkt sich darauf, bezüglich der Tätowierungen den Wortlaut des genannten Runderlasses wiederzugeben. Die Praxis hilft sich damit, vorhandene Tätowierungen im allgemeinen unter der Rubrik „Auffällige Merkmale" des erwähnten Vordrucks zu verzeichnen. Immerhin ist das im Hinblick auf die Wichtigkeit der Tätowierung für erkennungsdienstliche Zwecke nur als ein völlig unzulänglicher Notbehelf anzusehen.

Nun soll hier nicht etwa der Einrichtung einer neuen Kartei für Tätowierungen bei allen Landeskriminalpolizeistellen das Wort geredet werden. Nichts liegt mir ferner, als die schon zu große Zahl der toten Kartensammlungen noch um eine weitere vermehren zu wollen. Aber eine Erweiterung der bestehenden Merkmalskartei in der oben angegebenen Richtung für Tätowierungen dürfte doch zu erwägen sein. Die Bedeutung einer möglichst umfassenden internationalen Kartei für Tätowierungen internationaler Verbrecher, insbesondere solche politischer Färbung, braucht nicht besonders dargelegt zu werden. Mir scheint ihre Einrichtung eine Aufgabe zu sein, zu deren Lösung am ehesten die Internationale Kriminalpolizeiliche Kommission (IKK.) berufen wäre, zumal da sich diese Registrierung unschwer den bestehenden einschlägigen Sammlungen (Evidenzen) des Wiener Büros der IKK. angliedern ließe. Die Einbeziehung fremder, insbesondere außereuropäischer Staaten wird für eine Registratur von Tätowierungen mancherlei Besonderheiten bedingen, die nicht im Rahmen dieses Aufsatzes besprochen werden können, der sich aus Gründen des Raummangels nahezu auf die deutschen Verhältnisse beschränken muß. Schon in europäischen Staaten, die mit ihren außereuropäischen Kolonieen in einem so engen Verkehr stehen, wie dies z. B. bei Frankreich, Italien und Spanien mit ihren nordafrikanischen

Besitzungen oder Interessensphären der Fall ist, tritt die Bedeutung der Tätowierung für praktische erkennungsdienstliche Zwecke viel stärker in den Vordergrund, als dies bei uns der Fall ist.

IV. Nur zur Abrundung des Bildes, von dessen Vollständigkeit leider nicht die Rede sein kann, sei noch etwas über die gewerbsmäßigen Tätowierer gesagt, die vor allem in den deutschen Hafenstädten, aber auch in einigen Städten Süddeutschlands mit starkem Wanderburschenverkehr ansässig waren und vereinzelt — ihre Zahl ist in den letzten 15 Jahren stark zurückgegangen — auch wohl noch sind.

Ein kriminalistisches Interesse können sie kaum beanspruchen. In Hinsicht auf Kultur- und Geschmacksbildung des deutschen Volkes kann ihr Gewerbebetrieb auch trotz der in Schaubuden immer noch auftretenden „am ganzen Körper künstlerisch tätowierten Dame" keinen Anspruch auf gesetzlichen Schutz erheben. Gleichwohl ist es zweifelhaft, ob ihnen nach dem geltenden Recht die Ausübung ihres Gewerbes polizeilich untersagt werden kann.

In Hamburg-St. Pauli betrieben bis vor kurzem zwei Geschäfte das gewerbsmäßige Tätowieren in aller Öffentlichkeit, boten auch durch Zeitungsinserate und Geschäftskarten ihre Dienste unter voller Nennung von Straße und Hausnummer an. Ein polizeiliches Verbot und seine strenge Durchführung, wie es z. B. in Japan, ausgerechnet auch heute noch dem Lande der kunstvollsten und farbenreichsten Tätowierungen, der Fall ist, hat natürlich auch eine bedenkliche Kehrseite. Auszurotten oder auch nur in erheblichem Umfange durch polizeiliche Mittel zu unterdrücken ist die Unsitte des Tätowierens auch in Deutschland zur Zeit jedenfalls noch nicht. Eine scharfe polizeiliche Verfolgung der gewerbsmäßigen Tätowierer würde immerhin einen Teil der auf diesen Schmuck Erpichten von einem leidlich hygienisch durchgeführten und einigermaßen zu überwachenden Verfahren fortscheuchen und einem gesundheitlich und auch in sittlicher Beziehung gefährlicheren zuführen. Die von Galant (vgl. Schrifttum) mehr skizzenhaft angedeutete als ausgeführte, geschweige denn belegte Auffassung, daß der Besitz von Tätowierungen seine Träger kriminell beeinflussen könne, weil das ständige Bewußtsein, Darstellungen verbrecherischen (Drohungen, gezückte Dolche usw.) oder stark erotischen Inhalts am Körper mit sich herumzutragen, das Gefühlsleben in dieser Richtung beeinflusse, wird allerdings kaum einen Grund für die Aufrichtung eines gesetzlichen Verbotes abgeben, noch weniger es stützen können. Am wirksamsten dürfte sich Aufklärung erweisen.

Über die Tätowierer und ihre Tätigkeit unterrichtet wohl am besten das auf genauer Kenntnis der örtlichen Verhältnisse und mit bewunderungswürdigem Fleiß zusammengetragene Buch von Spamer (vgl. Schrifttum).

Schrifttum:

Die über Tätowierungen entstandene Literatur ist entsprechend den verschiedenen Gesichtspunkten, unter denen diese Erscheinung betrachtet werden kann — ethnographisch, kultur- und sittengeschichtlich, religionswissenschaftlich, medizinisch, juristisch —, außerordentlich ausgedehnt, insbesondere auch die fremdsprachliche. Ich muß mich daher darauf beschränken, hier nur eine kleine Auswahl zu geben, die in erster Linie die kriminalistischen Fragen behandelt, weiter aber doch auch geeignet ist, die Brücke zu den anderen wissenschaftlichen Gebieten zu schlagen. — Die bekannten Standardwerke geben die ältere Literatur fast vollständig an, so daß insoweit auf sie verwiesen werden kann.

Baer, Der Verbrecher in anthropologischer Beziehung, Leipzig 1893/1923. — Herbert Bellmann (Dresden), Geschichte der europäischen Tätowierung (steht m. W. unmittelbar vor dem Erscheinen). — R. Bergh, Über Tätowierung bei Frauenzimmern der öffentlichen und geheimen Prostitution, Monatshefte f. prakt. Dermatologie, Bd. 35 (1902). — J. Bloch, Beiträge zur Ätiologie der Psychopathia sexualis, Dresden 1902. — Bradley, Tatooing in the army, New York medical Journal 1893. — P. Cattani, Das Tatauieren, Basel 1922. — Sh. Dohi, Tätowierung u. Syphilis, Arch. f. Dermatol. u. Syphilis, Bd. 92 (1909). — Havelock Ellis, Verbrecher u. Verbrechen, 1895. — Florange, Beitrag zu der Frage „Tätowierung u. Syphilis", Dermatol. Zeitschr., Bd. 16 (1909). — S. Freud, Totem und Tabu. — J. S. Galant, Die Fragebogenmethode bei der Untersuchung tätowierter Verbrecher. Ein Beitrag zur Psychologie des Tätowierens u. der tätowierten Verbrecher, Aschaffenburgs Monatsschr. XV, 31. — L. Glück, Die Tätowierung der Haut bei den Katholiken Bosniens u. der Herzegowina, Wissenschaftl. Mitteil. aus Bosnien u. der Herzegowina, Bd. 2 (1894). — Gotthold, Vergleichende Untersuchungen über die Tätowierungen bei Geisteskranken, Normalen u. Kriminellen, Klinik f. psych. u. nerv. Krankheiten, Bd. 9 (1914—1916). — J.-M. Grangeversannes, Quelques tatouages de guerre, Revue internat. de criminalistique 1930, S. 42. — J. Herber, Notes sur les tatouages des prisonniers marocains en 1933, Revue internat. de criminalistique 1933, S. 584. — Derselbe, Le détatouage dans l'Afrique du Nord, ebenda 1933, S. 360. — E. v. Hofmann, Über Knochen und Tätowierungen mit Rücksicht auf die Agnoszierungsfrage, Wien 1887. — W. Joest, Tätowieren, Narbenzeichnen u. Körperbemalen, Berlin 1887. — Kogan, Über die Tätowierung der Verbrecher, Bd. 2 der Abhandl. des allukrainischen Kabinetts für die Erforschung des Verbrechens u. der Kriminalität, Odessa 1928. — F. S. Krauß, Erotische Tätowierungen, Anthropophyteia, Bd. 1 (1904). — Schuzo Kurê (Tokio), Über Tätowierungen bei Verbrechern, Friedrichs Blätter f. ger. Medizin 49, 230. — A. Lacassagne, Les tatouages. Etude anthropologique et médico-légale, Paris 1881. — Derselbe, in Dictionnaire encyclopédique des sciences médicales I, 80. — Jean Lacassagne, Tatouages, Traité de Dermatologie 1932. — Derselbe u. J. Herber, Du tatouage chez les prostituées de France et d'Afrique du Nord, Revue internat. de criminalistique 1934, S. 520. — O. Laufer, Über die Geschichte u. den heutigen volkstümlichen Gebrauch der Tätowierung in Deutschland, 1914. — Lebbon, Die vorhistorische Zeit. — A. Le Blond u. A. Lucas, Du tatouage chez les prostituées, Paris 1899. — A. Lenz, Grundriß der Kriminalbiologie, Wien 1927, S. 86. — Leppmann, Die kriminalpsychologische u. kriminalpraktische Bedeutung des Tätowierens der Verbrecher, Vierteljahrsschr. f. ger. Medizin 8, 193 (1894). — Liersch, Zwangstätowierung zur Wiedererkennung von Verbrechern, Vierteljahrschr. f. ger. Medizin 1901, S. 93. Entgegnung von Berg daselbst 1903, S. 56. — E. Locard, Traité de criminalistique 3, 249 (Lyon 1932). — Derselbe, L'identification des récidivistes, 1909. — Derselbe, L'évolution actuelle du tatouage et son importance en criminalistique, Revue internat. de criminalistique 1932, S. 189. — C. Lombroso, Uomo delinquente, 3. Aufl., 1884, S. 325ff. — Derselbe, Kerkerpalimpseste, 1891. — Derselbe, Tätowierungen bei Verbrechern und Geisteskranken (Neue Studien II), Arch. di Psich. Torino XIV, 578. — Derselbe u. G. Ferreso, Das Weib als Verbrecherin u. Prostituierte, Hamburg 1894. — H. E. Luedecke, Erotische Tätowierungen, Anthropophyteia, Bd. 4 (1907). — Mabille, Tatouage et détatouage, Lille 1898. — E. Martin, Le tatouage chez les enfants, Arch. d'Anthropologie criminelle, Bd. 25 (1910). — W. Maschka, Zur Tätowierungsfrage, Groß' Arch. 1, 320. — R. Michel, Der psychopathische Gewohnheitsverbrecher, Mitteil. der kriminalbiol. Gesellsch. II, 85 (Graz 1929). — S. Ottolenghi, Un nouveau tatouage ethnique, Arch. di Psich. Torino, Bd. XVI. — Ch. Perrier, Du tatouage chez les criminels, Lyon 1879. — Ploß-Bartels, Das Weib in der Natur u. Völkerkunde. (In allen Auflagen.) 11. Aufl., Berlin 1925. — H. Prinzhorn, Bildnerei der Gefangenen, Berlin o. J. (1926). — Reiss, Manuel de la police scientifique. — E. Riecke, Das Tatauierungswesen im heutigen Europa, Jena 1925. — E. Rüdiger, Über Tätowierungen, Med. Klinik 1924, Nr. 5, S. 167ff. — O. F. Scheuer, Tatauierung, in Marcuses Handwörterbuch d. Sexualwissenschaften, Bonn 1926. — O. Snell, Tätowierte Korrigendinnen in Hannover, Zbl. f. Nervenh. 1898, S. 193. — M. W. Solowjewa, Die Tätowierung der jugendlichen Verbrecher, Groß' Arch. 87, 214. — H. Sommerfeld, Die Tätowierung als wichtiges signaletisches Hilfsmittel, Kriminalist. Monatshefte 7, S. 10 (1933). — A. Spamer, Die Tätowierung in den deutschen Hafenstädten, Bremen 1934. — W. Stirling, Judicial Tattooing, Revue internat. de criminalistique 1934, S. 96. — O. Stoll, Das Geschlechtsleben in der Völkerpsychologie, Leipzig 1908. — A. Sudomir u. P. Zeranskaja, Die Psychologie der Tätowierung bei Verbrechern, Groß' Arch. 85, 14. — G. Tarde, La criminalité comparée, Paris 1890, S. 43. — Tardieu, Etude médico-légale du tatouage considéré comme signe d'identité, Ann. d'hygiène III, 171 (1855). — Tylor, Zivilisation der Primitiven, London 1879. — L. Vervaeck, Le tatouage en Belgique, Bruxelles 1906.

Max Hagemann.

Tatspuren s. Spuren.

Tierquälerei.

1. Kriminologische Bedeutung hat die Tierquälerei in erster Linie nicht dadurch, daß sie bestraft wird, sondern durch das Warum und das Wie der notwendigen Bestrafung. Dies hängt sowohl von der ganz allgemeinen Einschätzung des Lebewesens wie von der sozialen Einordnung des Tieres in das menschliche Zusammenleben ab. Je höher diese Einschätzung und diese Einordnung sind, um so strenger wird die Rechtsordnung die Tierquälerei bestrafen und um so weiter entfernt sich der Tierquäler von Recht, Zucht und Sitte in der Auffassung der Allgemeinheit und wird kriminell. Dabei tritt aber als besonders interessanter Tatbestand Folgendes auf: Die Art, wie der Mensch sich entweder dem wehrlosen Tier gegenüber verhält oder wie er das wehrhafte Tier abwehrt und behandelt, läßt Charaktereigenschaften des betreffenden Menschen hell ins Licht treten. Schon beim Kind machen sich sadistische oder verbrecherische Neigungen an Tieren, die aushalten und schweigen müssen, geltend. Freilich trifft dies nur auf bestimmte kriminelle Tatbestände, insbesondere die Roheitsdelikte und die auf Hinterlist be-

ruhenden Straftaten zu, während sich Tierliebe sehr wohl mit Vermögensdelikten u. dgl. paaren kann. Die Art ferner, wie ein Tierhalter oder ein Dresseur oder ein Reiter die ihm anvertrauten Tiere behandelt, läßt weitgehende Schlüsse auf seinen Charakter zu, namentlich auch dort, wo eine energische Behandlung des Tieres gegebenenfalls am Platze ist. Energische Zurechtweisung und Beherrschung ist etwas durchaus Anderes als Quälerei oder Roheit.

Gerade diese Grenze zu finden und zu setzen, macht bei einer gesetzlichen Abwehr der Tierquälerei gewisse Schwierigkeiten, ebenso wie die Grenzsetzung für den im Interesse der Human- und Veterinärmedizin gelegenen experimentellen Tierversuch.

Einen sehr bemerkenswerten Fortschritt bringt in dieser Hinsicht das deutsche Reichstierschutzgesetz vom 24. XI. 1933 (RGBl. I, 987), dessen Hauptgedanken daher nicht nur für Deutschland, sondern auch für internationale Beachtung wesentlich sind.

Dieser soziologisch-kriminologische Fortschritt besteht insbesondere darin, daß der neue deutsche Tierschutz nicht mehr lediglich aus dem Gedanken des Mitleids und der Fürsorge für das Geschöpf als Objekt und nicht mehr lediglich aus dem Ärgernis, das dem menschlichen Gefühl gegeben wird, begründet wird, sondern daß der Sinn für ein Recht des Tieres als eines Lebewesens aufdämmert. Das ist ein klarer Gegensatz zu der bisherigen Rechtslage nach § 360 Ziff. 13 StGB., wonach als Übertretung mit Geldstrafe oder Haft bestraft wird, „wer öffentlich oder in Ärgernis erregender Weise Tiere boshaft quält oder roh mißhandelt". Sah es niemand, so lag, mochte die Handlung auch noch so verwerflich sein, keine Straftat vor. Schon das G. vom 26. V. 1933 (RGBl. I, 295) hat dies abgeändert, aber immer noch in dem neuen § 145b StGB. als Voraussetzung für Gefängnis- oder Geldstrafe rohe Mißhandlung oder „absichtliche" Quälerei genommen, wenn auch diese Straftat nunmehr ein Vergehen wurde. Mag auch dies noch auf dem bloßen Mitleid- oder Fürsorgegedanken beruhen, so gibt das Gesetz bei richtiger Ausdeutung doch schon feste Anhaltspunkte für ein neues Tierrecht.

2. Dieses Tierschutzrecht beruht insbesondere darauf, daß der Begriff „Tierquälerei" fester umschrieben, d. h. mit dem Begriff der „unnötigen" Qual eng verbunden wird. Unnötig aber ist das Quälen, „soweit es keinem vernünftigen, berechtigten Zwecke dient". Das bedeutet, daß auch das Tier, wie der Mensch, die Qualen, die das Leben und das Zusammenleben nötig macht, zu erdulden habe, aber daß diese Notwendigkeit nach menschlichen Gesichtspunkten aus der allgemeinen Rechtsordnung zu beurteilen ist. Ein objektiver Gemeinschaftsgesichtspunkt ist hier an die Stelle des früheren individuellen Merkmals der „Absichtlichkeit" getreten.

Dieser objektive, aus dem Gemeinschaftsgedanken hergenommene Maßstab ist also keineswegs gleichbedeutend mit tantenhafter Gefühlsweichheit, die etwa einer berechtigten Erziehung eines Tieres in den Arm fallen könnte, sondern auch hier paart dieses Merkmal das Strenge mit dem Zarten. Es ist eine weitere Umschreibung des Begriffs des „Nötigen", wenn in § 2 des Gesetzes verboten wird, „ein Tier unnötig zu Arbeitsleistungen zu verwenden, die offensichtlich seine Kräfte übersteigen oder die ihm erhebliche Schmerzen bereiten oder denen es infolge seines Zustandes nicht gewachsen ist", und wenn weiter verboten wird, ein Tier zu erheblich schmerzhaften und gesundheitsschädlichen Abrichtungen zu verwenden. Auch nach der amtlichen Begründung des Gesetzes soll eine Handlung als berechtigt gelten, die das Tier zu einer zumutbaren Arbeitsleistung oder zum Gehorsam anzuhalten bestimmt ist oder die zur Gewinnung notwendiger Nahrungsstoffe nicht zu umgehen ist. Mit sicherem Urteil kann man daher das Schlagen mit dem Peitschenstiel, das Zusammenkoppeln ganz ungleich kräftiger Pferde bei schweren Lasten, das Totknieen der Farm-Pelztiere und vieles Andere als Tierquälerei bezeichnen (v. Skopnik, a. a. O.).

Das deutsche Tierschutzgesetz beschränkt seine Schutzbestimmungen nicht, wie es in manchen ausländischen Gesetzen der Fall ist, auf die Haustiere. Aber von der Einbeziehung der jagdbaren Tiere sieht dieses Gesetz ab und überläßt die betreffenden Schutzmaßnahmen den Jagd- und Fischereigesetzen sowie den Polizeiverordnungen. Die Art des Schlachtens der Tiere ist durch G. vom 21. IV. 1933 (RGBl. I, 203) geregelt.

Obwohl aber das Tierschutzgesetz nicht auf Haustiere beschränkt ist, wird man bei der Auslegung und Anwendung seiner Bestimmungen — eben wegen des aus dem Gemeinschaftsleben objektiv herzuleitenden Maßstabes — zwischen höheren und niederen Tieren unterscheiden müssen (v. Skopnik, Komm. S. 15). Dies bezieht sich insbesondere auf die oben erwähnten Merkmale der „Unnötigkeit" und der erheblichen Schmerzbereitung für den Tatbestand der Tierquälerei. Regenwürmer z. B. und Frösche stehen in dieser Hinsicht den Pferden, Hunden, Katzen, auch den Kaninchen und Mäusen nach, und Mäuse und Ratten wieder den arbeitsamen Haustieren. Über rechtswidrige Marterinstrumente, die man bei

Operationen oder unbotmäßigen Tieren gegenüber anwendete, s. v. Skopnik, a. a. O., S. 20/21. Aufzählung der insbesondere verbotenen tierquälerischen Handlungen in § 2 des Gesetzes: Bereitung erheblicher Schmerzen durch Vernachlässigung oder Arbeitsleistung oder Dressur; Veräußerung völlig abgetriebener, alter, kranker Tiere (außer behufs schmerzloser Tötung); Aussetzung; Prüfung der Hunde auf Raubtierschärfe an lebenden Tieren; Kupieren von Hunden und Pferden (mit einigen bestimmt bezeichneten Ausnahmen); schmerzhafte Eingriffe (auch Kastration) unsachgemäß oder ohne Betäubung; Tötung von Farm-Pelztieren ohne Betäubung; Stopfen (Nudeln) von Geflügel; Schenkelabtrennen bei lebenden Fröschen.

Die Strafen gehen bis zu 2 Jahren Gefängnis, auch auf Einziehung oder Tötung des Tieres, Untersagung der Beschäftigung mit Tieren und des Handels (vgl. §§ 9ff. des Gesetzes).

Über die Vornahme von Betäubungen vgl. Erste Ausf.-VO. zum TierschutzG. vom 20. VI. 1934 (RGBl. I, 516).

3. Der Tierversuch wird in §§ 5—8 geregelt. Grundsätzlich wird in § 5 das Verbot des Tierversuchs, sofern er mit erheblichen Schmerzen oder Schädigungen verbunden ist, ausgesprochen. Aber es mußten im Interesse der Wissenschaft und der Volksgesundheit Ausnahmen zugelassen werden. So wird wissenschaftlich geleiteten Instituten vom Reichsinnenminister die Erlaubnis erteilt unter Voraussetzungen, die eine Sicherung gegen Mißbrauch gewährleisten (Näheres in § 7 des Gesetzes). Beachtenswert ist, daß auch hier eine Ausnahmebehandlung der höheren Tiere insofern vorgesehen ist, als Versuche an Pferden, Hunden, Katzen oder Affen nur dann ausgeführt werden dürfen, wenn durch Versuche an anderen Tieren der beabsichtigte Zweck nicht erreicht werden kann. Der tiefere Grund für die Heraushebung dieser Tiere gegenüber Kaninchen, Meerschweinchen, Mäusen usw. liegt berechtigterweise nicht nur in der höheren Gehirnentwicklung dieser Tiere — Raubtiere und manche Vögel könnten dann ebenso gut mit genannt werden —, sondern — neben der praktisch nahe liegenden Verwendung — insbesondere in ihrem engen sozialen Zusammenleben mit den Menschen. So nehmen Pferd, Hund und Katze einen anderen, sozusagen persönlicheren Rang gegenüber dem Menschen ein als die ebenfalls häufig in Hausgemeinschaft mit ihm lebenden materiellen Haustiere wie Rind, Schwein, Schaf und Ziege. Der tierschützerische Rechtsgedanke drückt sich weiter in der Bestimmung aus, daß, sofern einmal ein schmerzhafter Versuch an einem unbetäubten Tier ausnahmsweise zulässig ist, an demselben unbetäubten Tier nur ein einziger schwerer operativer (oder schmerzhaft unblutiger) Versuch ausgeführt werden darf.

So ist in allen diesen neuen Bestimmungen ein großer Gedanke verwirklicht, der die ethische Einstellung des Menschen zu den ihn umgebenden nichtmenschlichen Lebewesen, insbesondere den ihm im Gemeinschaftsdasein näherstehenden, auf eine höhere Stufe hebt. Aus ihm geht ein neuer kriminologischer Begriff der Tierquälerei hervor, der für die Verfolgung von solchen Handlungen maßgebend zu sein hat und die Verfolgung bisher straflos gebliebener Untaten bedeutend erleichtert.

Schrifttum:

Die Kommentare zum Tierschutzgesetz von v. Skopnik (Berlin 1934), Korn (Meißen 1934), Giese-Kahler (Berlin 1934). — Claus, Tierschutz und Strafgesetzgebung, Diss., Leipzig 1928. — Schäfer, Der Tierschutz im Reichsstrafrecht, Diss., Leipzig 1932. — Korn, Die strafrechtliche Behandlung der Tierquälereien, Meißen 1928. — Derselbe, Die Tierquälerei in der Rechtsprechung, Dresden 1929. — Kupka, Die Tierqäulerei mit bes. Berücksichtigung der lex ferenda, Diss., Breslau 1918.

Alexander Elster.

Todesfeststellung.

1. In der Regel wird man bei der Feststellung des eingetretenen Todes sich auf den Nachweis stützen können, daß Herztätigkeit und Atmung erloschen sind und daß das Nervensystem seine Funktionen der Reizübertragung eingestellt hat. Diese Erscheinungen setzen allerdings in vielen Fällen nicht gleichzeitig ein. Häufiger überdauert, wenn auch nur kurze Zeit, eine dieser „lebenswichtigen" Funktionen die andere. Oft erlischt zunächst die Atmung, das Herz schlägt noch kurze Zeit weiter, die Zusammenziehungen des Herzmuskels werden ungleichmäßig und unvollständig und allmählich erlahmt jegliche Tätigkeit des Herzens und des Kreislaufs. Bei primären Herzkrankheiten und auch bei schwereren Herzverletzungen (Herzschuß, Herzstich, Herzzerreißung) wird meistens der endgültige Herzstillstand der Lähmung des Atemzentrums vorangehen. Die nicht allzu selten recht deutliche Erschlaffung der Muskulatur im Augenblick des Todes beruht auf dem Nachlassen des Gewebedruckes und kommt am sinnfälligsten in der Veränderung der Gesichtszüge zum Ausdruck.

So einfach auf den ersten Blick die Feststellung des Todes erscheint, so schwierig kann, wenn man sich nur auf diese Zeichen verlassen würde, im Einzelfall der Nachweis sein, daß diese „primären" und, wie wir sehen werden, oft unsicheren Zeichen des Todes, wirklich zu einem bestimmten Zeitpunkt eingetreten sind und daß keine Aussicht mehr besteht, das Leben zurückzurufen.

Schwierigkeiten treten besonders bei tiefer Benommenheit oder Bewußtlosigkeit, z. B. bei einer Vergiftung, bei schwerem Darniederliegen der Kreislauf- und Atemtätigkeit ein. Die Wissenschaft hat sich bemüht, exakte Untersuchungsmethoden ausfindig zu machen, die auch in diesen Zweifelsfällen unter ausschließlicher Berücksichtigung der primären Todeszeichen einen sicheren Nachweis des eingetretenen Todes gestatten.

Es ist seit langem bekannt, daß auch nach dem endgültigen Stillstand des Herzens und dem Aufhören der Atmung keineswegs schlagartig sämtliche Organe und alle Zellen und Zellenverbände ihre Funktionen einstellen. Wir wissen, und dieser Umstand verdient in kriminalistischer Hinsicht erhöhte Aufmerksamkeit, daß der Magen seine verdauende Tätigkeit noch eine gewisse Zeit lang selbsttätig ausüben kann, daß bestimmte Schleimhautabschnitte noch Flimmerbewegung erkennen lassen, und daß die Samenfäden ihre Beweglichkeit erst viele Stunden nach dem Tode verlieren. Wichtig erscheint auch die Beobachtung, daß z. B. bei Choleratodesfällen unwillkürliche Muskelbewegungen noch an der Leiche zu stande kommen können.

Wenn man, was allerdings nur in seltenen Fällen von gewaltsamem Tod möglich sein dürfte, Gelegenheit hat, eine Röntgenuntersuchung etwa der Lunge und des Herzens vorzunehmen, ist unschwer festzustellen, ob der Tod bereits eingetreten ist oder ob es sich um einen sogenannten Scheintod handelt. Die Leichenlunge zeichnet sich durch eine scharfe Konturierung aus, während bei erhaltener Atmung die Zeichnung unscharf und verschwommen sein wird. Ebenso läßt sich Stillstand oder Bewegung des Herzens unter dem Röntgenschirm verfolgen. Auch eine elektrokardiographische Untersuchung des Herzens, d. h. eine Ableitung der bei der Reizausbreitung im Herzen entstehenden elektrischen Ströme, kann den Nachweis erbringen, ob der Betreffende noch lebt. Bei eingetretenem Tode erscheint im Elektrokardiogramm eine völlig horizontal verlaufende Linie.

Es bedarf kaum des Hinweises, daß gewisse vom Laien gern geübte Prüfungen der Atem- oder Kreislauftätigkeit (z. B. Vorhalten eines Spiegels vor Mund oder Nase, Rötung der Haut bzw. Ausbleiben derselben bei Betropfen mit heißer Siegellacklösung u. a. m.) keinerlei Beweiskraft besitzen und zur Feststellung des eingetretenen Todes nicht ausreichen. Die seltenen Fälle von wirklichem Scheintod haben dies zur Genüge bewiesen. Dasselbe gilt für den Nachweis der noch bestehenden Atemtätigkeit, der dadurch geführt werden soll, daß durch Anlegung des Schlauchstethoskops, das der Arzt zum Abhorchen der Herztöne und der Lungen in der Kinderpraxis besonders gern benutzt, Schwingungen der Membran beim Auflegen an die Nasenöffnung auch bei schwächsten Atembewegungen zu erkennen sind.

Von anderen Methoden, die sich auf den Nachweis einer noch bestehenden Kreislauftätigkeit stützen, kann die Einspritzung von Farblösungen in die Blutadern erwähnt werden. Von französischen Forschern ist zu diesem Zwecke eine Fluoreszin-Sodalösung angegeben worden, die bei noch erhaltener Blutzirkulation in wenigen Minuten eine Gelbfärbung besonders in den Lid- und Bindehäuten der Augen hervorruft. Man hat auch vorgeschlagen, eine farblos gemachte Methylenblaulösung einzuspritzen und an dem Auftreten einer etwaigen Blaufärbung an der Einstichstelle, die nur auf Sauerstoffzufuhr zurückzuführen wäre, den Nachweis des noch vorhandenen Lebens zu begründen.

Daß die Schwarzfärbung eines mit farblosem Bleiazetat getränkten Papiers, das an die Nase und den Mund gehalten wird, nicht nur durch den nach dem Tode sich bildenden Schwefelwasserstoff bedingt ist, sondern auch durch Schwefelwasserstoffentstehung infolge schadhafter Zähne oder durch Gasbildung aus dem Magen am Lebenden zu stande kommen kann, hat Puppe gezeigt. Man wird also dieser Probe keine Beweiskraft zuerkennen können.

Da sehr bald die normale alkalische Reaktion nach dem Tode in eine saure übergeht, hat man vorgeschlagen, die auftretende saure Gewebsreaktion als Todeszeichen zu werten. Durch die Prüfung eines aus einer Hautfalte ausgepreßten Serumtröpfchens mittels Lackmuspapier glaubte man, die Frage nach Leben oder Tod beantworten zu können. Kam ein Farbumschlag von Blau zu Rot eines zwischen Oberlid und Augapfel gelegten kleinen Lackmusstreifens (angeblich bereits nach 5 bis 10 Minuten) zu stande, so hielt man sich für berechtigt, den erfolgten Tod anzunehmen. Auch die sogenannte Haarseilprobe, die darin besteht, daß besonders gefärbte Fädchen, die bei saurer Reaktion einen Farbumschlag zeigen, durch das Unterhautzellgewebe gezogen wurden, beruht auf dem gleichen Prinzip und kann, wie auch die ersterwähnten Proben, nach unserer heutigen Anschauung nicht als ein sicheres Kriterium des Todes dienen. Das ergibt sich schon daraus, daß bei nicht wenigen Krankheiten (z. B. Zuckerharnruhr, Nierenerkrankung besonderer Art usw.) eine Säuerung des Gewebes zu Lebzeiten besteht.

Zahlreich sind die bei Betrachtung und Untersuchung des Augenhintergrundes festzustellenden Veränderungen, die als beweisend für den eingetretenen Tod angegeben worden sind. Die Betrachtung mittels des Augenspiegels läßt am Lebenden die Bewegung des Blutes innerhalb der Haargefäße erkennen. Im Tode hört diese Bewegung auf. Die Blutsäule erscheint häufig unterbrochen, die Blutgefäße manchmal völlig leer. Ein Befund, wie er sonst nur bei Luftverschleppung in die Schlagadern zu stande kommt. Etwa eine halbe Stunde nach dem Tode ist in der Regel auch der Sehnervenfleck völlig weiß und abgeblaßt, eine Veränderung, die jedoch auch bei bestimmten Krankheiten auftreten kann.

Auch die durch den nachlassenden Gewebedruck oft im Augenblick des Todes eintretende Weichheit des Augapfels und die dadurch hervorgerufene Veränderlichkeit des Sehloches auf Druck kann bei schwerem Darniederliegen des Kreislaufs, bei schweren Vergiftungen, d. h. besonders in solchen Fällen, in denen die Feststellung des Todes zweifelhaft ist, schon zu Lebzeiten vorhanden sein. Die Erweiterung der Sehlöcher kurz vor dem Tode, das allmählich wieder Engerwerden nach dem Tode ist ebenfalls ein höchst unsicheres Zeichen. Dasselbe gilt von der Austrocknung der von den Augenlidern unbedeckten Teile der Hornhaut, die dadurch entsteht, daß hier die Verdunstung bei nachlassendem Kreislauf und natürlich auch beim Tode in diesen Abschnitten besonders wirksam ist. Mit Recht ist darauf hingewiesen, daß diese Erscheinung besonders in ihren Anfängen unter Umständen einmal verwechselt werden kann mit Veränderungen, die sich bei tiefem Schlaf und bei Benommenheit am Augapfel zeigen.

Die elektrische und mechanische Erregbarkeit der Muskulatur bleibt auch nach dem Tode unter Umständen bis zu mehreren Stunden erhalten. Sie eignet sich deshalb nicht zur Todesfeststellung.

2. Wenngleich das Zusammentreffen zahlreicher primärer Todeszeichen häufig die Feststellung des eingetretenen Todes gestattet, so wird doch der verantwortungsbewußte Untersucher erst dann denselben für gewiß halten, wenn die sekundären, sicheren Todeszeichen, d. h. Totenflecke, Totenstarre und Erkalten der Leiche nachweisbar geworden sind. Man braucht zwar nicht so weit zu gehen, wie die Preußischen Anordnungen von 1820 vorschreiben, in denen erwähnt ist, daß man erst dann Jemanden sicher für tot halten dürfe, wenn sich an der Leiche Fäulniserscheinungen zeigen. Das ist um so eher unnötig, als in der Regel schon recht bald nach dem Ableben sich beweisende Zeichen erkennen lassen.

Von den seltenen Fällen der sogenannten kataleptischen Totenstarre, d. h. der schlagartig mit dem Tode einsetzenden Muskelstarre ohne vorausgehende Erschlaffung, abgesehen, lassen sich in der Regel die Totenflecke als erstes sicheres Zeichen feststellen. Sie kommen dadurch zu stande, daß nach Aufhören der Blutzirkulation das Blut, den Wirkungen des Kreislaufs entzogen, sich, dem Gesetz der Schwere folgend, in den Blutgefäßen der tiefliegenden Abschnitte ansammelt und hier als mehr oder minder dunkelrote Verfärbung häufig in Form von Flecken an der Haut zu erkennen ist. Der Sitz der Totenflecke ist demnach abhängig von der Lage der Leiche. Ist der Tod in Rückenlage erfolgt, so wird man meistens schon nach etwa einer halben Stunde die Blutsenkung (Totenflecke) an den Ohrläppchen und auf dem Rücken feststellen können. Die dunkelblaurote Verfärbung wird in den ersten 3—4 Stunden noch sehr viel deutlicher. Durch Änderung der Lage der Leiche gelingt es, in den ersten 6 Stunden nach dem Tode ein „Wandern" der Totenflecke herbeizuführen, d. h. beim Umwenden einer Leiche, die bislang auf dem Rücken gelegen hat, verschwinden die Totenflecke am Rücken und treten nach einer gewissen Zeit an Brust und Bauch auf. Dieser Umstand verdient in kriminalistischer Hinsicht große Beachtung und kann, wenn die Lage der Leiche in den ersten Stunden nach dem Tode verändert ist, hinsichtlich der Tatbestandsermittlungen beim Eintritt des Todes zu Fehlschlüssen führen. Hierzu ein Beispiel: Beim Erhängten bilden sich die Totenflecke zuerst in den unteren Gliedmaßen. Wird die Leiche frühzeitig (d. h. in den ersten 6 Stunden) abgeschnitten und auf den Rücken gelegt, so „wandern" die Totenflecke, die Verfärbung der unteren Gliedmaßen wird nicht deutlicher, sie blaßt auf den Streckseiten ab und es bilden sich am Rücken (mit Ausnahme der Stellen, wo die Leiche aufliegt und die Gefäße leer gedrückt werden) mehr oder minder flächenhafte Verfärbungen (Totenflecke) aus, die zu der unberechtigten Annahme führen könnten, daß der Tod in dieser Lage erfolgt ist.

Sind mehr als etwa 6 Stunden nach dem Tode vergangen, so kommt es entsprechend der nun langsam einsetzenden Fäulnis im Bereich der Totenflecke zu einem Zerfall der roten Blutkörperchen und einer Durchtränkung des Gewebes mit Blutfarbstoff, so daß dann ein Verschwinden der Totenflecke durch Druck oder durch Änderung der Lage der Leiche nicht mehr zu erreichen ist.

Völliges Fehlen der Totenflecke ist äußerst selten. Ihre Ausbildung ist um so stärker, je blutreicher das Gewebe zur Zeit des Todes ist. Bei großem Blutverlust, sei es durch eine Blutung nach außen oder auch durch Blutung innerhalb der Körperhöhle, kann sich die Entwicklung der Totenflecke verzögern und ihr Nachweis erschwert sein. v. Sury hat darauf hingewiesen, daß auch bei stärkstem Blutverlust in der Regel an den druckfreien Stellen (bei Rückenlage zwischen Schulterblättern und Lendenausbuchtung) Totenflecke auftreten, und man kann hinzufügen, daß auch an den Fingernägeln die Blutsenkung fast stets sehr deutlich zu sehen ist.

Die Farbe der Totenflecke ist gewöhnlich dunkelrot bis dunkelblaurot. Bei Kohlenoxydvergiftung kommt entsprechend der Veränderung des Blutfarbstoffes eine hellkirschrote Farbe zu stande. Bei Vergiftung mit chromsaurem Kali erscheinen die Totenflecke rauchgrau, bei Schwefelwasserstoffvergiftung schwärzlich grün u. a. m.

Ebenso wie das Auftreten eindeutiger Totenflecke mit Sicherheit den eingetretenen Tod erkennen läßt, ist auch der Eintritt der Totenstarre ein untrügliches Zeichen dafür. Die Totenstarre, jene eigentümliche Veränderung in der Muskulatur, die zu einer Anspannung der Muskeln und zur Fixierung der Gelenke führt, ist ein Vorgang, der durch bestimmte chemische Umsetzungen im Muskel entsteht. Die Starre tritt in der Regel 1½ bis 2 Stunden nach dem Tode zuerst am Kiefer ein. Ihr rasches oder verzögertes Auftreten ist einmal abhängig von der Ausbildung der Muskulatur, zum anderen Mal davon, ob kurz vor dem Tode eine stärkere Muskeltätigkeit bestanden hat oder nicht. Im ersteren Fall kann mit einem schnelleren Einsetzen der Starre gerechnet werden. Die oberen Gliedmaßen werden von der Totenstarre gewöhnlich nach etwa 2—3 Stunden ergriffen, nach 6—12, manchmal auch schon nach 4—5 Stunden bietet der ganze Körper das charakteristische und typische Bild der Erstarrung. Wird die Starre in den ersten Stunden ihrer Entwicklung durch Bewegen der Gliedmaßen gelöst, so kommt es zu einer, allerdings nicht so festen, nochmaligen Anspannung, während eine gewisse Zeit lang nach dem Tode sich die einmal gelöste Starre nicht wieder bildet. Wärme beschleunigt das Zustandekommen der Totenstarre, starke Kälte läßt die echte Starre nicht so rasch eintreten. Die Prüfung geschieht am besten am Fuß, den man nach einem Vorschlag von Teleky in Rückenlage in Spitzfußstellung fixiert hat. Bei vorsichtigem Bewegen ist in dem kräftigen Sprunggelenk die Starre in der Regel nach etwa 1—2 Stunden in ihren Anfängen erkennbar. Erwähnenswert ist, daß auch die glatte Muskulatur und das Herz in Totenstarre verfallen.

Auch die nach dem Tode eintretende Erkaltung der Leiche, die durch die Verdunstung und Wärmeabgabe bedingt ist, gilt als sicheres Todeszeichen. Hierbei ist jedoch zu bedenken, daß bei fieberhaften Krankheiten die Temperaturen oft noch nach dem Tode ansteigen und daß Untertemperaturen bis etwa 27—28 Grad (Puppe) noch mit dem Leben zu vereinbaren sind. Der Abfall der Temperatur an der Leiche wird wesentlich von der Umgebungstemperatur bestimmt. In der ersten Stunde nach dem Tode erniedrigt sich die Temperatur gewöhnlich um 2 Grad Celsius, um in den folgenden 6 Stunden etwa 1 Grad pro Stunde abzusinken. Die von Kleidung unbedeckten Teile erkalten naturgemäß wesentlich schneller. Ist der Tote zugedeckt, z. B. im Bett, so tritt die Erkaltung nur äußerst langsam ein.

Mit dem Erlahmen der Kreislauftätigkeit setzt auch die Verdunstung und Austrocknung der Leiche ein. Vertrocknungen der Lippen und der übrigen Schleimhäute, die der Luft ausgesetzt sind, können schon wenige Stunden nach dem Tode eintreten.

Das Sichtbarwerden von Fäulniserscheinungen, die Grünverfärbung in den seitlichen Abschnitten des Unterbauches und andere Vorgänge der Leichenzersetzung lassen keinen Zweifel darüber, daß der Tod eingetreten ist.

Die Berücksichtigung der primären, d. h. unsicheren Todeszeichen, erlaubt zwar häufig, der Nachweis der sicheren, sekundären Todeszeichen jedoch stets die Feststellung, daß der Tod eingetreten ist. Um vor jeglichen Überraschungen gesichert zu sein, ist es ratsam, nur bei dem Vorliegen mehrerer sicherer Todeszeichen die Feststellung des Todes für eindeutig bewiesen zu erachten und nur dann von etwa noch möglichen Wiederbelebungsversuchen Abstand zu nehmen. Das gilt besonders bei Todesfällen durch Elektrizität, bei denen nach der allerdings nicht unwidersprochen gebliebenen Ansicht von Jellinek der wirkliche Tod erst Stunden nach dem erkennbaren Aufhören der Herz- und Atemtätigkeit eintreten soll.

Schrifttum:

Walter Albrandt, Die Bedeutung des ophthalmoskopischen Befundes als Zeichen des eingetretenen Todes, Vierteljahrszeitschr. f. ger. Med. 1904, S. 310—313. — Bohne, Über Leichenerscheinungen, Vierteljahrszeitschr. f. ger. Med. Bd. 47, Suppl. 13—25 (1914). — Jellinek, Der Mechanismus des Todes durch elektrischen Starkstrom und die Rettungsfrage. Eine Erwiderung auf Borutteaux' gleichnamigen Aufsatz, Vierteljahrszeitschr. f. ger. Med. 56, 221—245 (1918). — R. de Josselin de Jong, Einige Bemerkungen über Tod und Scheintod durch Einwirkung des elektrischen Stromes, Nederl. Tijdschr. Geneesk., I, 563—574 (1931) (holländ.) — Lochte, Über die Absterbeerscheinungen der Skelettmuskulatur, insbesondere über die Totenstarre in gerichtlich-medizinischer Beziehung, Dtsch. Zeitschr. f. ger. Med. 2, 171—190 (1923). — Nippe, Die kriminalistischen Gesichtspunkte bei der gerichtlichen Sektion, Dtsch. Zeitschr. f. ges. ger. Med. 18, 103 (1932). — Piga, Die Röntgenstrahlen in der Diagnostik des eingetretenen Todes. (Spanisch.) Referiert: Dtsch. Zeitschr. f. d. ges. ger. Med. 12, 163 (1928). — G. Puppe, Der Scheintod und seine Diagnose, Dtsch. med. Wochenschr. 1920, Nr. 14, S. 383. — v. Sury, Beitrag zur gerichtsärztlichen Bedeutung des Verblutungstodes, Vierteljahrszeitschr. f. ger. Med. 20, 23—51 (1910). — Teleky, Erfahrungen über Leuchtgasvergiftungen, Wiederbelebungsversuche und erste Zeichen des eingetretenen Todes, Dtsch. Zeitschr. f. d. ges. ger. Med. 20, 481—502 (1933).

Wilhelm Hallermann.

Todesstrafe.

(Geschichte und Gesetzgebung.)

I. Geschichte.

Den Ursprung der Todesstrafe festzustellen und ihre weitere Entwicklung zu verfolgen, würde voraussetzen, daß man mit einem irgendwie abgegrenzten Begriff von „Strafe“ an die Geschichte herantritt. Daß Familien- und Stammesverbände einzelne ihrer Glieder, die Übles getan haben, töteten, ist historisch beglaubigt und für vorhistorische Zeiten anzunehmen. Gleiches gilt für die Opferung von Missetätern, sogar von körperlich Mißbildeten, um die Gottheit zu versöhnen. Aber jene Rache- und diese Kultakte „Strafe“ zu nennen, wäre nur dann fruchtbar, wenn sie den Grundgedanken mit dem, was heute so heißt, gemeinsam hätten. Ich gehe davon aus, daß der heutigen Todesstrafe mindestens das wesentlich ist, daß eine organisierte Volksgemeinschaft in einem Rechtsverfahren einen Frevler büßen läßt für eine unmittelbar oder mittelbar gegen ihre Lebensinteressen gerichtete Freveltat (mögen sich auch die Gedanken der Vollstreckung eines ethischen, metaphysischen oder religiösen Gebots oder der Ausscheidung des Missetäters oder der Abschreckung Anderer motivmäßig damit verbinden). Der Ursprung einer solchen öffentlichen Todesstrafe liegt für die uns interessierenden Völker in geschichtlicher Zeit.

1. Daß in **Rom** eine menschliche Verfehlung in Urzeiten lediglich dem Götterzorn und der Menschenrache unterlegen habe, wird von Mommsen vorausgesetzt, aber für historisch nicht nachweisbar erklärt. Aus historisch beglaubigten Zeiten wird berichtet über Hinrichtungen, durch die die Gemeinde sich der Gottheit gegenüber entsühnte, indem sie ihr einen Übeltäter als Opfer darbrachte; auch über solche, die lediglich der priesterlichen Zuchtgewalt entstammten (gegenüber der Vestalin, der Haustochter der Gemeinde), ja sogar über die Opferung einer monströsen menschlichen Mißbildung. Todesstrafen in unserem Sinne waren es nicht; und die öffentliche Todesstrafe als staatliche Unrechtsfolge tritt dem römischen Bürger gegenüber erst in wesentlich späteren Zeiten in die Erscheinung, in denen jene Tötungskultakte wohl schon der Vergangenheit angehörten. So maßgebend auch das römische Strafrecht durch den Gedanken des Staatswohls bestimmt war, so stark war doch auf der anderen Seite das Gefühl, daß ein Civis Romanus nicht durch Richterspruch zum Tode verurteilt werden konnte. Wohl aber konnte er aus dieser Stellung und damit aus der Rechtsgemeinschaft ausgestoßen werden. Selbst für Landesverrat, perduellio, war in der Republik die Normalstrafe die Ächtung, aquae et ignis interdictio, die völligen Ehrverlust bedeutete, praktisch freilich die Tötung, besonders bei Bannbruch, vielfach im Gefolge gehabt zu haben scheint. Dem Nichtbürger, dem Peregrinen gegenüber war solche Nachsicht schon deshalb nicht am Platze, weil Verlust des Bürgerrechts hier nicht denkbar war. Gegen ihn erkannte das Gericht auf den Tod. Erst im Beamtenstaat der späteren Kaiserzeit (Vermehrung der crimina extraordinaria neben den judicia publica und, seit Antoninus, Verwischung des Gegensatzes zwischen civis und peregrinus) wurde für schwerste Verbrechen die Todesstrafe immer häufiger primärer Urteilsinhalt. Daß daneben Einrichtungen außerhalb des ordentlichen Gerichtsverfahrens in der Kaiserzeit stets eine große Rolle spielten, nur eben nicht als Rechtsstrafe, bedarf für viele Perioden der Kaiserzeit keiner Betonung.

Schrifttum: Mommsen, Römisches Strafrecht 1899, bes. S. 907ff.; Ernst Levy, Die römische Kapitalstrafe, Sitz.-Ber. d. Heidelb. Ak. d. Wiss. Philos.-hist. Kl., Jahrg. 1930/1931. „Zum ältesten Strafrecht der Kulturvölker, Fragen zur Rechtsvergleichung", gestellt von Th. Mommsen, beantwortet von Brunner u. a. 1905.

2. Gleiche Unsicherheit über die Herkunft der Todesstrafe herrscht für das **deutsche** Recht. Für die Annahme, daß sie sich aus einer von der Gesamtheit anerkannten oder doch geduldeten Privatrache heraus entwickelt habe, fehlt es auch hier an historischen Belegen. Brunner sieht in der Todesstrafe eine Abspaltung der mit schweren Missetaten verbundenen Friedlosigkeit (Ausstoßung aus dem Friedensverband der Volksgemeinschaft mit der Folge, daß Jeder den Friedlosen bußelos erschlagen durfte, ja mußte). v. Amira stellt die ursprünglich sakrale Natur der öffentlichen Todesstrafe (Kultopfer) in den Vordergrund, nimmt daneben aber auch eine Todesstrafe im Privatstrafrecht (Sippe als Friedensverband) an.

Mit den Volksrechten der zu Staatswesen konsolidierten Stämme (nach 500) tritt die öffentliche Todesstrafe allmählich in den Vordergrund; zunächst nur für Fälle handhafter Tat (der bei der Tat ergriffene Missetäter galt als friedlos) und für Landesverrat; auf weitere Friedensbrüche ausgedehnt durch Karl den Großen; dann durch die Landfriedensordnungen des 12. und 13. Jahrhunderts; endlich im Kampf gegen das Berufsverbrechertum angewandt von den Landesfürsten und Städten im 14. und 15. Jahrhundert als unentbehrliche und doch nicht genügend wirksame Abschreckungsstrafe. Das Lösegeld (besonders im Frankenreich lange zulässig, wo die Todesstrafe an sich ein weiteres Anwendungsgebiet hatte als bei den Nordgermanen) verschwand allmählich.

Der Vollzug der Todesstrafe war zeitweise und örtlich sehr verschieden, auch abgestuft nach Verbrechensarten und dem Stand des Verbrechers. v. Amira (vgl. dazu bildlich Fehr) weist 13 Arten nach: Hängen, Rädern, Enthaupten, Zerstücken, Ausdärmen, Felssturz, Nageltonne, Ertränken, Aussetzen, Versenken im Sumpf, Lebendigbegraben, Steinigen, Verbrennen. Als ehrlichste Vollzugsart galt das Enthaupten, als schimpflichste das Hängen. Die Enthauptung geschah meist durch das Schwert, seltener mit dem Beil, aber seit dem 14. Jahrhundert auch mit der „Diele": einem Brett, vielfach mit Eisenschneide, dem heutigen Fallbeil ähnlich, Amira, S. 126; Fehr bringt in Bild 93 die Handzeichnung von Lukas Cranach aus dem 16. Jahrhundert, die die Enthauptung des Apostels Matthias durch das Fallbeil darstellt. Verschärfungen vor oder bei dem Vollzug wurden namentlich gegen Ausgang des Mittelalters immer häufiger: Verstümmeln, Zangenreißen, Schleifen zur Richtstatt. Der Vollzug war öffentlich; in den Städten vielfach auf dem Marktplatz, später auf der Heerstraße.

Der Scharfrichter (für den Angstmann 108 verschiedene Benennungen nachweist) galt als unehrlich. Nach Amira (S. 229ff.) liegt der Ursprung hierfür in Überresten heidnischen Volksglaubens, alter Tabuvorstellungen, nach denen der Vollstrecker der Todesstrafe in Verbindung mit der Gottheit getreten war, so daß schon eine Berührung mit ihm schaden kann. Erst in der christlichen Zeit trat das Gefühl des Abscheus vor dem berufsmäßigen Menschentöter an die Stelle jener Vorstellung. Es blieb bald als alleiniges Gefühl im Bewußtsein und bewirkte die juristische Zurücksetzung des Scharfrichters.

Schrifttum über die TStr. im Mittelalter:

Brunner, Deutsche Rechtsgeschichte I[2], 1916, bes. S. 221ff. — Rud. His, Das Strafrecht des deutschen Mittelalters I, 1920, S. 476ff. — Derselbe, Gesch. d. dtsch. StrR. bis zur Karolina, 1928, S. 69ff., 82ff. — v. Amira, Die germanischen Todesstrafen, Abh. d. bayer. Ak. d. Wiss., philos.-philol. u. hist. Kl., 31. Bd., 3. Abh., 1922 (415 SS.). — Hans Fehr, Das Recht im Bilde, 1923, S. 77ff., Bilder 86—130. — Else Angstmann, Der Henker in der Volksmeinung 1928 (113 S.).

3. Die **Peinliche Gerichtsordnung** Kaiser Karls V. (CCC.) von 1532 hat an den Arten und dem Anwendungsgebiet der Todesstrafe wenig geändert. Der später erhobene Vorwurf der Härte und Grausamkeit ist aber doch unbegründet. Denn abgesehen davon, daß für einen ausgedehnteren Gebrauch der Freiheitsstrafen noch die Voraussetzungen fehlten, lag der Fortschritt darin, daß die genaueren und einheitlichen Abgrenzungen der Tatbestände, die stärkere Betonung des subjektiven Schuldgedankens und die Bindung des Richters an die kaiserlichen Gesetze die Todesstrafe auf ein klar und vernünftig abgegrenztes Gebiet bezog.

Aber in den folgenden zwei Jahrhunderten verlor das Reich die Kraft, seine Gesetze weiterzubilden und seinen Willen durchzusetzen. Nur wenige Landesregierungen nahmen die ihnen damit zufallende Aufgabe ernsthaft in Angriff. Im allgemeinen veralteten gerade die Strafgesetze hoffnungslos. Es kamen die Jahrhunderte, auf die die bitteren Faustworte abzielten: „Es erben sich Gesetz und Rechte wie eine ew'ge Krankheit fort." Die Strafe behielt den einzigen Zweck der Abschreckung, freilich, wie zur Genüge bestätigt wird, auch mit dem Erfolg, daß die fortwährenden öffentlichen Exekutionen den

Pöbel verrohten und abstumpften. Von einem Nürnberger Scharfrichter wird berichtet, daß er in den Jahren 1501—1525 nicht weniger als 1159 Personen hingerichtet habe (Krohne, Gefängniskunde, S. 11), also wöchentlich etwa eine. Einer seiner Nachfolger, Franz Schmidt, brachte es in den Jahren 1573 bis 1617, unter der Herrschaft der Carolina, immerhin noch auf 361, also für den Bereich einer Stadt von etwa 35000 Einwohnern auf 8 im Jahre (vgl. sein „Tagebuch", neu herausgegeben 1801). Über Benedikt Carpzov, den maßgebenden Kriminalisten für mehr als ein Jahrhundert, wird als Beweis für seine umfangreiche Tätigkeit berichtet, er habe in den Jahren von 1620—1660 nicht weniger als 20000 Todesurteile gefällt, was durchschnittlieh 1—2 auf den Tag bedeutet haben würde (vgl. Günther, Wiedervergeltung I, 2 S. 97).

Auf der einen Seite: zunehmende Staats- und Rechtszersplitterung; Unfähigkeit zur Rechtsfortbildung; Loslösung des Richteramts aus dem Volke, ohne daß an die Stelle der früheren Volksverbundenheit ein ethischer Halt trat; Entartung des Strafverfahrens durch außerordentliche und Verdachtstrafen; Entgeistigung der Strafe zu einem brutalen Abschreckungsmittel. Auf der anderen Seite: Verwilderung ganzer Landesteile durch unaufhörliche Kriegszüge; und namentlich ungeheuerliche Ausbreitung des Hexenwahns und der grausamsten Verfolgung Anderer aus angeblich religiösen Gründen. Es ist begreiflich, daß die Todesstrafe, unbegrenzt nach Voraussetzung und Vollzugsart, das Bild, das die Strafrechtspflege jener zwei Jahrhunderte bietet, immer ausschließlicher beherrscht.

4. **Der Kampf gegen die Todesstrafe** setzte ernsthaft ein im Zeitalter der Hochaufklärung, also in der Mitte des 18. Jahrhunderts, und dauerte bis in die neueste Zeit.

Schüchterne Vorläufer finden sich vereinzelt schon früher. Sie richten sich zunächst gegen die gedankenlose Alleinherrschaft der TStr. als Abschreckungsstrafe. So in der „Utopia" des Thomas Morus, des Kanzlers des englischen Heinrichs VIII., von dem berichtet wird, daß unter seiner Regierung (1509 bis 1547) 72000 Menschen hingerichtet worden seien, entsprechend den angeblich 89000 des elisabethanischen England (1558—1603).

Auf breiterer Front und mit stärkerer Stoßkraft konnte der Kampf erst entbrennen, als er nach seinem Ausgangspunkt wie nach seinem Ziel ein Teil wurde einer allgemeinen geistigen Bewegung, von der die Kulturmenschheit erfaßt wurde. Jener Ausgangspunkt war der Durchbruch der Alleinherrschaft der „reinen Vernunft" gegenüber allen „Autoritäten" äußerer, staatlicher und innerer, dogmatischer Art. „Sapere aude!" Wage, dich deines Verstandes zu bedienen! Eines der Großziele war die Reform des Strafverfahrens: Brechung der Richterwillkür, Beseitigung aller auf Intoleranz und Aberglauben beruhenden Strafverfolgungen (Hexenprozesse!), Erfüllung des Strafübels mit einem vernünftigen Sinn. Ein Teil dieser Bewegung war der Kampf gegen willkürliche und „sinnlose" Anwendung der Todesstrafe, wie gegen sinnlose Grausamkeiten bei ihrer Vollstreckung. Erst im Laufe der Jahrzehnte wurde daraus ein grundsätzlicher Kampf gegen die Todesstrafe überhaupt.

Es wäre unrichtig, anzunehmen, die Ideologie der Aufklärung habe zwangsläufig zur Verwerfung der Todesstrafe geführt. Die klassischen Begründer des „Naturrechts" waren wohl doktrinär, aber nicht sentimental. Der Sinn für staatliche Notwendigkeiten ging erst später allmählich verloren. Hugo Grotius 1625, Thomasius 1700 (der Kämpfer gegen die Hexenprozesse), Samuel Pufendorf, auch Hobbes und viele Andere waren, obwohl sie den Staat rationalistisch aus einem vertragsähnlichen Zusammenschluß erklärten, Verteidiger der Todesstrafe. Sie wurde bald biblisch, bald mit Gründen der Staatsraison gerechtfertigt, von Rousseau 1762 geradezu aus dem „Staatsvertrag" abgeleitet: „Um nicht ein Opfer des Mörders zu werden, willigt man ein, zu sterben, wenn man selber zum Mörder werden sollte" (Contrat social, Buch II, Kap. 5). Montesquieu 1748 will ebenso wenig die TStr. abschaffen. Bei ihrer Rechtfertigung zeigt er sich, wie auch sonst, als Vorfühler entwicklungsgeschichtlicher Begründungen. „Es ist eine Art von Vergeltung, daß die Gesellschaft die Sicherheit einem Bürger verweigert, der sie einem Anderen geraubt hat. Die Todesstrafe stammt aus der Natur der Sache. Sie ist gleichsam ein Heilmittel einer kranken Gesellschaft" (De l'esprit des lois, 12, 4). Aber beide gehen an gegen ihre gedankenlose Vorherrschaft. „Die grausamen Strafen sind es nicht, die zum Gehorsam gegen das Gesetz führen" (Montesquieu). „Nur denjenigen darf man sterben lassen, den man nicht ohne Gefahr leben lassen kann" (Rousseau).

Aber das 18. Jahrhundert zeigte auch, daß die Proklamierung der Souveränität der Einzelvernunft stets eine zwiefache Zwangsläufigkeit in sich trägt. Zunächst zwar entspricht es ihrer Ideologie nur, alles verstandesmäßig zu erklären und Unerklärbares zu leugnen. Für den „Menschen" war die extremste Formel: l'homme machine, für den „Staat" das Gegenstück der contrat social. Aber es liegt offenbar in der Natur des Menschen, weiterzugehen und persönliche Bindungen zu verneinen, wenn sie sich verstandesmäßig ebenso gut wegdisputieren wie begründen lassen und andere als verstandesmäßige Begründungen unzeitgemäß sind. Wenn Gesellschaft und Staat erst einmal zur Diskussion gestellt waren, dann ließen sich auch Folgerungen ziehen, die denen von Rousseau entgegengesetzt waren. Dessen Begründung der Todesstrafe war durchaus „schlüssig", aber mit gleich wohlfeiler Logik konnte man behaupten und hat man behauptet, die Einwilligung in die eigene Tötung habe in jenem ja doch nur unterstellten, auch nach Rousseau historisch nie nachweisbaren „Vertrag" nicht gelegen. Und ihn so, nicht im Sinne von Rousseau, zu interpretieren, war für die „Einzelvernunft" natürlich reizvoller. Mit logischer Notwendigkeit lag in der Aufklärung ein Element weltanschaulicher Verflachung, mit psychologischer ein Element staatlicher Zersetzung.

Die Geschichte der Todesstrafe beweist es. 1762 war der Contrat social erschienen. Im gleichen Jahre gab ein Justizmord das Signal zu dem anderthalb Jahrhunderte währenden Kampf gegen die Todesstrafe. In Toulouse war Jean Calas hingerichtet worden, offenbar ein harmloser hugenottischer Kaufmann, der seinen Sohn ermordet haben sollte, weil dieser habe katholisch werden wollen und weil der protestantische Ritus dem Vater gebiete, in solchem Falle sein Kind zu töten. Der Fall wurde für das gebildete Europa der Ausgangspunkt einer tiefen Erregung und Empörung. Den Kampf eröffnete in Frankreich der siebzigjährige Voltaire, der noch einmal aus seiner Klausur am Genfer See heraustrat, Fürsten und Geldmänner in Bewegung setzte, vor allem aber seine ebenso unermüdliche wie scharfe Feder, bis er die Rehabilitierung der Familie Calas erreicht hatte. Für ihn war es der Höhepunkt seines Lebenskampfes gegen die infame Intoleranz: „écrasez l'infâme!" Aber Gegner der Todesstrafe war er ebenso wenig wie Montesquieu und Rousseau. In der Auswirkung wurde es sofort ein Kampf gegen die Todesstrafe.

Dem Kampf diese Richtung gegeben zu haben, ist das historische Schicksal eines Buches aus dem Jahre 1764, das ohne diese Auswirkung, seines bloßen Inhalts wegen, aus der Masse der Aufklärungsliteratur nicht nennenswert herausragen würde, des kleinen Buches des Italieners Cesare di Beccaria: Dei delitti e delle pene. Es mag zweifelhaft sein, ob es durch den Fall Calas unmittelbar veranlaßt wurde. In seiner Auswirkung jedenfalls vereinigte es sich mit Voltaires Gewissensappell. Voltaire hatte die in der Tat stark korrumpierte Strafjustiz an den Pranger gestellt, Beccaria formulierte die Forderungen, die das selbstbewußt gewordene und auf sein Menschenrecht pochende Individuum an die Strafjustiz stellte. Allgemein, nicht auf Todesstrafe beschränkt. Auch die Wirkung erstreckte sich auf das ganze Gebiet von Strafrecht, Strafverfahren und Kriminalpolitik. Am populärsten wurden aber die 10 Seiten über Todesstrafe. Unzählige Nachdrucke und Übersetzungen — eine deutsche noch von 1905! — sind bekannt. Die berühmtesten Juristen und Philosophen kommentierten Beccarias Schrift; Voltaire selber, Diderot, Hommel, Püttmann und Andere. Anlaß und Wirkung sind vergleichbar dem bald darauf erschienenen und gleichfalls sofort in viele Sprachen übersetzten Buch von John Howard: State of prisons in England and Wales (1777). Rationalismus und philanthropische Begeisterung, zwei verschiedene, aber echte Kinder der „Aufklärung", stehen am Beginn der Reformbewegung gegen die zu einem Skandal gewordene Strafjustiz, des Kampfes gegen die Todesstrafe insbesondere.

Was Beccaria gegen die Todesstrafe vorbringt (es umfaßt nur 10 Seiten), sind die Gründe, die dann in unzähligen Broschüren und Aufsätzen anderthalb Jahrhunderte lang wiederholt wurden: sie sei unrechtmäßig, denn der Gesellschaftsvertrag enthalte sie nicht (eine Auseinandersetzung mit Rousseau fehlt leider); sie sei nicht notwendig, denn lebenslängliche Freiheitstrafe erfülle den Sicherungszweck ebenso gut, den Abschreckungszweck besser; sie sei folglich auch ungerecht, denn eine Strafe dürfe nicht härter sein, als notwendig; sie sei überdies schädlich, denn sie wirke verrohend und mindere die Achtung vor dem Verbot: Du sollst nicht töten! Daß das Argument der Irreparabilität einer Todesstrafe bei Beccaria keine Rolle spielt, fällt auf. Was in der Folgezeit an Gründen gegen die Todesstrafe noch hinzukam, entstammt den Lagern der Theologie und der Statistik: dem damals geleugneten Gebiet des Irrationalen und dem damals noch nicht entdeckten Gebiet einer angeblich exakten Gesellschaftswissenschaft.

Einen Vorläufer hatte Beccaria in dem österreichischen Kriminalisten Professor Joseph v. Sonnenfels gehabt. Schon 1746 hatte dieser folgende These drucken und öffentlich verteidigen lassen: „Die Todesstrafen sind dem Endzweck der Strafen entgegen; schwere, anhaltende, öffentliche Arbeiten sagen denselben mehr zu und machen die Bestrafung des Verbrechers für den Staat nutzbar." Für eine breitere Wirkung war der Boden noch nicht bereitet. Einwirkung auf Joseph II. ist aber wohl anzunehmen. In den späteren Kampf hat Sonnenfels noch mehrfach eingegriffen.

Der Mischung von Vernünftelei und Empfindsamkeit stand freilich auch eine kühlere Geistesströmung gegenüber, die unter den leicht bei einander wohnenden Gedanken die hart im Raum sich stoßenden Sachen nicht übersah; und namentlich: die Stunde, da die souveräne Vernunft auf die Grenzen ihrer Fähigkeiten aufmerksam gemacht und entthront wurde, stand unmittelbar bevor!

In der ersten Richtung mag es hier genügen, an Goethe zu erinnern. An sich hatte er vor dem Problem der Todesstrafe zeitlebens eine gewisse Scheu. Immerhin sehen wir aus seinen Straßburger Promotionsthesen, die in die kritische Zeit fallen (1771), daß er früh von ihm berührt war. Beccarias Namen nannte er mehrfach mit Verehrung; erst recht freilich den eines sehr männlichen, realpolitischen Gegenspielers, Justus von Möser. So ist es bemerkenswert, daß eine jener Thesen lautet: „Poenae capitales non sunt abrogandae.“ Ob und wie sie diskutiert wurde, wissen wir leider nicht; nur daß Goethe nebst seiner Tischgesellschaft den ganzen Promotionsakt mehr von der lustigen Seite nahm. Ernster ist, daß er 1783 als Weimarer Minister für die Bestätigung eines gegen eine Kindsmörderin gefällten Todesurteils eintrat; die lakonische Art („auch ich“; zu Unrecht in Parallele gestellt mit dem gewissenlosen „recht gern“ in Emilia Galotti, I, 8) ist aber doch ein Beweis für seine Scheu, der Frage innerlich näher zu treten; wie auch der Inhalt seiner auf der „italienischen Reise“ gepflogenen Unterhaltungen mit Filangieri, einem Gesinnungsverwandten von Beccaria. Und schließlich zeigen die „Wanderjahre“, daß für Goethe die Todesstrafe nur ein vorläufig notwendiges Übel darstellt; notwendig, solange das Erziehungsideal, den Einzelnen zum bewußt dienenden Glied des Ganzen zu formen, nicht verwirklicht ist und nicht „weitläufige Kastelle, ummauerte Bezirke“ gebaut sind, „um den ruhigen Bürger gegen Verbrecher zu schützen und das Verbrechen nicht straflos walten und wirken zu lassen“ (III. Buch, 3. Kap.). Darf man schließen, daß Goethe heute die Todesstrafe anläßlich der möglichen Sicherungsverwahrung für überflüssig halten würde?

Der Vollender und Überwinder der Aufklärung war Kant. Für ihn war nicht der Staat ein willkürliches Erzeugnis des menschlichen Verstandes und das staatliche Recht gewissermaßen eine Summe von Spielregeln. Sondern das Recht war ein notwendiges Postulat der praktischen Vernunft, ohne das Sittlichkeit nicht möglich sei, und der Staat mit seiner Zwangsgewalt eine notwendige Voraussetzung des Rechts. So hat die Strafe keinen anderen „Zweck“, als „Gerechtigkeit“ um ihrer selber willen zu üben. „Denn wenn die Gerechtigkeit untergeht, so hat es keinen Wert mehr, daß Menschen auf Erden leben.“ Der Mörder verdient die Todesstrafe nicht, weil sie zweckmäßig, sondern weil sie gerecht ist. „Hat er gemordet, so muß er sterben. Es gibt hier kein Surrogat zur Befriedigung der Gerechtigkeit.“ „Selbst wenn sich die bürgerliche Gesellschaft mit aller Glieder Einstimmung auflöste, müßte der letzte im Gefängnis befindliche Mörder vorher hingerichtet werden, damit Jedermann das widerfahre, was seine Taten wert sind, und die Blutschuld nicht auf dem Volke hafte, das auf diese Bestrafung nicht gedrungen hat.“ Und harte persönliche Worte, wie man sie bei Kant selten hört, fallen gegen die „teilnehmende Empfindelei einer affektierten Humanität“, aus der heraus der Marchese Beccaria die Unrechtmäßigkeit jeder Todesstrafe behauptet habe.

In der kriminalistischen Theorie wird die Wende von der Aufklärung des 18. zum Liberalismus des 19. Jahrhunderts markiert durch Feuerbach. Einen Freund der Todesstrafe kann man ihn nicht nennen. Aber die damals sogenannten „philosophischen“ Gründe für ihre Unrechtmäßigkeit teilte er nicht. Beibehaltung oder Abschaffung der Todesstrafe war für ihn eine Zweckmäßigkeitsfrage, die er dahin beantwortete, daß in einem Lande wie Bayern, wo bisher ein drakonisches Strafsystem bestanden habe, ein plötzlicher Übergang von größter Strenge zu größter Milde die gefährlichsten Folgen haben müsse (Kritik des Kleinschrodschen Entwurfs, 1804, 3. Teil, S. 164ff.). Die „Gerechtigkeit“ der Todesstrafe ergab sich für Feuerbach aus seiner stark rationalistischen Strafrechtstheorie, einer Mischung des Gedankens der Generalprävention mit dem (für Feuerbach wesentlichen, aber oft übersehenen) Gedanken, daß der Verbrecher sich ja durch seine Tat der ihm bekannten Strafe unterworfen habe. Von der von ihm anfänglich so verehrten Kantischen Philosophie war solche Begründung freilich weit entfernt. Sie geht nicht tiefer als die seiner Gegner. Das Argument wurzelte typisch im Rationalismus der Aufklärung. Und Kant hatte die Widerlegung schon vorweggenommen: „Strafe erleidet Jemand nicht, weil er sie, sondern weil er eine strafbare Handlung gewollt hat; denn es ist keine Strafe, wenn einem geschieht, was er will, und es ist unmöglich, gestraft werden zu wollen“ (Rechtsphilos., II. Teil, E I). Aber wie es auch mit der Begründung bestellt gewesen sein mag: der für viele Jahrzehnte berühmteste und einflußreichste Kriminalist war kein Gegner der Todesstrafe. Als Vollzugsart empfahl er das Fallbeil: „Leben und Wirken", I, 232.

Die Wende der Zeit war ausführlicher darzustellen. Für das 19. Jahrhundert müssen Andeutungen genügen. Der literarische Streit ging weiter. Die Zahl der Kämpfer wuchs auf beiden Seiten, die Zahl und das Gewicht der Argumente freilich nicht in gleichem Maße. Und soweit sie neu waren, wie die der Theologie und (betreffs abschreckende Wirkung) der Statistik entnommenen, verteilten sich wieder die, die sie vorbrachten, auf beide Lager, Verteidiger und Gegner der Todesstrafe.

Aus der Unzahl von Schriften seit dem Beginn des 19. Jahrhunderts seien nur solche genannt, die eine reichhaltige und halbwegs zuverlässige Bibliographie geben. Über die juristische **Literatur** der ersten Jahrzehnte berichten: Böhmer, Handbuch der Literatur des Kriminalrechts (1826); Kappler, Handbuch der Literatur des Kriminalrechts (1838) Nr. 3254—3486; Alb. Friedr. Berner, Abschaffung der Todesstrafe (1861); C. J. A. Mittermaier im „Archiv des Kriminalrechts", Neue Folge, 1840, S. 442—463, 583—610; 1841, S. 1—23, 311—348. Weiterhin: das Buch des Theologen Hetzel, Die Todesstrafe in ihrer kulturgeschichtlichen Entwicklung, 544 SS. (1870), in dem von den Ägyptern und Chinesen bis in die Neuzeit eine Fülle von Material zusammengetragen ist. Sodann die „öffentlichen Universitätsvorträge" des bekannten Kriminalisten Franz v. Holtzendorff, Das Verbrechen des Mordes und die Todesstrafe, 368 SS. (1875).

In den folgenden Jahrzehnten flaute der literarische Kampf ab; zum Teil wohl, weil die Strafgesetzgebung vorläufig konsolidiert zu sein schien, aber auch, weil unfruchtbares „Philosophieren" der Zeit nach 1870 nicht lag. RGRat Mittelstädt schrieb 1879: „Es lohnt nicht mehr, gegen die Abolitionisten Worte zu verlieren." Und der Kampf lebte zunächst auch nicht auf, als mit dem Beginn dieses Jahrhunderts die Strafrechtsreform allmählich in Fluß kam. Für ihren deutschen Vorkämpfer Franz v. Liszt war die TStr. kein Kardinalproblem. Ein Gegner war er nicht. Auch Andere stellten sie zunächst nicht zur Diskussion. Die Frage galt als entschieden; die Entscheidung als eine kaum diskutable, mit neuen Argumenten nicht mehr zu stützende Willensentscheidung; die Beibehaltung der Todesstrafe fast als selbstverständlich.

Dies war auch die Stimmung auf dem 30. Deutschen Juristentag (Danzig 1910), wo die „Strafmittel" zur Beratung standen. In den schriftlichen Gutachten von Ebermayer und Krohne, in den mündlichen Referaten von Olshausen und Kahl wurde die Todesstrafe kaum gestreift. Das gerade rief einen ihrer aktivsten Gegner auf den Plan: Moritz Liepmann. Die Frage der Todesstrafe sei „eine allgemeine Juristenfrage und mehr als das: eine allgemeine Menschenfrage." Der Juristentag dürfe ihr nicht ausweichen, möge auch ihr Schicksal schon feststehen. So wurde die Frage als Beratungsgegenstand dem 31. Juristentag (Wien 1912) vorgelegt. Der Beratung lagen „Gutachten" von Finger (Befürworter) und Liepmann (Gegner) zu Grunde. Das letztere (auch als Buch erschienen 1912, 220 SS.) stellt seit Hetzel und Holtzendorff bis heute die bedeutsamste Behandlung der Frage dar. Es wäre nicht richtig, dieses Votum nach seinem geistigen Ursprung liberalistisch im Sinne jener Zeit zu nennen. Dem Liberalismus entsprach es, aus der Frage der Todesstrafe eine Frage der Zweckmäßigkeit zu machen. Gewiß hat sich Liepmann auch solche Argumente nicht entgehen lassen und namentlich aus der Statistik die „Unzweckmäßigkeit" der Todesstrafe nachzuweisen sich bemüht. Seine Ziffern sind und bleiben ein ungemein interessantes soziologisches Material. Sie haben auch das Verdienst, zu erneutem Nachdenken über den Wert einer Abschreckungsstatistik angeregt zu haben — freilich wohl mit dem ungewollten Ergebnis, deren Unwert deutlich gemacht zu haben. Statistik zeigt immer nur, was sich ereignet hat, nicht aber, was sich unter anderen Voraussetzungen ereignet hätte. Mit der Hypothese „gleich bleibender übriger Voraussetzungen" zu arbeiten, mag dem Physiker gestattet sein; der Psychologe und Soziologe würde mit ihr in naivsten Materialismus zurückfallen. (Vgl. über den Wert einer Abschreckungsstatistik auch Höpfner in ZStrW. 34, 148ff.; Exner in MSchrKrPsych. 20, 1ff.) Die Subjektivität, mit der Liepmann die Erfahrung ausdeutete, war die entscheidende Schwäche seines Gutachtens. Aber was ihn dazu veranlaßte, der fanatische Glaube an eine „Menschenfrage", war gleichzeitig seine Stärke, durch die er den zeit- und zweckbedingten Argumenten seines Gegners Kahl überlegen war. Für Liepmann war die Entscheidung eine Gewissensentscheidung, bei der Kompromisse und zeitbedingte Schwankungen unmöglich waren (die „Unzweckmäßigkeit" der Todesstrafe nur einer der Gründe, wenn auch ein viel gebrechlicherer, als er selber glaubte). Für Kahl war die Frage, wie seine spätere Haltung im

Reichstag erneut zeigte (vgl. seine Rechtfertigung in DJZ. 1932, 249), eine Zweckmäßigkeitsfrage. Nach Kahl war die Zeit um 1912 nicht reif für eine Abschaffung der Todesstrafe, im Jahre 1930 aber unter gewissen Voraussetzungen hierfür reif. Wenn die Entscheidung des Juristentags für Kahl fiel, so darf man nicht vergessen, daß in solchen Fällen über das Ergebnis, nicht über Gründe abgestimmt wird!

Als letzte deutsche Vorkriegsschrift sei erwähnt: Schewardnadse: „Die Todesstrafe. Eine rechtsvergl. Darstellung mit einer rechtsgeschichtl. Einleitung". 100 SS. München 1914.

Die Nachkriegszeit hat die Zahl der Schriften auf beiden Seiten weiter vermehrt. Die Erörterung sank aber wieder auf das Niveau der Sentiments. Eine Orientierung bietet das (die Todesstrafe vom Standpunkt der katholischen Kirche aus nicht unbedingt verwerfende) Buch von Kühle, Staat und Todesstrafe (1934, 127 S.). Vgl. ferner aus der Nachkriegszeit: Dehnow, Das Für und Wider der TStr. (1930). Corsing, MinRat, Soll die TStr. Gesetz bleiben? (1930). Keller, Prof. d. Kath. Theol., Todesstr. u. Gott (1931). Greinwald, Kurat der Münchener Gefängnisse, Für und wider die Todesstrafe (1931). — Anregendes bei Nagler, Die Strafe (1918) passim; und bei v. Hentig, Die Strafe (1932), S. 200ff.

Eine Spezialität wurden private Umfragen bei mehr oder minder prominenten Persönlichkeiten der verschiedensten Berufe. Ihr Wert ist natürlich gering. Die Anzahl der Befragten bleibt, so groß sie sein mag, klein im Verhältnis zur Zahl derer, deren Stimme Gewicht haben könnte. Ihre Auswahl entspricht der Einstellung des Fragestellers. Argumente pflegen zu fehlen oder gerade hier etwas platt und alt zu sein. Und wieweit sie das Schmelzfeuer einer Diskussion überstanden, wieweit die kurzen Stimmungsäußerungen gegenüber der Notwendigkeit einer verantwortlichen Entscheidung standgehalten hätten, wieweit solche Extemporationen nur einer Augenblickserregung über irgend einen „Fall" entsprangen, das alles ist natürlich nicht auszumachen. Als solche Umfragen seien genannt: „Für oder wider die Todesstrafe? Eine Umfrage bei den führenden Geistern unserer Zeit." Mit einem Titelbilde von Lovis Corinth; Berlin 1910, Verlag der neuen gesellsch. Korrespondenz. — Otto Liebmann in seiner „Deutschen Juristenzeitung" 1911, S. 9ff., 233ff.; die Umfrage erregte die Gegner der Todesstrafe heftig auf dem erwähnten Wiener Juristentag. — Unzählige ähnliche Unternehmungen aus Tageszeitungen müssen ungenannt bleiben. — Technisch anders, aber doch auch Exzerptensammlungen, zwei immerhin beachtenswerte Bücher: Mungenast, „Der Mörder und der Staat. Die Todesstrafe im Urteil hervorragender Zeitgenossen", Stuttgart 1928 (Exzerpte aus 102 Schriftstellern, 93 Gegnern und 9 Verteidigern!). — Entgegengesetzt gerichtet: „Abschaffung der Todesstrafe? Stimmen aus dem deutschen Volke", gesammelt und eingeleitet von Helmuth Sohnrey, Berlin 1929.

Den Höhepunkt erreichen die sentimentalen Argumente in den literarischen Versuchen, die letzten Stunden vor der Hinrichtung darzustellen, So Victor Hugo, Le dernier jour d'un condamné (1862). Nachahmung: A. H. Fried, Das Tagebuch eines zum Tode Verurteilten; mit Einleitung von Ludwig Büchner (Berlin 1898). Ernster zu nehmen ist der Anfang von Dostojewski „Der Idiot".

Versucht man, das Meer des Schrifttums seit Beccaria zu überschauen, so scheinen in der Literatur mehr Gegner als Anhänger der Todesstrafe das Wort genommen zu haben. Auch kann man zugeben, daß ihre Schriften literarisch die eindrucksvolleren sind. Aber aus der ersten Tatsache auf eine herrschende Volksstimmung, aus der zweiten auf die Überlegenheit des Standpunkts zu schließen, wäre doch verfehlt. Wären diese Schlüsse richtig, dann gäbe es keine Todesstrafe mehr. Einem Bündnis zwischen Volksüberzeugung und Logik könnte nur Machtmißbrauch vorübergehend standhalten.

Aber die Rechnung hätte einen Fehler. Mit Worten läßt sich die Todesstrafe leichter bekämpfen als verteidigen. Daher die scheinbare Überlegenheit des gegnerischen Schrifttums, daher aber auch der Mangel an Beweiskraft dieses Schrifttums für die Sache selber wie für die Verbreitung, Stärke und Tiefe einer etwaigen Volksüberzeugung. Die Entscheidung fällt hier auf der Ebene des Irrationalen. Bei Gegenüberstellung der Argumente, die auf der einen Seite aus dem „Staatsvertrag", aus der „Unteilbarkeit" und „Irreparabilität", aus dem verrohenden Beispiel, das der Staat selber gebe, oder die daraus hergeleitet werden, daß es sich bei der Todesstrafe nur um Überbleibsel alter Rachetriebe handle, — auf der anderen Seite der Gründe, die aus ihrer „derzeitigen Unentbehrlichkeit" für die Zwecke der Abschreckung und Sicherung hergeleitet werden: bei dieser Gegenüberstellung sind die ersteren zweifellos eindruckskräftiger. Aber alle diese Gründe sind eben in Wahrheit gar nicht entscheidend. Für alle echten Verteidiger der Todesstrafe ragt das Verhältnis des Einzelnen zu Volk und Staat irgendwie in die Sphäre des Unbegreiflichen hinein und empfängt die Strafe dort erst ihre Sanktion. Ob für den Menschen das Verbot „Du sollst nicht töten" bedingungslos gilt, oder ob andere Postulate der Religion oder der Gerechtigkeitsidee oder der Volksethik unter Umständen den Vorrang haben, das ist die Frage, zu der, unbewußt vielleicht, Jeder Stellung nimmt, bevor er dieser oder jener Seite der „Begründung" beitritt.

Das ist der Gesamteindruck, den die nicht immer erfreuliche Beschäftigung mit der unübersehbaren Literatur zur Todesstrafe hinterläßt. Es ist auch der Grund, warum diese Beschäftigung so wenig fördert. Ein sehr großer Teil jener Schriften beginnt selber mit der Feststellung: Neues sei eigentlich nicht zu sagen, weder aufbauend noch kritisch. Es sind Bekenntnisschriften, die — soweit sie nicht wegen offenbarer Metaphysikblindheit von vorn herein ausscheiden — ihre Beweiskraft mehr von dem Wert des Menschen empfangen, der hinter ihnen steht, als von dieser oder jener Gruppierung alter Argumente.

5. Die gleichen Gründe hat es, wenn die **Gesetzgebung seit der zweiten Hälfte des 18. Jahrhunderts** von jener so ausgebreiteten literarischen Bewegung nur stellenweise beeindruckt wurde.

Im ersten Anlauf zwar wurden Erfolge errungen bei den beiden Söhnen der Kaiserin Maria Theresia (die ihrerseits noch 1768 ein Strafgesetzbuch ältesten Stils gegeben hatte), bei zwei der „Aufklärung", wenn auch in verschiedener Weise, zugewandten Fürsten, dem Großherzog Leopold I. von Toscana und dem Kaiser Joseph II. Toscana schaffte in seinem Strafgesetzbuch von 1786 die Todesstrafe ab, Österreich im Strafgesetzbuch von 1787. Die Beweggründe freilich waren recht verschieden und diese Verschiedenheit ist geradezu ein Schulbeispiel für die verschiedenen Möglichkeiten, die in der Aufklärung lagen.

Übereinstimmung herrschte in der Verwerfung jeder Talionsidee und in gleichzeitigem Festhalten an dem typischen Aufklärungsgedanken der Proportionalität von Verbrechen und Strafe, also in dem Versuch, Metaphysisches zu „verdrängen". Übereinstimmung herrschte auch in der Auffassung des Staats als einer Beglückungsanstalt für das Volk. Leopold von Toscana war ernster Nachfolger von Beccaria. Er gab der Strafe den Zweck der Besserung und schied damit die Todesstrafe aus. In der Josephina ist dagegen von Humanität wenig zu spüren. Das Strafrecht diente der Abschreckung, die Todesstrafe aber sei keineswegs das größte Übel (ein in jener Zeit viel behandeltes Thema; Rechtfertigung der Todesstrafe, gerade weil größtes Übel, z. B. durch Feuerbach in: Bibl. f. peinl. Rechtswiss. u. Gesetzeskunde II, 1, S. 244). Für schwere Verbrechen gab deshalb die Josephina härteste Ersatzmittel: enge Anschmiedung mit jährlicher Züchtigung, Schiffziehen u. dgl. Interessantes Material bei Günther, Wiedervergeltung, III, 1, S. 86ff. Die Zeit ohne Todesstrafe war aber in beiden Staaten nur kurz. In Toscana wurde sie 1790 und 1795, in Österreich 1791 und 1803 wieder eingeführt.

Friedrich der Große dachte zu lebensnah, um der Aufklärung auf einem dieser Wege zu folgen. Er schaffte zwar nicht nur die Folter, sondern auch einige Todesstrafschärfungen ab, die Todesstrafe selber aber wurde ihm wohl nie zum Problem. So machte das Strafrecht des Preuß. ALR. von 1794, obwohl es vernünftige Freiheitstrafen wohl zum ersten Male in den Mittelpunkt des Strafensystems rückte (Howard-Bewegung, Einfluß von Wagnitz), auch von der Todesstrafe reichlichen Gebrauch: für Hochverrat, Landesverrat, schwere tätliche Majestätsbeleidigung, Mord und schweren Totschlag, Todesfolge bei verschiedenen schweren Verbrechen, für gemeingefährliche Vergiftung, Menschenraub, Straßenraub, Bandenraub, gemeingefährliche und betrügerische Brandstiftung, gemeingefährliche oder in Tötungsabsicht verursachte Überschwemmung. Hinrichtungsarten: Rädern, Verbrennen, Erhängen, Enthaupten mit dem Schwert; Schärfungsmöglichkeiten durch Schleifen zur Richtstätte und Ausstellung des Leichnams.

Auch die Gesetzgeber der französischen Revolution dachten nie ernsthaft an Abschaffung der Todesstrafe. Darauf abzielende Anträge wurden stets mit großen Mehrheiten abgelehnt (als Gegner der Todesstrafe war u. a. Robespierre aufgetreten!), abgesehen von einem Beschluß des Jahres 1795, der die Aufhebung in Aussicht stellte „à dater du jour de la publication de la paix générale". 1801 wurde er, da die Bedingung unerfüllbar schien, wieder aufgehoben. Nur wurden im Code pénal von 1791 die todeswürdigen Verbrechen von 115 auf 32 beschränkt und über die Vollziehung dekretiert, „que la peine de mort ne serait plus que la simple privation de la vie". Der Code pénal von 1810 brachte eine Ausdehnung des Anwendungsgebiets der Todesstrafe auf einige weitere politische Verbrechen und gegenüber dem „parricide" (Art. 299) wie dem Attentäter auf den Kaiser (Art. 86) eine Schärfung der Todesstrafe durch Abhauen des rechten Daumens nach der Hinrichtung (Art. 13). 1832 wurde diese Schärfung wieder beseitigt.

Daß auch das Bayerische Strafgesetzbuch von 1813, das an Einfluß dem Code pénal zunächst wenig nachstand, die Todesstrafe beibehielt, ist nach der Stellungnahme Feuerbachs (s. oben) selbstverständlich. Es droht sie an für Mord, wiederholten Kindermord, Notzucht mit Todesfolge, die schwersten Fälle des Raubes und der Brandstiftung und für Hoch- und Landesverrat. „Wer das Leben verwirkt hat, soll mit entblößtem Kopf, gekleidet in einem grauen Kittel, mit einer Tafel auf Brust und Rücken, worauf sein Verbrechen genannt ist, zum Richtplatz geführt und daselbst enthauptet werden" (Art. 5). In einigen schwersten Fällen war vorgesehen, daß der Hinzurichtende vorher eine halbe Stunde am Pranger ausgestellt wurde.

Da auch Österreich durch Strafgesetzbuch von 1803 die Todesstrafe wieder einführte (für Hochverrat, Mord, räuberischen Totschlag, Brandlegung und schwerste Geldfälschung), England um die Jahrhundertwende die Anzahl seiner todeswürdigen Verbrechen nur herabsetzte, konnte zu Beginn des 19. Jahrhunderts von einem praktischen Erfolg der abolitionistischen Bewegung höchstens insofern die Rede sein, als der Vollzug der Todesstrafe einiger überflüssiger Grausamkeiten entkleidet und das Gebiet der Fälle, in denen man die Todesstrafe im Aufklärungssinn für „proportional" der Tat hielt, enger umgrenzt wurde.

Humanisierung der Todesstrafe und Einschränkung ihres Anwendungsgebiets: über diesen Anfangserfolg ist auch bei uns die auf völlige Beseitigung der Todesstrafe gehende Bewegung praktisch nicht hinausgekommen. Nach den Befreiungskriegen machten sich in ihr immer stärker sentimentale Ressentiments geltend. Der Schwung der „Aufklärung" versandete im Biedermeiertum. Die Flut der abolitionischen Schriften schwoll weiter an, aber den Anschluß an und den Einfluß auf die Gesetzgebung verlor sie.

Neue Einflußmöglichkeiten eröffneten sich gegen die Mitte des 19. Jahrhunderts. Die Aussicht, die Menschheitsideale in einem geeinten großen Deutschland verwirklichen zu können, hoben auch die Weltanschauungsdebatten wieder auf ein höheres Niveau.

So spielte in der Frankfurter Nationalversammlung auch die Todesstrafe eine Rolle. Die Versammlung sprach sich bei Beratung der „Grundrechte" gegen die Todesstrafe aus, in 1. Lesung am 4. VIII. 1848 mit 288 gegen 146, in der 2. am 8. XII. 1848 mit 256 gegen 176 Stimmen. Die am 28. XII. 1848 verkündeten Grundrechte und entsprechend die „Reichsverfassung" von 1848 (§ 139) sprechen aus: „Die Todesstrafe, ausgenommen, wo das Kriegsrecht sie vorschreibt, oder das Seerecht im Falle von Meutereien sie zuläßt, ist abgeschafft." Die Einzelstaaten sollten sie demgemäß aufheben. — Die Reden sind teilweise heute noch lesenswert. Sie ersetzen die Lektüre der Literatur eines Jahrhunderts. Zitiert seien einige Sätze von E. M. Arndt, der die Todesstrafe grundsätzlich abschaffen wollte: „Das jus talionis ist hier nur wenig, das Abschreckungssystem ist unwürdig, das Besserungssystem ist ein gewaltiges. Ich stehe hier auf dem christlichen Boden der Liebe, der Barmherzigkeit Gottes. Ich vermesse mich nicht zu beurteilen, wann der Mensch für das Himmelreich fertig ist. Der Verbrecher, der morgen hingerichtet wird, oder nach 30 Jahren stirbt, mag besser sein als sein Beichtvater, als der Oberrichter, der ihn verurteilt hat." Nur für Elternmörder und Vaterlandsverräter wollte E. M. Arndt die Todesstrafe beibehalten wissen: „Bedenken Sie, was das heißt: die Todesstrafe für politische Verbrechen ist abgeschafft! Der Vaterlandsverräter darf von seinen freien Genossen verurteilt werden. Er sterbe des politischen Todes!" Vgl. Stenogr. Verh. d. Frankf. Nat.Vers., Bd. II, S. 1370ff., V, S. 3943ff.

Ausführungsgesetze, die demgemäß die Todesstrafe beseitigen, ergingen in den Königreichen Sachsen und Württemberg, im Kurfürstentum Hessen, in den Großherzogtümern Baden, Hessen, Sachsen-Weimar-Eisenach, Oldenburg, in den Herzogtümern Braunschweig, Sachsen-Coburg-Gotha, Anhalt-Dessau und Köthen, Schleswig-Holstein, Nassau, in den Fürstentümern Schwarzburg-Rudolstadt und Sondershausen, Waldeck, den freien Städten Bremen, Frankfurt und Hamburg. Nicht beseitigt wurde die Todesstrafe dagegen trotz der Frankfurter Beschlüsse in Österreich, in den Königreichen Preußen und Bayern und im Herzogtum Sachsen-Altenburg, also dem größeren Teil des Deutschen Bundes. Auch diejenigen Staaten, die zunächst den Frankfurter Beschlüssen Folge geleistet hatten, kehrten bis auf wenige Ausnahmen (Oldenburg, Anhalt, Bremen) baldigst wieder zur Todesstrafe zurück; das Königreich Sachsen als erstes schon im Juni 1850. — Aber das Pendel schwang hin und her. Die Bemühungen, die Todesstrafe aus den deutschen Strafgesetzbüchern zu entfernen, ruhten nicht. Lesenswert aus Württemberg das im Auftrag des Justizministeriums erstattete Gutachten von Obertribunalrat Anton Beyerle („Über die Todesstrafe", Stuttgart 1867, 76 S., für Todesstrafe), sowie die gleich vorzügliche

Gegenschrift des Abg. Prälaten Mehring („Die Frage von der Todesstrafe“, Stuttgart 1867, 89 S.). — Erfolg hatten die Bemühungen, kurz vor Toresschluß, in Sachsen. Am 1. X. 1868 erhielt es, nachdem es 18 Jahre vorher den Frankfurter Beschlüssen die Gefolgschaft aufgesagt hatte, ein Strafgesetzbuch ohne Todesstrafe. Ein knappes Votum hatte der Professor des Kriminalrechts Dr. Heinze erstattet.

Von besonderer Bedeutung ist die weitere Entwicklung in der preußischen Gesetzgebung, da sie das spätere Reichsrecht maßgebend beeinflußt hat. Daß das Allgemeine Landrecht von 1794 die Todesstrafe in weitestem Umfang vorsah, wurde schon erwähnt. Gegenüber dem vorhergehenden Zustand, „von dem das Schwankende und Ungewisse jeder Observanz untrennbar war“, erschien schon dies als Ausdruck „einer menschenfreundlichen und sanften Philosophie“ (so der Redaktor des Strafrechts des Allgemeinen Landrechts: Klein). Bei Einleitung der allgemeinen Revision des Strafrechts (1826) wurde der Grundsatz aufgestellt, „daß das im Allgemeinen Landrecht enthaltene Gebiet der Todesstrafe zu verengen und alle qualifizierten Vollstreckungsarten zu beseitigen seien“. Dieser Richtlinie folgten alle Entwürfe bis 1848.

Interessant die dreitägige Aussprache im Ständischen Ausschuß 1847. Auch Savigny griff ein. Die Rede des 68jährigen Gesetzgebungsministers überrascht freilich. Sie zeigt, daß das Alter im Verein mit der Notwendigkeit praktischen Wirkens manche reine Idee abtötet. Nicht daß er für Todesstrafe eintrat, überrascht, wohl aber die Begründung, mit der er es tat. Gerade von Savigny hätte man einen Hinweis darauf erwartet, daß die Entscheidung über die Todesstrafe im Bereich des Irrationalen getroffen wird. Er begründet sie aber teils mit ministeriellen Zweckmäßigkeitserwägungen des Obrigkeitsstaates, der nicht den Eindruck der Schwäche machen darf, teils mit Aufklärungs- und „Fortschritts“-Gedanken ältesten Stils. Savigny ist oft mit Goethe verglichen worden. Seine Stellungnahme zur Todesstrafe fordert den Vergleich mit der angeführten Stelle aus den „Wanderjahren“ heraus. Es handle sich nicht, führte er aus, darum, ob die Todesstrafe neu eingeführt, sondern ob sie abgeschafft werden solle. Ihre Abschaffung werde den Eindruck erwecken, als ob die Gesetzgebung in ihrem Ernst nachgelassen habe; den Eindruck nicht einer Befriedigung einer Forderung der Humanität, sondern einer Nachgiebigkeit gegen den Schein der Humanität. „In späterer Zukunft“ sei ihre Abschaffung vielleicht möglich. „Dies setze aber als Bedingung die allgemeine Verbreitung eines sittlichen Bildungsgrades voraus, die jetzt nicht als vorhanden anerkannt werden könne.“ (Goethe — Savigny — Kahl!) Das Ergebnis der dreitätigen Aussprache war die Billigung der Todesstrafe mit 63 gegen 34 Stimmen. (Vgl. Bleich, Verhandlungen des ständischen Ausschusses V, 53, 181, 223ff.; II, 117, 569ff.)

Ein Intermezzo brachte auch in Preußen die Bewegung, die von der Paulskirche ausging. In der zur Vereinbarung der Preußischen Verfassung einberufenen Nationalversammlung wurde am 4. VIII. 1848 (gleichzeitig also mit dem Frankfurter Beschluß) mit 294 gegen 37 Stimmen die Todesstrafe abgeschafft außer für den Fall des Kriegs- oder Belagerungszustandes. Mit der Auflösung der Preußischen Nationalversammlung wurde der Beschluß hinfällig. Der Strafgesetzentwurf 1850 enthielt die Todesstrafe wieder für Tötungen aller Art und Hochverrat. Wiederum ist die Begründung interessanter als die Entscheidung. Die Größe des Strafübels müsse notwendig der Schwere des begangenen Verbrechens entsprechen. Nur durch den Verlust des Lebens werde hier die Schuld des Verbrechers gesühnt, nur durch ihn werde der Staat in seiner Existenz gesichert, sie werde in schwersten Fällen auch von dem Rechtsbewußtsein des Volkes gefordert. So die „Motive“. Von den nur 3 Jahre zuvor von Savigny vorgebrachten unterscheiden sie sich durch ihre „Absolutheit“ derart grundsätzlich, daß man sagen kann: Die Zeit der Aufklärung und des Fortschrittsglaubens, von Humanität und Romantik, die drei Viertel eines Jahrhunderts auch die Preußische Gesetzgebung beeinflußt hatten, endete für Preußen im Jahre 1850. Denn es gibt wenig Beispiele, die so bezeichnend hierfür sind wie die Stellungnahme zur Todesstrafe. Das Preußische Strafgesetzbuch vom 14. IV. 1851 enthielt sie (ohne Schärfungen) in 14 Fällen.

Daß das Königreich Sachsen 1868 abermals schwenkte, wurde schon erwähnt. Am 1. X. 1868 erhielt es ein Strafgesetzbuch ohne Todesstrafe. Es hatte die Gruppierung der Kräfte falsch eingeschätzt!

Denn die Regierung des Norddeutschen Bundes legte den gesetzgebenden Faktoren im Juli 1869 den Entwurf eines Strafgesetzbuchs mit Todesstrafe vor. Die „Motive“ bezeichnen es als „eine Schwierigkeit besonderer Art“, daß in den Bundesstaaten Sachsen, Oldenburg, Anhalt und Bremen die Todesstrafe nicht mehr bestehe. Indessen jetzt komme es darauf an, Rechtseinheit herzustellen. Dies sei zur Zeit nur möglich auf der Linie einer Beibehaltung der Todesstrafe, aber unter weiterer Beschränkung ihres Anwendungsgebiets. Eine geschichtliche Betrachtung (in der noch heute wertvollen Anlage zu den Motiven auf 110 SS.) lehre, daß eine „unvermittelte, sprungweise erfolgende" Beseitigung der Todesstrafe noch stets zu einer rückläufigen Bewegung und einer Beirrung des Rechtsbewußtseins geführt habe; „andererseits, daß keine namhafte Reform der Strafgesetzgebung in irgend einem Lande vor sich gegangen ist, ohne daß dabei der Kreis der todeswürdigen Verbrechen enger gezogen und die Zahl derjenigen strafbaren Handlungen, welche mit dem Tode zu bedrohen, verkleinert worden wäre". Der Entwurf 1869 bedrohte deshalb nur noch den Mord und schwerste Fälle des Hochverrats mit dem Tode. Aus dem im übrigen weitgehend zu Grunde gelegten Preußischen Strafgesetzbuch von 1851 wurden die übrigen Fälle (besonders gemeingefährliche Verbrechen mit Todesfolge) nicht mit übernommen.

Es ist bekannt, daß an der Todesstrafe das Strafgesetzbuch beinahe gescheitert wäre. Der Reichstag beschloß in der 2. Lesung mit 118 gegen 81 Stimmen die Beseitigung der Todesstrafe. Die Regierung machte zum Beginn der 3. Lesung das Zustandekommen des ganzen Gesetzes von der Rückgängigmachung dieses Beschlusses abhängig, die dann auch mit 127 gegen 119 Stimmen beschlossen wurde. Dreimal griff der Bundeskanzler Graf Otto v. Bismarck ein: am 1. III. 1870, indem er grundsätzlich das Recht zur Todesstrafe gegen die „kränkliche Sentimentalität der Zeit" für den Staat in Anspruch nahm. Seine Worte erinnern an die Stellungnahme von Martin Luther. Die Gegner der Todesstrafe seien auffallenderweise meist Juristen. „Es kann ja sein, daß in dem Richter sich das Gefühl ausbildet, daß es dem Menschen überhaupt nicht gegeben ist, vollkommen gerecht zu sein. Aber den Grund suche ich noch auf einem anderen Gebiet. Es ist eine der Krankheiten unserer Zeit, die Scheu vor der Verantwortung. Ich möchte an die Herren Juristen die Aufforderung richten: schrecken Sie angesichts der hohen Aufgabe, die Ihnen von der Vorsehung auferlegt ist, nicht vor Erfüllung derselben in ihrem höchsten Stadium zurück und werfen Sie das Richtschwert nicht von sich! Sie können sich dazu nur gedrungen fühlen, wenn Sie Ihrem Arm in seiner Handhabung lediglich menschliche Kraft zutrauen. Eine menschliche Kraft, die keine Rechtfertigung von oben in sich spürt, ist allerdings zur Führung des Richtschwertes nicht stark genug."

II. Das geltende deutsche Reichsrecht.

A. Anwendungsgebiet. 1. Im Reichsstrafgesetzbuch war Todesstrafe, und zwar absolut, angedroht für Mord, d. h. vorsätzliche und mit Überlegung ausgeführte Tötung, sowie

2. für Mord und Mordversuch am Kaiser, am eigenen Landesherrn und am Landesherrn des Aufenthaltsstaates; diese Bestimmung wurde 1918 gegenstandslos.

3. Unter dem Eindruck mehrerer Dynamitattentate (Enthüllung des Niederwalddenkmals!) entstand das Sprengstoffgesetz vom 9. VI. 1884. Es drohte, und zwar absolut, Todesstrafe dem an, der vorsätzlich durch Anwendung von Sprengstoffen Gefahr für das Eigentum, die Gesundheit oder das Leben eines Anderen herbeiführt, falls hierdurch der Tod eines Menschen herbeigeführt worden ist und der Täter einen solchen Erfolg voraussehen konnte (§ 5 III); ausgedehnt durch G. vom 4. III. 1933 (s. unten).

4. In Ausführung der auf der Brüsseler Antisklavereikonferenz von 1890 übernommenen Verpflichtung erließ das Reich das Gesetz betreffend die Bestrafung des Sklavenraubes und Sklavenhandels vom 28. VII. 1895. Nach § 1 II ist auf Todesstrafe zu erkennen gegen Veranstalter und Anführer eines zum Zwecke des Sklavenraubes unternommenen Streifzugs, wenn durch diesen der Tod einer der Personen verursacht worden ist, gegen welche der Streifzug gerichtet war.

5. Nach Art. 48 der Weimarer Verfassung vom 11. VIII. 1919 konnte bei erheblicher Störung der öffentlichen Sicherheit und Ordnung der Reichspräsident das Erforderliche durch Notverordnung veranlassen und in ihr auch Todesstrafe androhen. Dies geschah mehrfach.

6. Das Gesetz zur Abwehr politischer Gewalttaten vom 4. IV. 1933 sieht die Möglichkeit der Todesstrafe vor: für Sprengstoffverbrechen (oben Nr. 3) auch ohne Todesfolge; für schwere Fälle der Brandstiftung, Überschwemmung, Beschädigung von Eisenbahnanlagen, Vergiftung.

7. Das Gesetz zur Gewährleistung des Rechtsfriedens vom 13. X. 1933 sieht die Möglichkeit der Todesstrafe für das Unternehmen, einen Richter oder bestimmt bezeichnete Beamte oder Angehörige nationaler Verbände oder Zeugen oder Sachverständige aus politischen Beweggründen oder wegen ihrer amtlichen oder dienstlichen Tätigkeit

bzw. wegen ihrer Aussage, zu töten; für die Aufforderung hierzu, das Sich-Erbieten, die Annahme desselben, die Verabredung hierzu.

8. Die §§ 80, 81, 82, 83 StGB. (Fassung des G. vom 24. IV. 1934) sehen Todesstrafe (teilweise absolut) vor für schwere Fälle des Hochverrats.

9. Die §§ 89, 90, 90g, 91, 91a, 91b StGB. (Fassung des G. vom 24. IV. 1934) sehen Todesstrafe (teilweise absolut) vor für schwere Fälle des Landesverrats.

10. Unberechtigtes Tragen der Parteiuniform zu terroristischen Zwecken oder in der Absicht, dem Reich außenpolitische Schwierigkeiten zu machen: G. vom 20. XII. 1934.

11. Das Militärstrafgesetzbuch bedroht 10 Fälle absolut, 8 Fälle wahlweise mit Todesstrafe, und zwar militärische Verbrechen im Felde: §§ 58, 60, 63, 71, 72, 73, 84, 95, 97, 107, 108, 133, 141, 159.

Über die Todesstrafe im nationalsozialistischen Staat vgl. „Nationalsozialistisches Strafrecht, Denkschrift des Preußischen Justizministers" S. 139: „Die Beibehaltung der Todesstrafe steht für den nationalsozialistischen Staat außer Frage". — Rietzsch in: „Das kommende deutsche Strafrecht, Allg. Teil", herausgegeben von Reichsjustizminister Dr. Gürtner, S. 86ff.: „Ohne die Todesstrafe ist ein wirksamer Schutz der Volksgemeinschaft gegen schwerste Verletzungen ihres Friedens nicht möglich". — Freisler in: „Denkschr. der Strafrechtsabteilung der Akademie für deutsches Recht" S. 101f.: „Sittliche Zulässigkeit und Zweckmäßigkeit der Todesstrafe sind heute wohl bei allen, die in Deutschland irgendwie mit ihr amtlich zu tun haben, ein für alle Mal entschieden". — Erik Wolf in ZStrW. 54, 546ff. (vgl. freilich auch ZStrW. 51, 982).

B. Ausgeschlossen ist Todesstrafe bei Versuch (StGB. § 44), es sei denn, daß ein „Unternehmen" zum todeswürdigen Sonderverbrechen gemacht wurde; Beihilfe (§ 49); Jugendliche unter 18 Jahren (JGG. § 9; Ersatz: Gefängnis bis zu 10 Jahren).

C. Vollzug. Reichsgesetzlich ist nur bestimmt, daß die Todesstrafe in der Regel durch Enthaupten zu vollziehen ist (StGB. § 13); nach MilStGB. § 14 durch Erschießen. Bei Verbrechen gegen die öffentliche Sicherheit kann nach G. vom 29. III. 1933 die Regierung Vollstreckung durch Erhängen anordnen. Vgl. weiter StPO. § 453: Bestätigung nicht erforderlich, aber Entschließung des zur Begnadigung Berechtigten, daß er von seinem Rechte keinen Gebrauch machen wolle. § 454: Intramuranhinrichtung vor bestimmten Zeugen.

Die Art der Enthauptung ist landesrechtlich verschieden. In den alten gemeinrechtlichen Teilen (Mecklenburg usw.) erfolgt sie durch das Schwert; in den meisten preußischen Provinzen, in Braunschweig und Teilen Thüringens durch Handbeil; in den meisten der zeitweise französischen Länder durch das Fallbeil. Wenn dieses häufig „Guillotine" genannt wird, so ist dies insofern treffend, als ein Lyoner Arzt Guillotin das Fallbeil in der Tat den Machthabern der französischen Revolution empfohlen hatte. Er soll auch einige technische Verbesserungen daran angebracht haben. Erfinder des Fallbeils war er nicht. Das Abstoßen des Kopfes mit einem zwischen zwei Pfosten auf- und abschiebbaren Brett, einer „Diele" scheint sogar eine der frühesten gerade in Deutschland (seit 1233?) üblichen Hinrichtungsarten gewesen zu sein. Näheres bei v. Amira, Die germanischen Todesstrafen (1922) S. 125f. Eine Wiedergabe der in diesem Zusammenhang viel besprochenen Handzeichnung von Lukas Cranach d. Ä., das die Enthauptung des Apostels Matthias durch das Fallbeil darstellt (16. Jahrhundert), bei Fehr, Das Recht im Bilde (1923), Bild 93.

Über die Frage, ob in besonderen Fällen dem Verurteilten die Möglichkeit gegeben werden soll, die Todesstrafe selbst an sich zu vollziehen, vgl. einerseits Freisler a. a. O. („dem Verurteilten ist dann noch einmal die Möglichkeit gegeben worden, sich über sein bisheriges niedriges Leben zu erheben und als freier Mann seine Schuld zu sühnen"); andererseits Erik Wolf a. a. O. (Privileg für Überzeugungstäter, Durchbrechung des Autoritätsgrundsatzes, Verwirrung der Rechtsbegriffe) und Klee in DJZ. 1934, 1306.

III. Ausland.

Die folgende Zusammenstellung geht aus von den wertvollen Angaben in Anlage I zur Begründung des Deutschen Strafgesetz-Entwurfs 1927 (bezüglich Todesstrafe bearbeitet von Wolfgang Mittermaier). Für Ergänzungen bin ich dem Gerichtsassessor im Reichs- und Preußischen Justizministerium Dr. Schönke zu Dank verpflichtet. Näheres in der Auslandsrundschau der Zeitschrift für die gesamte Strafrechtswissenschaft. Viele Einzelnotizen auch in den letzten Jahrgängen der Monatsschrift für Kriminalpsychologie und Strafrechtsreform. Vgl. ferner Goldschmidt in Vergleichende Darstellung des deutschen und ausländischen Strafrechts, Abtlg. 7, Bd. IV (1908), S. 81ff.; sowie die Anlage „Über die Todesstrafe" (S. 50—80) zu den Motiven des Strafgesetzentwurfs für den Norddeutschen Bund von 1869. — Vollständigkeit können trotz dieser Hilfsmittel die folgenden Angaben nicht beanspruchen. Namentlich fehlt das hier so wichtige Militärrecht. Auch Gesetze und Verordnungen, die vorübergehend zur Unterdrückung von Unruhen erlassen wurden, sowie überhaupt die Möglichkeiten eines Standrechts konnte ich nur teilweise ermitteln. — Zu beachten ist andererseits, daß in manchen Staaten, die gesetzlich Todesstrafe kennen, diese seit so vielen Jahrzehnten nicht verhängt bzw. vollzogen wurde, daß sie praktisch dort fast als beseitigt gelten kann.

Statistische Angaben über das Ausland in Anl. z. d. Mot. des StGB. 1869 sowie bei Liepmann; hier z. T. auf Grund besonderer amtlicher Auskünfte.

A. Länder ohne Todesstrafe im Bürgerlichen Strafrecht:

1. Argentinien seit StGB. vom 30. IX. 1921; höchste Strafe lebenslängliches Zuchthaus (reclusión).

2. Brasilien seit StGB. vom 11. X. 1890; schwerste Strafe 30jähriges Zuchthaus (prision cellular).

3. Chile: Entw. eines StGB. von 1929. Presidio als schwerste Freiheitsstrafe zeitlich unbegrenzt. Beling in GS. 101, 296 und in KritVJSchr. 24, 489.

4. Columbien seit Verf. vom 31. X. 1910. Schwerste Freiheitsstrafe 20 Jahre presidio. 1922 Vorschlag der Wiedereinführung an das Parlament. Rev. pénitent. 1922, 596.

5. Costa Rica seit StGB. vom 27. IV. 1880. Höchste Strafe lebenslängliches Zuchthaus (presidio).

6. Dänemark seit StGB. von 1930. Nach Goll, Rec. d. doc. en mat. pén. et pénit. I, 178 wurde die Todesstrafe seit StGB. von 1866 nur 4mal vollstreckt, zuletzt 1892. Bei der Beratung des neuen Strafgesetzbuchs habe die Todesstrafe nur eine untergeordnete Rolle gespielt. Ende Januar 1935 haben die Konservativen im Parlament beantragt, über die Wiedereinführung der Todesstrafe eine Volksabstimmung herbeizuführen.

7. Ecuador seit 1895 und Verf. vom Dezember 1906.

8. Guatemala seit StGB. vom 15. II. 1889.

9. Honduras seit Verf. von 1894. Höchststrafe 10 Jahre schweres Zuchthaus (presidio mayor).

10. Lettland seit StGB. von 1933. Höchststrafe lebenslängliche Zwangsarbeit; als Ersatz für Todesstrafe geschärft durch Anlegung von Fesseln.

11. Mexiko seit StGB. von 1931. Höchststrafe 30 Jahre prisón.

12. Nicaragua seit Verf. vom 10. XII. 1893.

13. Niederlande seit G. vom 17. IX. 1870. Schwerste Strafe lebenslängliches Gefängnis. Dagegen Todesstrafe im Militärstrafgesetzbuch und für Indien. Vgl. Simon van der Aa, Bericht über Abschaffung der Todesstrafe in den Niederlanden, MSchrKrimPsych. 1929, 385ff.

14. Nordamerika 8 Staaten: Maine seit 1887, Rhode Island seit 1852, Michigan seit 1846, Wisconsin seit 1853, Minnesota, North Docota, South Dacota, Kansas seit 1907.

15. Norwegen seit StGB. vom 22. V. 1902. Schwerste Strafe lebenslängliches Gefängnis.

16. Peru seit StGB. vom 27. VII. 1924. Schwerste Strafe unbestimmte Einsperrung (internamiento).

17. Portugal seit G. vom 1. VII. 1867. Schwerste Strafe 8 Jahre Zellengefängnis mit 20 Jahren Deportation.

18. Rumänien seit StGB. vom 30. X. 1864 und Verf. vom 30. VI. 1866. In Bessarabien seit G. vom 3. V. 1819; Bukowina vom 8. VIII. 1919. Entw. eines StGB. von 1933 sieht Todesstrafe nicht vor. Vgl. Bontea, La scuola positiva 1934, S. 51.

19. San Marino seit StGB. von 1865.

20. Schweden seit G. vom 3. VI. 1921. Schwerste Strafe lebenslanges Zuchthaus. (Vgl. auch Thyrén, Prinzipien einer StrG.-Reform I 1910, S. 105ff.

21. Schweiz (vgl. auch unter B Nr. 22):

a) Bund: seit Verf. von 1848, Art. 65, ist Todesstrafe wegen politischer Vergehen verboten. BundesStGB. von 1853 sieht sie nicht vor. Die Entwürfe eines allgemeinen Strafgesetzbuchs enthalten die Todesstrafe nicht. Ob die Frage der Todesstrafe überhaupt zentral geregelt werden soll und wird, ist zweifelhaft.

b) 14 Kantone: Aargau seit G. vom 19. IV. 1874; Basel-Land seit StGB. vom 3. II. 1873; Basel-Stadt seit StGB. vom 17. VI. 1872; Bern seit G. von 1874; Genf seit Mai 1871; Glarus seit 1874; Graubünden seit 1874; Neuenburg seit StGB. von 1856; Solothurn seit G. vom 12. VII. 1874; Tessin seit StGB. vom 3. V. 1871; Thurgau seit 1874; Unterwalden nid dem Wald seit 1874; Waadt seit 1874, ebenso StGB. von 1931; Zürich seit Verf. vom 18. IV. 1869. Temperamentvolle Züricher Gegenschrift von Gottfried Kinkel: Gegen die TStr. und das Attentat, sie in der Schweiz wieder einzuführen (1879).

22. Spanien seit StGB. von 1932. Höchststrafe reclusión mayor von 30 Jahren. Vgl. aber unter B für Terrorakte!

23. Uruguay seit G. von 1907. Ebenso StGB. von 1934; nach Art 68 schwerste Freiheitsstrafe 30 Jahre.

24. Venezuela seit StGB. von 1873; schwerste Strafe 20 Jahre Presidio.

B. Länder mit Todesstrafe:

1. Belgien: StGB. von 1867. Attentate gegen den König, Mord, Verwandtentötung, Kindestötung. Öffentliche Enthauptung.

2. Bulgarien: StGB. von 1896. Schwere politische Verbrechen, Mord, schwere Brandstiftung, Sprengstoffverbrechen. Erhängen.

3. Canada: StGB. von 1906. Hochverrat, Kriegsverrat, Mord. Nichtöffentliches Erhängen.

4. Chile: StGB. von 1875. Landesverrat, Mord. Öffentliches Erschießen. Entwurf 1929 ohne Todesstrafe!

5. China: Entwurf 1933. Hoch- und Landesverrat (ZStrW. 54, 501). Dazu Gesetz von 1931 betr. Gefährdung des Bestandes des Staates (Übersetzung ZStrW. 51, 816ff.).

6. Cuba: StGB. von 1871 in der Fassung der Bekanntgabe von 1879. Die Verfassung von 1934 verbietet die Vollstreckung. Aber das Gesetz zum Schutz der Republik von 1934 läßt sie für politische Verbrechen zu. Entwurf eines Strafgesetzbuchs von 1926 kennt Todesstrafe nicht.

7. England: Hochverrat, Mord (G. vom 14. VII. 1908), Seeräuberei mit Gewalttat, Brandstiftung an Schiffen. Hängen (nichtöffentlich), nach Essener Nationalzeitung vom 25. II. 1935 auch bei Frauen. Seit 1908 nicht gegen Jugendliche. Abbau des Anwendungsgebietes: um 1800 von 240 auf 160 Tatbestände; dann durch Gesetze von 1837, 1841 und bes. 1861. Im Ganzen vgl. Lawrence John, A history of capital punishment with special reference to capital pun. in Great Britain, London 1932.

8. Estland: StGB. von 1929. Darüber Saarmann, Zeitschr. f. Ostrecht 1932, S. 372. Hochverrat, schwerste Fälle von Landesverrat, von Mord und Raub. Erhängen intramuran. Auf Wunsch des Verurteilten kann Giftbecher gestattet werden. „Obgleich man diese Vollzugsart einen legalisierten Selbstmord genannt hat, sollte dieser Umstand an und für sich kein prinzipielles Hindernis zur Aufnahme dieser Vollzugsart der Todesstrafe in das Strafgesetzbuch bilden“ (Saarmann).

9. Finnland: StGB. von 1889. Hochverrat, Mord. Enthauptung intramuran.

10. Frankreich: Code pénal 1910, G. vom 15. VII. 1845. Schwerste Fälle von Hoch- und Landesverrat, Mord, Tötungsversuch an Beamten, Kastration mit Todesfolge, Freiheitsberaubung mit Tortur, falsches Zeugnis mit Todesfolge, gemeingefährliche Verbrechen mit Todesfolge. Einschränkungen 1832, 1848. Öffentliches Enthaupten. — Entwurf 1934 ähnlich, aber intramuran.

11. Griechenland: StGB. von 1834. Hochverrat, Mord, schwere Fälle von Raub, von Brandstiftung, Überschwemmung, Eisenbahngefährdung. Öffentliche Enthauptung. Entwurf 1924 intramuran.

12. Italien: StGB. vom 19. X. 1930. Anschlag auf Leben oder Unversehrtheit oder Freiheit des Königs, des Regenten oder des Hauptes der Regierung, schwere Fälle von Landesverrat, bewaffneter Aufstand gegen die Staatsgewalt und andere schwere Hochverratsfälle, schwere gemeingefährliche Verbrechen, schwere Fälle der Tötung u. a. Nichtöffentliche Erschießung.

13. Japan: StGB. von 1907. Gefährdung des Kaisers und seiner Familie, schwerer Hoch- und Landesverrat. Nicht öffentliches Erhängen.

14. Jugoslawien: StGB. von 1929. Wenige Tatbestände. Erhängen. Vgl. Djermekow, MSchrKrimPsych. 1929, 392.

15. Litauen: G. vom 5. III. 1919 für Kriegszeiten; G. vom 25. II. 1920, ergänzt 1925 auch für Hoch- und Landesverrat und politischen Mord. Erschießen.

16. Luxemburg: wie Belgien, aber intramuran.

17. Nordamerika: die 40 unter A nicht genannten Staaten. Verschiedenste Vollzugsarten, auch Giftgas und elektrischer Starkstrom.

18. Österreich: G. vom 19. VI. 1934 über Wiedereinführung der Todesstrafe im ordentlichen Verfahren. Sie war durch Art. 85 der Bundesverfassung vom 1. X. 1920 abgeschafft, nachdem schon die erläuternden Bemerkungen zum Strafgesetzentwurf 1909 geschrieben hatten, Österreich stehe einen Schritt vor der Abschaffung. Über Tatbestände vgl. ZStrW. 54, 487f.

19. Persien: StGB. von 1926; nicht gegen Männer über 60 Jahre und gegen Frauen.

20. Polen: StGB. 1932. Besonders für Verbrechen gegen den Staat. Dazu VO. des Staatspräsidenten vom 16. II. 1928 betreffend Spionage und andere Vergehen gegen den Staat. Erhängen.

21. Rußland: StGB. der RSFFR., Fassung 1926. Besonders bei politischen Verbrechen. Dazu VO. über Landesverrat vom 8. VI. 1934. Erschießen. Nach DAZ. vom 9. IV. 1935 vom 12. Lebensjahr ab.

22. Schweiz; 11 Kantone, für Mord, vielfach auch Brandstiftung u. ä.: Appenzell-Innerrhoden Landsgem.-Beschl. vom 25. IV. 1880, StGB. von 1899; Freiburg G. vom 24. XI. 1894; StGB. von 1924; Luzern G. vom 6. III. 1883; St. Gallen G. vom 2. XII. 1882, StGB. von 1886; Schaffhausen G. vom 3. IV. 1893, Novelle zum StGB. von 1916; Schwyz StGB. von 1881; Unter-

walden ob dem Wald G. vom 25. IV. 1880; Uri Landsgem.-Beschl. vom 2. V. 1880; Wallis G. vom 24. XII. 1883 und vom 21. XI. 1910; Zug G. vom 1. VII. 1882.

23. Spanien: Die durch StGB. von 1932 beseitigte Todesstrafe wurde durch G. zum Schutz der öffentlichen Ordnung und Sicherheit vom 11. X. 1934 für gewisse Terrorakte wieder eingeführt; befristet bis 18. X. 1935.

24. Tasmanien: StGB. 1924, Hochverrat und Mord. Erhängen, intramuran.

25. Tschechoslowakei: Todesstrafe gemäß noch geltendem österreichischem und ungarischem Recht. Das G. vom 3. V. 1934 hat ihr den absoluten Charakter genommen (vgl. ZStrW. 54, 394; JurZ. f. d. Tschech. 1934, Nr. 17—20). Der jetzige Präsident Masaryk, ein namhafter Soziologe, hat sich mehrfach gegen die Todesstrafe ausgesprochen. Z. B. „Die Bedeutung des Polnaer Verbrechens", Berlin 1900, S. 79.

26. Türkei: StGB. von 1926. Erhängen.

27. Ungarn: StGB. von 1878. Mord und schwerer Hochverrat. Erhängen, intramuran.

Eduard Kohlrausch.

Todesstrafe.

(Statistik.)

Die theoretischen Forderungen an das Forschungsgebiet und Forschungsziel einer Statistik des Vollzugs der Todesstrafe (Hinrichtungen) sind vom Verfasser im Art. Strafvollzugsstatistik (s. S. 716) sowie in einer weiteren Abhandlung über „Die Aufgaben der Strafvollzugsstatistik" (vgl. Allgem. Stat. Arch., Jena, 25. Jahrg., 1935 I) erörtert. Der vorliegende Beitrag verfolgt somit den Zweck, sowohl einen Überblick über den zahlenmäßigen Umfang der Todesurteile und ihrer Vollstreckungen im In- und Ausland, in Vergangenheit und Gegenwart zu bieten als auch das in der amtlichen wie privaten Literatur bisher verstreute Datenmaterial aus diesem Teilgebiet der Kriminalstatistik im weiteren Sinne nach den wichtigsten Gesichtspunkten zusammenzutragen und damit die Ausführungen des ersten Hauptteils dieses Beitrages über die Geschichte und Gesetzgebung der Todesstrafe von der statistischen Seite zu beleuchten.

1. Historisch-internationaler Überblick. Was zunächst die historische Seite unseres Problems anbetrifft, so liefert hierfür Moreau de Jonnès (a. a. O. S. 303) aus dem ersten Drittel des 19. Jahrhunderts eine vergleichende Übersicht über die Anwendung der Todesstrafe und ihre Vollstreckung in einer Reihe von europäischen Staatsgebieten, die wir, ohne zu seiner Berechnungsweise Stellung zu nehmen, ihrer kriminalgeschichtlichen Bedeutung wegen nachstehend wiedergeben.

Todesurteile und Hinrichtungen in europäischen Ländern im ersten Drittel des 19. Jahrhunderts.

a) Todesurteile.

Länder	Zeitstrecke	Zahl bzw. Durchschnitt	1 Todesurteil entfällt auf . . . Einw.
Preußen . . .	1818—27	21	500000
Frankreich . .	1830—35	365	442000
Schottland . .	1804—11	7,5	257000
Niederlande .	1827	24	250000
Württemberg .	1820—24	6	250000
Schweden . .	1823	11	240000
Baden	1827	7	150000
Spanien . . .	1826	167	55000
Irland	1804—11	85	52900
Ver. Königreich v. Großbrit.	1804—11	468	34100
Schottland . .	1831—35	7	33500
Ver. Königreich v. Großbrit.	1831—35	1029	23500
Irland	1831—35	247	19700
England . . .	1831—35	775	18500

b) Hinrichtungen.

Länder	Zeitstrecke	Zahl bzw. Durchschnitt	1 Hinrichtung entfällt auf . . . Einw.
Preußen . . .	1818—27	8,5	1200000
Frankreich . .	1830—34	30	1100000
Erzherzogtum Österreich .	1828	1	821000
Österreich . .	1833	36	700000
Schottland . .	1831—35	4	610000
Lombardei . .	1827	5	460000
Schweden . .	1821—25	7	410000
England . . .	1831—35	35	400000
Ver. Königreich v. Großbrit.	1831—35	81,75	307000
Irland	1831—35	37	221000
Ver. Königreich v. Großbrit.	1804—11	107,5	153000

Tabelle 1.

„Ainsi, la peine de mort", bemerkt hierzu Moreau de Jonnès, „était 8 fois plus fréquente dans les Iles Britanniques, il y a une trentaine années, qu'elle ne l'était dans les Etats Prussiens; et maintenant elle l'est encore quatre fois. Il y a moitié moins d'exécutions dans l'archiduché d'Autriche qu'en Angleterre; et il y en a deux fois autant en Irlande qu'en Suède. Après la Prusse, la France est le pays de l'Europe dont la législation criminelle est la plus douce dans sa pratique ordinaire. La plus impitoyable est celle de la Grande-Bretagne" (a. a. O. S. 304).

Um die Mitte des verflossenen Jahrhunderts wurden nach Feststellungen von Hausner (a. a. O. S. 166) jährlich nur mehr rund 570 Todesurteile (1859—1862) gefällt, an denen am stärksten Großbritannien (1860 bis 1862: 142) und Österreich (1860—1862: 130) beteiligt waren. Im Verhältnis zur Bevölkerung entfiel zu damaliger Zeit ein Todesurteil in ganz Europa auf 482000 Einwohner, in Griechenland auf 121000 (Maximum), in Großbritannien auf 205000 Einwohner und in Frankreich auf 1,4 Mill. Einwohner (Minimum). In Griechenland wurden sonach 7mal mehr und in Großbritannien 11mal mehr Todesurteile ausgesprochen als in Frankreich. Der Verfasser hat weiter festgestellt, daß von den oben angegebenen Todesurteilen in dem gleichen Zeitraum jährlich nur 187 oder rund ein Drittel vollstreckt worden sind. Daran haben Österreich mit 58 Exekutionen und Großbritannien mit 31 Exekutionen einen wesentlichen Anteil. Eine vollstreckte Exekution kommt in Gesamteuropa auf 1,450 Mill. Einwohner, in Griechenland auf 360000, in Spanien z. B. auf 590000, in Preußen dagegen auf 4,5 Mill. Einwohner. Griechenland hat also 12mal, Spanien 7½mal mehr Exekutionen durchgeführt als Preußen.

Schließlich ist noch eine ähnliche, die 70er Jahre umfassende, internationale Tabelle zu erwähnen, die Ferri (vgl. Sociologia Criminale, Torino 1892, S. 728) der von der Howard Association (1881) veröffentlichten Schrift „Summarised Information on Capital Punishment" entnommen hat.

2. Deutsche Staaten. Sehr umfangreiches und aufschlußreich erläutertes Zahlenmaterial für Preußen bietet ein „Ch" gezeichneter Beitrag „Zur Statistik der Todesstrafe" (a. a. O. S. 410), der sich auf die Jahre 1818—1865 erstreckt. Die Gesamtsumme aller in diesem Zeitraum von 48 Jahren zur „Allerhöchsten Bestätigung" vorgelegten Todesurteile beträgt 1372, wovon 870 auf die Geltungszeit der alten Rechte und 502 in die vierzehnjährige Herrschaft des preußischen Strafgesetzbuchs von 1851 fielen. Im Durchschnitt sind also jährlich 28—29 Todesurteile vorgelegt worden. Von den sämtlichen zur „Allerhöchsten Entscheidung" unterbreiteten Urteilen wurden 449 bestätigt. Die Bestätigungen betragen mithin 33% (davon 61 Frauen = 13,5%), darunter befanden sich Verurteilungen wegen Hochverrats in 1 Falle, wegen Mordes in 328 Fällen, Brandstiftung in 3, Raubmordes in 83, Totschlags in 33 Fällen, und wegen Raubes und Diebstahls in 1 Falle.

Für Bayern errechnen sich auf Grund einer Zusammenstellung, die Liepmann (a. a. O. S. 113) liefert, in den Jahren 1870 bis 1910 insgesamt 404 Todesurteile, von denen 70 = 17,3% vollstreckt wurden. Die Höchstzahl der Vollstreckungen weist mit 8 (= 61,5% der Zahl der Todesurteile) das Jahr 1897 auf. In 11 Jahren der vierzigjährigen Berichtsperiode fanden überhaupt keine Hinrichtungen statt.

Auf Grund amtlichen, vom sächsischen Justizministerium zur Verfügung gestellten Materials hat Exner (a. a. O. S. 1ff.) in einem äußerst bedeutsamen Beitrag „Mord und Todesstrafe in Sachsen 1855—1927" behandelt. Die Gesamtzahl der in den 72 Jahren von 1855—1927 in Sachsen zum Tode verurteilten Personen belief sich danach auf 217. Davon scheiden 2 Fälle aus, die vor dem Jahre 1855 (und zwar in den Jahren 1847 und 1854) begangen, jedoch erst im Jahre 1855 oder später zur Aburteilung gelangt sind. Es bleiben somit 215 Fälle (darunter 34 weiblichen Geschlechts), von denen 212 Verurteilungen zu Todesstrafe wegen Mordes, 2 wegen Raubes mit Todeserfolg und 1 wegen Brandstiftung erfolgten. Von den 215 Todesurteilen wurden 52 = 24,2% vollstreckt. Hierunter befindet sich 1 Frau. Es handelt sich in diesem Falle um die im kriminologischen Schrifttum bekannte Grete B., die unter dem Einfluß eines Liebhabers ihren Bräutigam vergiftet hat, nachdem sie zuvor sein Testament zu ihren Gunsten gefälscht hatte. Dem Alter nach standen von den 52 Hingerichteten 16 im Alter von 21—25 Jahren und 17 im Alter von 31—40 Jahren, während 8 von den Hingerichteten 26—30 Jahre alt und 2 weitere 41—50 Jahre alt waren. Bemerkenswert ist überdies die Tatsache, daß 6 Hingerichtete (3 Sexual- und 3 Raubmörder) sich im Alter von 18—20 Jahren befanden.

Zu erwähnen ist noch, daß in den Jahren 1865—1880 keine Hinrichtungen vorgenommen wurden, zumal von 1868—1871 in Sachsen die Todesstrafe abgeschafft war. Erst 1881 wurde nach 16jähriger Pause wieder ein Raubmörder hingerichtet, der sein Opfer nach der Tat auch noch geschändet hatte.

Fischinger (a. a. O. S. 314) berichtet auf Grund amtlichen statistischen Materials über die Todesstrafe in Württemberg in der Zeit von 1840—1860, in welcher 35 Todesstrafen verhängt und 21 von diesen (= 60%) vollstreckt wurden.

In Baden wurden nach Schickert (a. a. O. S. 161ff.) in den Jahren 1851—1929 insgesamt 136 Todesurteile ausgesprochen, von denen 39 = 28,7% vollzogen wurden. Bis 1856 erfolgte die Hinrichtung durch das Richtschwert, 1857 wurde zum ersten Male das Fallbeil angewendet. Unter den Hingerichteten befanden sich 2 Frauen, an denen die Todesstrafe in den Jahren 1853 und 1857 vollstreckt wurde. Es sind hingerichtet worden von 44 Raubmördern 17 = 38,6% (davon hatten 17 einen Verwandtenmord begangen), von 80 Leidenschaftsmördern ebenfalls 17 = 21,3%, von 11 Sexualmördern 5 = 45,4%. Von den Hingerichteten standen 11 im Alter von 21—25 Jahren, 12 im Alter von 26—30 Jahren, 3 waren über 50 Jahre alt. Dem kriminellen Vorleben nach befanden sich unter den 39 Hingerichteten 5 Gewohnheitsverbrecher, 23 waren schon vorbestraft.

Einer umfangreichen Abhandlung von Krämer (a. a. O. S. 129ff.) über „Mord und Todesstrafe in Hessen 1817—1929" ist zu entnehmen, daß dort in dem mehr als 90jährigen Zeitraum 121 Todesurteile gefällt und 45 (37,2%) von diesen vollstreckt wurden. Es entfallen auf (38) Gewinnmorde 22 vollzogene Todesurteile (57,8%), auf (48) Konfliktsmorde 9 (18,7%), auf (30) Leidenschaftsmorde 10 (33,3%), auf (3) Sexualmorde 2 (66,6%) vollzogene Urteile.

Unter den Hingerichteten befinden sich 3 Frauen. Die Vollstreckung an diesen Mörderinnen fällt in die Jahre 1835 und 1853. Der jüngste Mörder, an dem die Todesstrafe vollstreckt wurde, stand im 19., der älteste im 64. Lebensjahr. 10 gehörten der Altersklasse von 26—30 Jahren, je 9 der Altersklasse von 21—25 und von 31—35 Jahren an. Vorbestraft waren 29. Die Hinrichtung wurde in 4 Fällen durch das Schwert, in 41 Fällen durch das Fallbeil vollzogen.

In den Jahren 1856—1929 wurden in Hamburg einer Untersuchung von Lang (a. a. O. S. 129ff.) zu Folge 50 Personen zum Tode verurteilt und 18 (sämtlich männlichen Geschlechts) hingerichtet.

Für das Deutsche Reich insgesamt liegen Angaben über die Zahl der erkannten Todesstrafen erst vom Jahre 1882 ab vor, in dem die Reichskriminalstatistik ihren Anfang nahm. Ausweislich ihrer Ergebnisse, besonderer Erhebungen sowie der Statistik der Todesursache zeigten das Verhältnis der Todesurteile zu den Hinrichtungen in den letzten 50 Jahren folgende Entwicklung. Hierbei ist allerdings zu beachten, daß zwischen dem Todesurteil und seiner Vollstreckung häufig ein größerer Zeitraum liegt und die Ergebnisse hierüber auch durch verschiedene statistische Erhebungen gewonnen sind.

Todesstrafen und Hinrichtungen im Deutschen Reich in den Jahren 1882—1932.

Jahre bzw. Jahres-durch-schnitte	Zahl der Todes-urteile	Zahl d. Hinrichtungen		Jahre	Zahl der Todes-urteile	Zahl d. Hinrichtungen	
		insgesamt	% der Todes-urteile			insgesamt	% der Todes-urteile
1882/86	76	15	19,7	1920	113	36	31,9
1887/91	52	.[1]	.[1]	1921	149	28	18,8
1892/96	55	.[1]	.[1]	1922	124	26	21,0
1897/1901	42	25	59,5	1923	77	15	19,5
1902/06	37	23	62,2	1924	112	23	20,5
1907/11	37	21	56,8	1925	95	16	16,8
1912	40	20	50,0	1926	89	14	15,7
1913	47	26	55,3	1927	64	6	9,4
1914	41	15	36,6	1928	46	2	4,3
1915	19	18	94,7	1929	39	—	—
1916	23	21	91,3	1930	43	1	2,3
1917	28	24	85,7	1931	49	4	8,2
1918	30	16	53,3	1932	52	4	7,7
1919	89	10	11,2				

Anm. Als Quelle vgl. a. „Die Entwicklung der Kriminalität im Deutschen Reich seit 1882". Bearbeitet im Statistischen Reichsamt. Anlage II zum Entwurf eines Allgemeinen Deutschen Strafgesetzbuchs. Reichstag III. 1924/27. Drucksachen Nr. 3390, S. 37.

[1]) Angaben liegen nicht vor.

Die Verurteilungen zu Todesstrafe haben sich bei einem Vergleich der 5jährigen Durchschnittszahlen für 1882—1886 mit denen für 1907—1911 um rund die Hälfte vermindert. Die beiden folgenden und letzten Vorkriegsjahre weisen wieder eine Zunahme auf. Die niedrigste Zahl der Todesstrafen zeigte in der Vorkriegsperiode das Jahr 1908 mit 31, die Höchstzahl mit je 90 die beiden ersten Jahre der kriminalstatistischen Beobachtung, 1882 und 1883. Während des Krieges sind in den einzelnen Jahren die Todesurteile zahlenmäßig verhältnismäßig gering. In den ersten Nachkriegsjahren steigt im Zusammenhang mit der durch die veränderten Zeitverhältnisse erhöhten Mordkriminalität die Zahl der erkannten Todesstrafen ständig bis auf 149 im Jahre 1921, das damit die meisten innerhalb des 50jährigen Berichtszeitraums aufweist. Die Folgezeit bringt dann unter Schwankungen einen bemerkenswerten Rückgang.

Mit wenigen Ausnahmen ist seit dem Jahre 1882 die Todesstrafe gemäß § 211 RStGB. wegen vollendeten Mordes ausgesprochen worden.

Im Jahre 1884 ist außerdem in 3 Fällen wegen Hochverrats auf Todesstrafe erkannt worden, 1915 sind 1 Person wegen Landesverrats im Kriege durch dem Feind geleisteten Vorschub, 1919: 1 Person wegen Hochverrats und 2 Personen wegen Verbrechen gegen das Sprengstoffgesetz, 1923: 1 Person wegen Hochverrats, 1924: 2 Personen wegen Aufruhrs, 1925: 3 Personen wegen Teilnahme an einer Vereinigung zur Tötung eines Regierungsmitgliedes, und 1932 7 Personen wegen Totschlags aus politischen Beweggründen oder an einem Polizeibeamten usw. (gemäß § 1 Nr. 1 der VO. des Reichspräsidenten gegen politischen Terror vom 9. VIII. 1932, RGBl. I, 403) zu Todesstrafe verurteilt.

Während seit der Jahrhundertwende über die Hälfte der Todesurteile, teilweise auch wesentlich mehr, vollstreckt wurden, steigt der Prozentsatz der Hinrichtungen während des Krieges bis auf 95% an. Nach dem Kriege wurden dann unter dem Weimarer System bis zur Machtübernahme durch die nationalsozialistische Regierung (im Januar 1933) immer seltener die Todesurteile vollstreckt.

3. a) Europäische Staaten. Für England liegen bereits Daten aus dem 16. Jahrhundert vor. Moreau de Jonnès berichtet (a. a. O. S. 245) nach Angaben von Harrisson, daß unter der Regierung König Heinrichs VIII. (1491—1547) 72000 Verbrecher hingerichtet wurden, das sind durchschnittlich 1900 im Jahr, oder mehr als 6 je Tag („attendu qu'on ne suppliciait point les dimanches"). Diese Ziffern zeigen außerdem, daß von je 2000 Einwohnern während einer 36jährigen Periode in jedem Jahr je 1 auf dem Schafott endete. Gegen Ende der Regierung der Königin Elisabeth (1533—1603) wurde jährlich an 400 Personen die Todesstrafe vollzogen, d. h. es entfiel auf je 11000 Einwohner eine Hinrichtung.

„Il faudrait croire, en jugeant d'après ces données", so schreibt der obige Autor, „que l'Angleterre était alors peuplée par une génération bien perverse; ou plutôt, il faut reconnaître que cette race des Tudors était la plus sanguinaire et la plus impitoyable qui ait existé depuis celles des Tibères et des Caligula" (a. a. O. S. 246).

Wir entnehmen dem Werk von Moreau de Jonnès weiter, daß in den fünf Grafschaften Herts, Essex, Kent, Sussex und Surrey, welche den 20. Teil des Gebiets und den 8. Teil der Gesamtbevölkerung umfassen, in den Jahren 1688—1718 123 Todesurteile gefällt und 87 vollstreckt wurden. In demselben Gebiet wurden in der Zeit von 1755—1815 insgesamt 121 Personen zum Tode verurteilt und 101 hingerichtet. In London und der Grafschaft Middlesex wurden in den 8 Jahrzehnten von 1749—1829 jährlich im Durchschnitt rund 100 Todesurteile gesprochen und rund 26 vollstreckt.

Todesurteile und Hinrichtungen in England und Wales in den Jahren 1841—1932.

Jahresdurchschnitte bzw. Jahre	Zahl der Todesurteile	Zahl d. Hinrichtungen insgesamt	Zahl d. Hinrichtungen % der Todesurteile	Jahre	Zahl der Todesurteile	Zahl d. Hinrichtungen insgesamt	Zahl d. Hinrichtungen % der Todesurteile
1841/50	18	11	61,1	1919	24	12	50,0
1851/60	17	10	58,8	1920	35	21	60,0
1861/70	23	13	56,5	1921	13	5	38,5
1871/80	27	15	55,6	1922	34	21	61,8
1881/90	28	15	53,5	1923	21	11	52,4
1891/1900	24	10	41,7	1924	14	10	71,4
1901/1910	29	16	55,2	1925	30	19	63,3
1911	31	16	51,6	1926	24	16	66,7
1912	25	13	52,0	1927	25	16	64,0
1913	28	16	57,1	1928	23	13	56,5
1914	24	14	58,3	1929	15	7	46,7
1915	21	12	57,1	1930	14	5	35,7
1916	17	8	47,1	1931	18	9	50,0
1917	16	9	56,3	1932	15	9	60,0
1918	24	10	41,7				

Selbstverständlich ist diesen Zahlen bis zu Beginn des 19. Jahrhunderts ein nur bedingter Wert beizumessen. Erst von da ab liegen zuverlässige amtliche Daten in ununterbrochener Folge vor. Die Zahl der in England beispielsweise in den Jahren 1813 bis 1836 zu Todesstrafe verurteilten Personen beziffert sich auf 25197, die ihrer Hinrichtungen auf 1665, d. s. 6,6 %.

Stellt man auf Grund der amtlichen Kriminalstatistik für England und Wales (s. „Criminal Statistics") die Zahl der erkannten Todesurteile und ihrer Vollstreckungen gegenüber, so ergibt sich vom Jahre 1841 ab vorstehende Entwicklung (S. 812).

Charakteristisch ist die Konstanz sowohl in der Zahl der Todesurteile wie in dem Anteil ihrer Vollstreckungen während des 80jährigen Beobachtungszeitraums, in dem sich die Bevölkerungszahl von 15,91 Mill. (1841) auf 39,95 Mill. (1931) erhöhte. Unter den 174 Personen, die in der Nachkriegsperiode hingerichtet wurden, befanden sich 2 Frauen.

Die amtlichen statistischen Ausweise über die Todesurteile und Hinrichtungen in Frankreich nehmen im Jahre 1826 ihren Anfang (vgl. Compte général de l'administration de la justice criminelle en France").

Todesurteile und Hinrichtungen in Frankreich in den Jahren 1826—1931.

Jahresdurchschnitte bzw. Jahre	Zahl der Todesurteile	Zahl d. Hinrichtungen		Jahresdurchschnitte bzw. Jahre	Zahl der Todesurteile	Zahl d. Hinrichtungen	
		insgesamt	% der Todesurteile			insgesamt	% der Todesurteile
1826/30	111	72	65	1911	30	8	27
1831/35	66	31	47	1912	35	9	26
1836/40	39	29	75	1913	24	10	42
1841/45	48	36	74	1914/18	[1])	[1])	[1])
1846/50	49	32	65	1919	17	5	29
1851/55	56	31	56	1920	56	13	23
1856/60	43	24	55	1921	64	20	31
1861/65	22	13	58	1922	42	16	38
1866/70	17	9	54	1923	39	11	28
1871/75	29	15	51	1924	26	8	31
1876/80	25	6	25	1925	31	7	23
1881/85	29	5	18	1926	27	6	22
1886/90	30	8	28	1927	24	9	38
1891/95	28	12	39	1928	22	12	55
1896/1900	17	5	30	1929	23	8	35
1901/05	16	2	11	1930	28	.	.
1906/10	33	5	14	1931	20	4	25

[1]) Angaben liegen nicht vor.

In der Vorkriegsperiode verminderte sich die Zahl der Todesstrafen und der Anteil der Hinrichtungen unter Schwankungen in ziemlich starkem Maße. Nach dem Kriege macht sich zunächst eine erhebliche Zunahme bemerkbar. Es ist dann eine allmähliche Annäherung an den Stand der letzten Vorkriegsperiode festzustellen. Die Bevölkerung Frankreichs ist in der mehr als 100jährigen Berichtszeit von 30,46 Mill. (1821) auf 41,83 Mill. (1931) gestiegen.

Die verhältnismäßig meisten der nach dem Kriege in Frankreich zum Tode verurteilten Personen standen im Alter von 30—40 Jahren. Weiblichen Geschlechts waren von den Personen, gegen die 1921—1929 auf Todesstrafe erkannt wurde, 25.

In Finnland ist die Todesstrafe seit 1826, in Belgien seit 1864 — mit einer Ausnahme während des Krieges —, in Dänemark seit 1892 nicht mehr vollstreckt worden, obwohl sie in diesen Ländern formell noch besteht.

Unter Fortführung der Untersuchungen von Liepmann (a. a. O. S. 120) und von Trommer (a. a. O. S. 755) wurden in Dänemark in den Jahren 1871—1931 insgesamt 61 Todesurteile gesprochen. Bemerkenswert ist, daß während des Weltkrieges in dem neutralen Dänemark ein einziges Todesurteil und dieses im letzten Kriegsjahr (1918) gefällt worden ist. Hinrichtungen haben lediglich je 1 in den Jahren 1880, 1882 und 1892 stattgefunden.

Die zeitlich wohl am weitesten zurückreichenden amtlichen statistischen Ausweise über die Hinrichtungen besitzt Schweden. Sie nehmen bereits im Jahre 1751 ihren Anfang. Ihre Entwicklung bis zur Abschaffung der Todesstrafe durch G. vom

3. VI. 1921 ist in der folgenden Tabelle dargestellt (vgl. Statistisk årsbok för Sverige 1934).

Die Hinrichtungen in Schweden seit dem Jahre 1751.

Jahresdurchschnitt	Hinrichtungen (durchschnittl.)	Jahresdurchschnitt	Hinrichtungen (durchschnittl.)
1751/60	36,2	1856/60	5,8
1761/70	26,3	1861/65	2,6
1771/80	14,1	1866/70	0,7
1781/90	6,2	1871/75	0,2
1791/1800	6,0	1876/80	0,6
1801/10	7,0	1881/85	0,4
1811/20	9,6	1885/90	0,2
1821/30	11,0	1891/95	0,2
1831/35	15,4	1896/1900	0,6
1836/40	11,6	1901/05	—
1841/45	7,0	1906/10	0,2
1846/50	4,4	1911/21	—
1851/55	8,0		

In Norwegen sind laut einer Notiz bei F. von Holtzendorff (a. a. O. S. 353) in dem Zeitraum von 1859—1868 24 Personen zum Tode verurteilt worden. Hingerichtet wurden davon 7. Es kommt somit jährlich ein Todesurteil auf 708900 Einwohner. Seit 1875 sind keine Hinrichtungen mehr vollzogen worden, die Todesstrafe ist jedoch erst durch das Strafgesetzbuch von 1902 abgeschafft.

M. H. Gernet berichtet in „Moralnaja Statistika" (Moskau 1922, S. 96), daß in Rußland im Jahre 1920 zum Tode durch Erschießen verurteilt wurden von den Revolutionsgerichten 766 Personen, d. s. 3,36 % der Gesamtverurteilten, durch Erschießen, von den Kriegs-Revolutionstribunalen 5757 (bei insgesamt 89466 Verurteilten), und von den Eisenbahntribunalen bis zum 31. XII. 1920 340 Personen. Es ist wohl anzunehmen, daß diese Todesurteile restlos vollstreckt worden sind.

In den letzten 8 Jahren vor Abschaffung der Todesstrafe in Lettland durch das Strafgesetzbuch von 1933 wurden dort bei einer Bevölkerung von rund 1,9 Mill. insgesamt, 37 Personen zum Tode verurteilt (vgl. „Latvijas Statistika Gada Gramata").

Aus den in der wertvollen Arbeit von Simon van der Aa zusammengestellten Zahlen (a. a. O. S. 385) ergibt sich, daß in den Niederlanden in der Zeit von 1849 bis zum Jahre 1870, in dem durch G. vom 11. IX. die Todesstrafe beseitigt wurde, insgesamt 68 Todesurteile wegen Mordes ergingen und nur 2 in dem Jahrfünft von 1856 bis 1860 vollzogen wurden.

In der Schweiz ist die Todesstrafe in 15 Kantonen mit etwa 75 % der Gesamtbevölkerung seit langem abgeschafft, während die übrigen 10 Kantone (d. s. Appenzell-Innerrhoden, Freiburg, Luzern, St. Gallen, Schaffhausen, Schwyz, Unterwalden ob dem Wald, Uri, Wallis und Zug) sie in ihrer Gesetzgebung zwar noch beibehalten haben, aber nur sehr selten zur Vollstreckung bringen. So wurden in diesen Kantonen seit über 4 Jahrzehnten nur 7 Hinrichtungen vollzogen.

Der „Notizie Statistiche sulle condanne della pena di Morte in Italia nel Decennio 1867—1876" (Roma 1878, S. 7 ff.) ist zu entnehmen, daß in Italien 1867—1876 im ganzen 392 Todesurteile ausgesprochen und 34 Hinrichtungen vollzogen wurden, davon die letzten 1874. Die Todesstrafe wurde aber erst durch das 1890 in Kraft getretene Strafgesetzbuch abgeschafft.

Laut einer in der „Monatsschrift für Kriminalpsychologie und Strafrechtsreform" (Jg. 1933, S. 48) veröffentlichten Mitteilung der „Annali di diritto e procedura penale" (1932, Nr. 1243) fand 1932 in Italien nach Inkrafttreten des neuen Strafgesetzbuchs die zweite Vollstreckung einer Todesstrafe statt.

Datenmaterial über die Anwendung der Todesstrafe in Spanien hat vor einigen Jahren in einer aufschlußreichen Abhandlung Mariano Ruiz-Funes (Professor des Strafrechts an der Universität Murcia) gesammelt (a. a. O. S. 652), das sich hauptsächlich auf die Zahlenangaben in der statistischen Studie des großen spanischen Strafvollzugswissenschaftlers und Anthropologen Rafael Salillas (vgl. „La abolición de la pena de muerte", Revista Penitenciaria, 1906, S. 743), der Untersuchung von Marquina y Kindelán (vgl. „Breves consideraciones sobre el derecho de gracia", Madrid 1890) und in der Arbeit von Padre Jerónimo Montes (vgl. „Derecho penal", Madrid, Núñez Samper, II, 144 [1917]) stützt.

Danach wurden in den Jahren 1867—1899 insgesamt 1167 Personen zum Tode verurteilt, hingerichtet 398 = 34 % (376 Männer, 22 Frauen). Die höchste Zahl der Verurteilungen erging im Jahre 1894, in dem die Zahl auf 60 stieg. In diesem Jahre fanden auch die meisten Begnadigungen (55) statt. Die geringste Verurteilungszahl (14) zeigt das Jahr 1872, davon wurden 10 durch Begnadigung erledigt.

Bei Betrachtung der einzelnen Delikte, die in diesem mehr als 30jährigen Zeitraum zur Verhängung der Todesstrafe führten, ergeben sich nachstehende Daten:

Delikte	Todesurteile	Hinrichtungen
Königsmord	2	2
Vatermord	139	56
Meuchelmord . . .	452	124
Raub mit Todesfolge	552	216

Insgesamt entfallen auf 1145 wegen Verbrechen gegen das Leben oder die physische Unversehrtheit Verurteilte nur 398 Exekutionen, dagegen 747 Begnadigungen.

Von 1900—1911 wurden 368 Personen zum Tode verurteilt; 37 = 10,3 % hingerichtet. In dem letzten Abschnitt der Untersuchung, der sich auf die Zeit von 1912 bis 1929 (Mai) bezieht, erfolgten 292 Todesurteile und 23 Hinrichtungen = 7,9 %. In den Jahren 1916—1918, 1921, 1926, 1927 sowie 1929 (Januar—Mai) hat keine Hinrichtung stattgefunden. Den Höchststand weist das Jahr 1922 mit 20 Verurteilten und 5 Hinrichtungen = 25 % auf. Das Minimum fällt in das Jahr 1927, in dem 1 Person zu Todesstrafe verurteilt, jedoch begnadigt wurde. Vom Jahre 1923 ab, in dem die Zivildiktatur einsetzte, muß man nach dem Hinweis von Ruiz-Funes bei diesen Zahlen die von Kriegsgerichten erkannten Todesurteile in Rechnung stellen, denen ausnahmsweise einige Delikte zugewiesen sind.

Eine Zusammenfassung der von den Zivilgerichten in der Zeit von 1867—1929 ausgesprochenen Todesstrafen ergibt mithin eine Gesamtzahl von 1805 Verurteilten. Von diesen sind 458 oder rund ein Viertel hingerichtet worden.

„Mordkriminalität und Todesstrafe in Österreich“ ist von Höpler (a. a. O. S. 449) in einer eingehenden Untersuchung dargestellt worden, nach welcher in Altösterreich vom Jahre 1874 ab bis zum Zusammenbruch der Donaumonarchie im Jahre 1918 gegen insgesamt 2786 Personen (darunter 695 weibliche) Todesurteile wegen Mordes oder räuberischen Totschlags gefällt wurden. 85 derselben sind nicht begnadigt worden. An 3 % ist also die Todesstrafe vollstreckt worden. Von den Hingerichteten war 1 Person weiblichen Geschlechts, je ein Drittel von ihnen stand im Alter von 20—25 und von 25—30 Jahren, 57 waren ledig, 24 verheiratet, 13 waren leicht, 57 schwer vorbestraft.

Bei der Aufgliederung dieser Todesurteile und ihrer Vollstreckungen in 6 Gruppen, welche den heut auf dem Boden des alten Österreichs entstandenen Staatsgebieten entsprechen, ergibt sich folgendes Bild:

Gebiete	Erkannte Todesurteile	Vollstreckte Todesurteile insges.	%
Österreich[1]) . . .	590	30	5
Italien	269	3	1,1
Jugoslawien . . .	268	6	2,2
Polen	831	19	2,2
Rumänien	91	3	3,3
Tschechoslowakei	737	24	3,2

[1]) Umfassend das heut zum Gebiet der Republik gehörende Teilgebiet des alten Staates.

Prozentual ist sonach Österreich (jetzigen Umfanges) am schwersten, das italienische Gebiet am schwächsten belastet. Nach der Bevölkerungszahl sollte, so behauptet der obige Autor, das tschechoslowakische Gebiet am stärksten belastet sein, dann hätte Polen, diesem italienisches, dann jugoslawisches, schließlich rumänisches Gebiet sich anzureihen.

In Ungarn wurden vor dem Kriege beispielsweise in der Zeit von 1882—1910 95 zur Todesstrafe Verurteilte gezählt, von denen 38 = 40 % hingerichtet wurden (vgl. Liepmann, a. a. O. S. 119). Nach dem Kriege betrug in den Jahren 1921—1932 nach den im „Annuaire statistique hongrois“ veröffentlichten Ausweisen der Kriminalstatistik die Gesamtzahl der erkannten Todesurteile 35, nach der Statistik der Todesursachen die Zahl der Hinrichtungen 53. Diese eigenartige Erscheinung, daß die Zahl der vollstreckten Todesurteile die der erkannten wesentlich übersteigt, dürfte wohl daraus zu erklären sein, daß in der Zahl der hingerichteten Personen auch noch solche enthalten sind, die durch andere als die ordentlichen Gerichte (welche die Kriminalstatistik umfaßt) zum Tode verurteilt worden sind.

Im Jahre 1932 wurden in Polen (bei einer Bevölkerung von 32,13 Mill. Einwohnern nach der Zählung von 1931) 121 Personen zu Todesstrafe verurteilt. Außerdem wurden von den Standgerichten, die bis 2. IX. 1931 in einigen Kreisen der Woiwodschaften Lwów, Stanisławów und Tarnopol und von diesem Zeitpunkt ab in ganz Polen tätig waren, in den Jahren 1931—1933 gegen insgesamt 254 Personen die Todesstrafe erkannt, von denen 95 = 37,3 % begnadigt wurden (vgl. „Kleines Statistisches Jahrbuch der Republik Polen“, Warschau, 1. Jg., 1934).

In der Tschechoslowakei wurden nach der „Kriminalstatistik für die čechoslovakische Republik in den Jahren 1923—1927“ in Böhmen, Mähren und Schlesien (10,01 Mill. Einwohner nach der Zählung von 1921) während dieses Zeitraumes 126 Personen (hiervon 21 weibliche) zu Todesstrafe verurteilt. Diese wurde jedoch nur an einem 1927 verurteilten männlichen Doppelmörder vollstreckt. In der Slowakei und Karpathorußland (3,61 Mill. Einwohner) wurden in der gleichen Zeit 2 Todesurteile gefällt, jedoch nicht vollzogen.

Für Jugoslawien wird im „Statistiški Godišnik“ (s. Abschn. Kriminalstatistik) nur die Zahl der zu Todesstrafe verurteilten Personen ausgewiesen. Sie betrug bei einer Bevölkerung von 13,33 Mill. in der Zeit von 1923—1932 durchschnittlich 20 im Jahr.

Auch Bulgarien gibt im „Statistitscheski Godischnik" nur die Zahl der erkannten Todesstrafen an. Diese wurde bei 5,48 Mill. Einwohnern (Zählung 1926) in den Jahren 1921—1930 gegen 239 Personen, davon 4 weibliche, erkannt.

In den Jahren 1927—1932 betrug in Griechenland (mit 6,4 Mill. Einwohnern) nach „Ἐγκληματολογικὴ Στατιστική" und „Στατιστικὴ Ἐπετηρὶς Ἑλλάδος" die Zahl der zu Todesstrafe verurteilten Personen insgesamt 153, während ausweislich der letzten Ausgaben der „Στατιστικὴ τῶν αἰτιῶν θανάτων" in den Jahren 1931 und 1932 4 bzw. 7 Personen hingerichtet worden sind.

3. b) Außereuropäische Staaten. Über die Entwicklung der Todesstrafe und ihrer Vollstreckung in den Vereinigten Staaten von Amerika liegt aus den Jahren vor dem Weltkrieg reichhaltiges Zahlenmaterial vor, das u. a. Liepmann (a. a. O., insbesondere S. 58ff.) sorgfältig gesammelt hat. Hier können wegen des Raumes nur einige Hauptangaben aus einer Übersicht für die neueste Zeit mitgeteilt werden, die in dem Bericht „Prisoners in State and Federal Prisons, 1929 and 1930" (herausgegeben vom Bureau of Census, Washington) veröffentlicht ist und die in bemerkenswerter Weise die gegenwärtige Hinrichtungspraxis in USA. beleuchten. Es wurden hiernach im Jahre 1930 155 Personen hingerichtet. 10 Staaten (New Hampshire, Vermont, Massachussets, Iowa, Nebraska, Montana, Idaho, New Mexiko, Utah und Oregon) von den 40, welche die Todesstrafe kennen, berichten keinen Fall einer Hinrichtung und sind deshalb in der Tabelle nicht besonders vermerkt. Sie liegen mit einer Ausnahme alle im Norden. 41% aller Hingerichteten waren Neger, 55% entweder fremdstämmige Weiße, Neger, Mexikaner, Philippiner oder Orientalen. „Sieht man den Anteil dieser Gruppen in der Bevölkerung an", so schreibt an anderer Stelle der bekannte amerikanische Soziologe Thorsten Sellin (a. a. O. S. 40), „und zieht man alle denkbaren Faktoren in Betracht, so darf man annehmen, daß, wenn die Gerichte Klasse und Rasse (scil. „class and caste") nicht berücksichtigen, die Zahl der hingerichteten Weißen viel höher sein müßte." Mit Ausnahme von 8 Fällen lag Mord vor. 6 Personen wurden wegen Notzucht, 2 wegen Einbruchs hingerichtet.

In Canada, das rund 9 Mill. Einwohner zählt, wurden in den Jahren 1922—1931 insgesamt 188 oder jährlich durchschnittlich 19 Todesurteile gefällt (vgl. „The Canada Yearbook").

Nach einem ausführlichen Bericht von Takeo Fuwa (a. a. O. S. 270ff.), Professor an der kaiserlichen Universität zu Keijo (Korea), wurden in Japan in der Zeit von 1876—1931 insgesamt 3269 Personen hingerichtet.

Die Hinrichtungen in Japan in den Jahren 1876—1930.

Jahre	Gesamtzahl	durchschnittlich	Auf 1 Mill. Einwohner
1876—1880	1005	201,0	5,67
1881—1885	390	78,0	2,10
1886—1890	376	75,2	1,91
1891—1895	291	58,2	1,40
1896—1900	211	42,2	0,96
1901—1905	176	35,2	0,69
1906—1910	139	27,8	0,56
1911—1915	227	45,4	0,85
1916—1920	241	48,2	0,85
1921—1925	113	22,6	0,38
1926—1930	100	20,0	0,31

Von Anfang der Geltung des heutigen japanischen Strafgesetzbuchs (1908) bis zur Jetztzeit wurde die Todesstrafe an insgesamt 808 Personen vollzogen, unter denen sich 34 Frauen = 5% befinden. Leider ist es mangels Quellen nicht möglich, die Zahl der rechtskräftigen Todesurteile und auch der Begnadigungen, die jedoch sehr selten sind, anzugeben. In erster Instanz wurden während dieses Zeitraums insgesamt 996 Personen zu Todesstrafe verurteilt, hiervon 97% wegen Tötungsverbrechen. Die Zahl der Hinrichtungen schwankt zwischen 94 (davon 10 Frauen) im Jahre 1915 und nur 5 im Jahre 1914 (wahrscheinlich infolge Amnestie anläßlich der Thronbesteigung des Kaisers). „Die Zahl der zum Tode Verurteilten und Hingerichteten", schreibt der Autor, „ist bedauerlicherweise recht hoch, jedoch ist die Gesamtzahl stetig im Abnehmen begriffen. Auf Grund der gesunden japanischen Volksanschauung wird die Todesstrafe in der Praxis heutzutage nur noch für die ärgsten Fälle angewendet."

Rund 90% aller Todesurteile werden in den Provinzen von Britisch-Indien mit einer Bevölkerung von 272 Mill. jährlich vollstreckt, denn es sind in den Jahren 1922 bis 1931 in diesen Gebieten nach „Statistical Abstract of British India" (Jg. 1934) insgesamt 7637 Personen zum Tode verurteilt und 6711 hingerichtet worden.

Im Durchschnitt der Jahre 1925/26 bis 1929/30 wurden in Siam 54 Personen hingerichtet (vgl. „Statistical Yearbook of the Kingdom of Siam").

Von den Hinrichtungen in der Südafrikanischen Union entfällt erklärlicherweise der überwiegende Teil auf Farbige. In der Zeit von 1911—1932 wurde die Todesstrafe jährlich an 22 Personen vollzogen, unter denen sich durchschnittlich nur 1 Weißer befand (vgl. „Official Yearbook of the Union of South Africa").

Im Australischen Staatenbund betrug die Zahl der Hinrichtungen im Durchschnitt der Jahre 1861—1880: 9, 1881 bis 1900: 6, 1901—1910: 4, 1911—1920: 2 und in der letzten Zeit nur noch 1,8 (vgl. „Official Yearbook of the Commonwealth of Australia", Jg. 1933, S. 294).

Schrifttum:

A. Moreau de Jonnès, Statistique de la Grande-Bretagne et de l'Irlande, Bd. II, Paris 1838. — „Ch", Zur Statistik der Todesstrafe, Zeitschr. des Königlich Preuß. Stat. Bureaus, 9. Jahrg., S. 410ff., Berlin 1869. — O. Hausner, Vergleichende Statistik in Europa, Bd. I, Lemberg 1865. — G. Fr. Kolb, Handb. der vergleichenden Statistik, der Völkerzustands- und Staatenkunde, Leipzig 1871. — F. v. Holtzendorff, Das Verbrechen des Mordes und die Todesstrafe, Berlin 1875. — A. Ficker, Die Todesurtheile im ordentlichen Strafverfahren wegen Verbrechen (1804—1877), 1879. — A. v. Oettingen, Die Moralstatistik in ihrer Bedeutung für eine Sozialethik, 3. Aufl., Erlangen 1882. § 57. Das Verbrechen des Mordes, Statistik der Todesstrafe usw., S. 717ff. — Olivecrona, De la peine de mort, 1893. — M. Liepmann, Die Todesstrafe, Berlin 1912. — H. Fischinger, Die Todesstrafe in Württemberg 1840—1860, Monatsschr. für Kriminalpsychologie und Strafrechtsreform, 19. Jahrg., S. 314, Heidelberg 1928. — F. Exner, Mord und Todesstrafe in Sachsen 1855—1927, ebenda 1929, 20. Jahrg., S. 1ff. — E. Höpler, Mordkriminalität und Todesstrafe in Österreich in den Jahren 1874—1927, ebenda 1929, 20. Jahrg., S. 449ff. — M. Ruiz-Junes, Kurze Geschichte der Todesstrafe in Spanien, ebenda 1929, 20. Jahrg., S. 576 bis 591, 641—654. — J. Simon van der Aa, Zur Frage der Todesstrafe. Bericht über die Abschaffung in den Niederlanden, ebenda 1929, 20. Jahrg., S. 385ff. — H. Trommer, Todesurteile in Dänemark, ebenda 1929, 20. Jahrg., S. 755. — H. Zurkuhlen, Geschichtliches und Statistisches zum Problem der Todesstrafe, Jahrb. für Nationalökonomie und Statistik, 131. Bd., II. Folge 76, S. 255ff., Jena 1929. — Lang, Mord und Todesstrafe in Hamburg, Monatsschr. für Kriminalpsychologie und Strafrechtsreform, 21. Jahrg., S. 129ff., Heidelberg 1930. — H. Schickert, Statistik der Todesstrafe in Baden 1851—1929, ebenda 21. Jahrg., S. 161ff., 1930. — Th. Sellin, I. Todesstrafe in den Vereinigten Staaten, 21. Jahrg., S. 102, 1930. — Derselbe, II. Hinrichtungen in den Vereinigten Staaten, ebenda, 24. Jahrg., S. 38, 1933. — K. Krämer, Mord- und Todesstrafe in Hessen 1817—1929, ebenda 23. Jahrg., S. 129, 1932. — Takeo Fuwa, Die Todesstrafe in Japan, ebenda, 24. Jahrg., S. 270ff., 1933.

Ernst Roesner.

Tödlicher Unfall s. Mord.

Totschlag.

(Tötungsverbrechen im allgemeinen.)

I. Entsprechend dem Werte, welchen das menschliche Leben für das Individuum, für die engere Gemeinschaft der Familie oder der Sippe und schließlich für die Volksgemeinschaft bedeutet, ist der Rechtsschutz dieses Gutes zu allen Zeiten ein möglichst wirksamer und trotz schwankender Einschätzung auch schon in der Frühzeit ein verhältnismäßig gut durchgebildeter gewesen. Die Entwicklung schreitet von dem Schutz durch Strafandrohungen gegen Verletzung weiter fort zu dem durch Strafandrohungen gegen Gefährdung des Lebens. Haben erstere in ihrer überwiegenden Mehrzahl rein repressiven Charakter und gehören unmittelbar dem Strafrecht an, so greifen die anderen in dem Bestreben, vorbeugend zu wirken, zum größeren Teile weit darüber hinaus und reichen zumal in neuester Zeit tief in die Gebiete des Gewerbe- und Arbeitsrechts sowie in das der sogenannten sozialen Gesetzgebung hinein. Diese Entwicklung ist folgerichtig, weil sie der mit der Zivilisation fortschreitenden, langsamen aber unausweichlichen Veränderung des Miteinander- und Zusammenlebens der Menschen entspricht, durch die der Einzelne in dem gleichen Maße, in dem er aus seiner Sonderexistenz in die Masse als deren unlösbares Teilchen hineingezogen wird, ebenso auch durch sie, d. h. durch die aus der Eingliederung in sie und durch die damit notwendigerweise verbundene Aufgabe gewisser persönlicher Schutz- und Verteidigungsmöglichkeiten, auf besondere Weise an Leib und Leben gefährdet wird. Gegen die Unzahl der anonymen, weil in der Ursächlichkeit ihres zwangsläufig ineinandergreifenden Handelns im einzelnen nicht festzustellenden Verletzer fremden Lebens repressiv vorzugehen, d. h. mit den Mitteln des Strafrechts, ist eine tatsächliche Unmöglichkeit und wäre rechtspolitisch deshalb ein schwerer Fehler. Sie können nur durch immer weiteren Ausbau des Gefährdungsschutzes bekämpft werden. Anders verhält es sich mit denjenigen, deren

Handeln gegen fremdes Leben menschlicher Erkenntnis sowohl hinsichtlich der Ursächlichkeit ihres Tuns oder Unterlassens für den eingetretenen Erfolg als auch hinsichtlich ihres Wollens und Wissens oder Wissenmüssens um diesen, also hinsichtlich ihrer Schuld, einer Nachprüfung erreichbar sind.

II. Aus der Einsicht, daß einerseits das menschliche Leben wegen seines Wertes in vollem Umfange des strafrechtlichen Schutzes bedarf, daß dieser andererseits aber nicht in allen Fällen verwirklicht werden kann, und daß dies da, wo es möglich ist, je nach der Handlung des Gegners, durch verschiedene Mittel geschehen muß, ist jene Zwiespältigkeit erwachsen, unter der auch das geltende Recht noch leidet.

1. Es war dem Strafrecht die Möglichkeit gegeben, entweder lediglich an den Erfolg der gegen das Leben eines Anderen gerichteten Handlung anzuknüpfen, ungeachtet des den Täter beherrschenden Willens, oder umgekehrt lediglich an letzteren und dabei das Hauptaugenmerk zu richten entweder auf das Motiv, aus dem heraus, oder auf den Gesinnungszustand, in dem gehandelt wurde, und davon die verschiedene Bewertung der Taten abhängen zu lassen. Zu dieser Schwierigkeit der Entscheidung trat noch die Unsicherheit darüber, wie weit man den Begriff des menschlichen Lebens zu erstrecken habe, ob vom Beginn, oder von der Vollendung der Geburt, oder von einem noch früheren, zwischen Erzeugung und Geburt liegenden Zeitpunkte an, und gegebenenfalls von welchem; ferner darüber, ob beide Schuldformen, also vorsätzliches und fahrlässiges Handeln, in allen Fällen der Tötung und auch der geringeren körperlichen Beeinträchtigungen der Strafbarkeit unterliegen sollten, und schließlich ob und welche Fälle der vorsätzlichen Tötung als ungewöhnlich schwerere einer besonderen Beurteilung unterworfen werden müßten. Daß bei einer solchen Fülle der Gesichtspunkte und bei der Vielheit der denkbaren Verknüpfungen im Laufe der rechtsgeschichtlichen Entwicklung ein Schwanken der rechtlichen Beurteilung überhaupt, vor allem aber hinsichtlich der juristischen Kennzeichnung der besonders schweren Fälle zu verzeichnen ist, kann nicht wundernehmen. Das kommt auch, worauf Rich. Schmidt (Grundriß S. 191) hinweist, schon rein äußerlich in der sprachlichen Bezeichnung zum Ausdruck. Deutsche und Engländer haben zwar für den schwereren Fall die demselben Stamm entspringenden Worte „Mord“ und „murder“ (im Gegensatz zu manslaughter = Totschlag), aber schon im Französischen ist es umgekehrt, da meurtre im Gegensatz zu assassinat den gewöhnlichen, ungeschärften Tötungsfall bezeichnet.

2. Die germanische Rechtsanschauung erblickte ganz allgemein in der Böswilligkeit einen erschwerenden Umstand. Entscheidend war vor allem, ob die Tat einer sittlich verwerflichen Gesinnung, — was durchaus nicht schon mit rechtswidriger Absicht gleichzusetzen ist, — entsprungen war. Hierauf beruht der Gegensatz von ehrlichen und unehrlichen Missetaten, den Neidlingswerken (von Amira: Grundriß des germanischen Rechts, S. 233, 240). Die Unehrlichkeit des Täters kann in dem Motiv der Tat oder in der Art ihrer Ausführung liegen, wobei insbesondere Heimlichkeit einen Erschwerungsgrund darstellt. Aber auch die nach der Tat erwiesene Heimlichkeit des Verhaltens, z. B. das Leugnen, das Vernichten belastender Spuren und Beweise, wird ursprünglich hierzu gerechnet. Wie weit hiermit unabhängig von dem Einmaligen der Tat die bleibende Wesensart des Täters, seine sich in einem unmännlichen Nichteinstehen für das nun einmal Geschehene offenbarende sittliche Anschauung und Gesinnung getroffen werden sollte, mag hier dahingestellt bleiben. Der Gedanke, daß es hier, zum mindesten anfänglich, weniger um eine moralische Wertung ging als um etwas Praktisches und wesentlich Unkomplizierteres, nämlich um die Gefährlichkeit des Täters, auf die aus der Heimlichkeit seines Tuns geschlossen wurde, erscheint mir nicht ohne weiteres abweisbar. In diesem Zusammenhange kommt es jedoch hierauf weniger an als darauf, daß des Täters Gesinnung in der weitesten Bedeutung des Wortes für die strafrechtliche Bewertung der Tat ausschlaggebend war. — Der deutschrechtliche Gegensatz zwischen offener Gewalttat und Neidlingswerk, findet seine Parallele im römischrechtlichen Unterschied zwischen vis und dolus und beruht in diesem weitesten, die Gefährlichkeit als Symptom der Wesensart des Täters mit umfassenden Sinne auf einer allgemeinen, in allen Kulturen wiederkehrenden Überzeugung.

3. Mit dieser Unterscheidung kreuzte sich aber auch schon im älteren deutschen Rechte die von dem Gemütszustande des Täters im Augenblick der Tat ausgehende Beurteilung. Die im Eifer, im abirrenden Mute, im Leid, im Zorn jählings begangene Tat wurde leichter genommen als die mit kaltem Blut und ruhiger Überlegung ausgeführte. Das zur Kennzeichnung des erschwerenden Umstandes von der klaren, vorbedachten Überlegung der Tat ausgehende römische Recht (l. 11 § 2 D. de poen. 48, 19) fand also bei seinem Eindringen diese Betrachtungs-

weise im deutschen Recht schon ausgebildet vor, schuf sie nicht erst.

Die weitere Rechtsentwicklung knüpfte an dieses, gegenüber der immer problematisch bleibenden Feststellung des Handlungsmotivs klarere Kennzeichen an, nachdem verhältnismäßig früh, schon im langobardischen Recht, das Verhalten nach der Tat als Bewertungsmerkmal für die Gesinnung überwunden worden war. Zwar kommt dieser weitere Schritt in der peinlichen Gerichtsordnung Karls V. von 1532 noch nicht deutlich zum Ausdruck. Sie führt zwar in ihrem Art. 137 im Gegensatz zu dem in einzelnen Gegenden bestehenden, Mörder und Totschläger in gleicher Weise mit dem Rad bestrafenden Gewohnheitsrecht ausdrücklich eine unterschiedliche Behandlung dieser beiden von ihr begrifflich getrennten Vernichter fremden Lebens ein, formuliert diese Verschiedenheit aber noch nicht scharf, wenn sie von dem „fürsetzlichen, mutwilligen Mörder" und dem „aus Gecheyt (Jäheit) und Zorn" handelnden Totschläger spricht. Wie stark hierbei um die strafrechtliche Begriffsbildung gerungen wurde, ergibt sich daraus, daß es in dem zweiten Entwurf von 1529 noch hieß: wer „einen Totschlag unfürsetzlich oder aus Jäheit und Zorn getan" hat. Aus der Streichung dieses mißverständlichen Wortlautes, der die Unterscheidung zwischen Mord und Totschlag geradezu auf vorsätzliches oder fahrlässiges Handeln abzustellen scheint, ergibt sich jedoch, daß als ausschlaggebend die Gemütsverfassung des Täters bei Ausführung der Tat angesehen werden sollte. Denn darüber, daß Mord und Totschlag beide vorsätzliche Verbrechen waren, bestand zumal bei der noch unvollkommenen Ausbildung eines allgemeinen Fahrlässigkeitsbegriffs kein Zweifel. His (Geschichte S. 125) führt eine in diesem Zusammenhange besonders interessante Bamberger Urkunde von 1350 an, die mit ihrer Unterscheidung zwischen dem Mord, der „mit verdachtem Mut offenlich oder heimblich" geschieht und dem „Todschlag von jähem Zorn oder von Trunkenheit oder von Auflaufs wegen" deutlich die von der Praxis Schritt vor Schritt verfolgte Herausbildung eines brauchbaren Unterscheidungsmerkmals zeigt. Dieser Entwicklung folgten das Recht des ausgehenden Mittelalters, die Urteilsfindung des gemeinen Rechts und die Gesetzgebung der deutschen Länder, insbesondere seit dem preußischen Landrecht. Das preußische Strafrecht von 1851 formulierte: „wer vorsätzlich und mit Überlegung tötet". Noch klarer faßt den im Laufe der aufgezeigten langen Entwicklung ausgereiften Gedanken das sächsische Strafgesetzbuch mit dem in das geltende Reichsrecht übergegangene Wort von der „mit Überlegung ausgeführten Tötung".

4. Es ist notwendig, sich diese Entwicklung zu vergegenwärtigen, wenn man zu der Frage, worauf sich die „Überlegung" bezieht, auf das „Ob" oder auf das „Wie", eine Stellung gewinnen will. Unter dem „Ob" ist natürlich nicht die sich von dem ersten Aufblitzen des Wunschgedankens an vollziehende, langsam festere Form gewinnende äußere Planung der Tat zu verstehen, sondern das innere Abwägen der sich widerstreitenden Motive und der gegen die Ausführung der Tat sprechenden Gründe. Das „Wie" besteht in einer Erwägung der Art und Weise ihrer Ausführung. Schon Binding (Lehrbuch 1, 27) hat betont, daß die Mittel der Ausführung auch der Totschläger erwäge (was m. E. übrigens lange nicht für alle Fälle zutrifft), und Frank (StGB. § 211, I, 2) ergänzt diesen Gedanken, wie mir scheint, zutreffend dahin, daß die Vorstellung des Wie zum Vorsatz und nicht zur Überlegung gehöre. Danach bleibt also nur übrig, die Überlegung auf das Ob in der oben erörterten eingeschränkten Bedeutung zu beziehen, und das stimmt auch allein mit dem Ergebnis der geschichtlichen Entwicklung zusammen. Dem heutigen Recht gilt daher als Überlegung die „geistige Beschaffenheit, bei der sich der Täter der von der Handlung abhaltenden Motive bewußt ist und sie gegen die ihn zur Handlung drängenden Motive abwägt" (so Frank nach Wachenfeld; ähnlich die überwiegende Meinung und RG. in DJZ. 1930, S. 1122 und RGSt. 42, 260). Diesen Gedanken führen weiter aus RGSt. 62, 196: „wenn verstandesmäßige Vorstellungen und Erwägungen den Ausschlag geben, wenn der Täter also trotz einer die ruhige Überlegung beeinträchtigenden Erregung die ihn zum Handeln drängenden und die ihn davon abhaltenden Beweggründe mit genügender Klarheit und Besonnenheit gegen einander abwägen konnte und in voller Besonnenheit und mit bedachtem Willen zur Ausführung der Tat schritt, so lag ein Handeln mit Überlegung vor. Nicht erforderlich war dabei, daß er sich zu seiner Willensbildung wirklich erst durch einen Kampf zwischen den für und wider die Begehung der Tat streitenden Beweggründen durchringen mußte", sofern er nur eben zu den verstandesmäßigen Erwägungen imstande war und nicht aus seiner Erregung heraus gefühlsmäßig handelte (Urteil vom 10. V. 1928). In dem Urteil des RG. vom 19. IX. 1933 (JW. 1933, S. 2520) heißt es: „die Verneinung überlegten Handelns steht mit der Feststellung nicht in Widerspruch, daß der Täter die Tötung auf raffinierte Art ausgeführt habe". Damit sollte noch einmal der schon in den

Urteilen RGSt. 42, 262 und 62, 196 vertretene Standpunkt, daß sich die Überlegung in erster Linie auf das Ob der Tat zu beziehen habe und daß das Erwägen des Wie, die Planmäßigkeit, nicht genüge, deutlich unterstrichen werden. Daß nach der Ansicht des Gesetzes die Überlegung im Augenblick der Ausführung der Tat vorhanden sein muß und dieses Erfordernis auch nicht durch eine mit Überlegung vorgenommene, vorhergegangene Planung ersetzt werden kann, ergibt sich aus der geschichtlichen Entwicklung von selbst, ist auch seit längerer Zeit so gut wie unstreitig (RGSt. 32, 253; 55, 208).

So das geltende Recht! Es trägt nur zu deutlich den Stempel einer langen Entwicklung, in der man bei dem Bestreben, einen sicherer menschlicher Erkenntnis entzogenen seelischen Tatbestand, auf den immer nur aus den im Einzelfalle sich gerade darbietenden äußeren Merkmalen mit mehr oder weniger großer Wahrscheinlichkeit geschlossen werden kann, allgemein gültig herauszuarbeiten, notgedrungen zu überspitzten Formulierungen gelangen mußte. So kam es, daß die trennenden Grenzen immer dünner und durchlässiger wurden, bis jetzt schließlich ein Ineinanderübergehen bevorsteht oder schon eingetreten ist. Denn schließlich ist nicht zu leugnen, daß die vom RG. in dem erwähnten Urteil Bd. 62, S. 196 gemachte Gleichstellung von „Fähigkeit zu einer besonnenen Abwägung" im Augenblick der Tat und der früher (z. B. Bd. 42, S. 260) im gleichen Zeitpunkte verlangten Vornahme einer solchen, eine Durchbrechung des bisherigen Grundsatzes bedeutet, wenngleich dies offenbar nicht beabsichtigt war. Nunmehr ist aber ausgesprochen, daß auch die der Tat vorangegangene Überlegung ausreicht, wenn nur die „Fähigkeit" zu ihr im Augenblick der Ausführung der Tat gewahrt ist. Damit ist schließlich an die Stelle eines immerhin inhaltsvollen Begriffes dessen blasser Schatten getreten.

Abschluß einer Entwicklung! Hat eine soweit ins Psychologische vorgetriebene Unterscheidung noch praktischen Zweck? Gehen nicht psychologisch die Überlegungen über das Ob und Wie der Tat untrennbar in einander über? (vgl. Gummersbach: Kindsmord). Ist es überhaupt noch eine Unterscheidung, die vom Gericht tatsächlich feststellbar ist, wie es das Gesetz doch verlangt? Die Strafrechtsreform hat diese Frage durch die Entwürfe von 1919 und von 1924/25 (Reichsratsvorlage) verneint, indem sie das Merkmal der Überlegung fallen ließ, die Tötung grundsätzlich mit der Todesstrafe bedrohte und — abgesehen vom Platzgreifen allgemeiner Strafmilderungsgründe — nur dann eine Freiheitsstrafe für zulässig erklärte, wenn der Täter sich durch „Jähzorn oder entschuldbare heftige Gemütsbewegung" zur Tötung eines Anderen hat hinreißen lassen, eine Formulierung, die fast der der Carolina gleicht. Der Entwurf von 1927 (Reichstagsvorlage) und die Beschlüsse des Reichstagsausschusses (erste Lesung, beendet 1930) haben das Merkmal der Überlegung wieder eingefügt bzw. beibehalten. Die in der amtlichen Begründung zum Entwurf 1927 enthaltenen Ausführungen sind nicht gerade aufschlußreich. Mit Resignation wird vermerkt, daß die neuen Unterscheidungsmerkmale „Jähzorn" und „entschuldbare heftige Gemütsbewegung" kaum weniger fließend und im Einzelfall kaum weniger schwer festzustellen sind als das Merkmal der überlegten Ausführung. Noch weniger leider ergibt sich aus den Verhandlungen des Reichstagsausschusses, der anstatt ernstlich einen praktischen Ausweg zu suchen, sich in völlig unfruchtbaren Erörterungen über die Todesstrafe verloren hat (8. bis 10. Sitzung des 21. Ausschuß, Oktober 1928). Das Unvermögen, die Frage der Todesstrafe auszuschalten, die mit der dogmatischen Gestaltung der strafrechtlichen Bestimmungen über Mord und Totschlag nichts zu tun hat, ist wohl überhaupt der böse Fluch gewesen, der ungenannt auf diesem Kapitel des Strafgesetzbuchs lastete. Nachdem er glücklich gebannt ist, ist der Weg für neue Schöpfung frei. Sowohl die Denkschrift des preußischen Justizministers über Nationalsozialistisches Strafrecht (S. 85) als auch das neuere Schrifttum (vgl. Siegert: Grundzüge des Strafrechts im neuen Staate, S. 113) haben sich für den Wegfall der Unterscheidung von Mord und Totschlag ausgesprochen. Sie aufrecht erhalten wollen, etwa dadurch, daß man an eins der früheren Unterscheidungsmerkmale anknüpfte, sei es an ein äußerliches, wie die Art der Begehung der Tat (Schaffstein erinnert daran ZStW. 53, 626), sei es an ein inneres, wie das Motiv zur Tat, hieße die Vollendung des Ablaufs der geschichtlichen Entwicklung verkennen und die sich anbahnende neue Art einer freieren Rechtsfindung auch auf strafrechtlichem Gebiete mißverstehen.

Diesen in sich geschlossenen Kreislauf des Problems Mord — Totschlag einmal darzustellen, war der Sinn der Ausführungen, nicht eine Erörterung der dogmatischen Streitfragen des geltenden Rechts zu geben, die aus jedem Kommentar des Strafgesetzbuches zu ersehen sind. Der praktische Kriminalist hat ja in den seltensten Fällen einen scharfen Unterschied zwischen Mörder und Totschläger gemacht. Für ihn lagen die Fälle vorsätzlicher Tötung verschieden meist nur nach der Gefährlichkeit des Täters. Was in der verdünnten Luft der Gesetzesauslegung und bei der Subsumption des Akteninhalts unter das Gesetz „Überlegung bei Ausführung der Tat" genannt wurde, war ihm in einer der Tat mit allen ihren Begleitumständen, mit ihren handgreiflichen Alltäglichkeiten nahen Atmosphäre und in dem unmittelbaren Miterleben mit dem unter dem seelischen Eindruck der Tat oder ihrer Entdeckung stehenden Täter nur eines von den vielen Symptomen, welches den verbrecherischen Willen des Beschuldigten anzeigte. Und ebenso umgekehrt: was die „Überlegung" im strafgesetzlichen Sinne verneinen ließ, war jene Fülle von Dingen, welche es dem erfahrenen Praktiker und verstehenden Menschen zur Gewißheit machten, daß die Tat etwas dem Täter Wesensfremdes, Unerklärliches und Einmaliges in seinem Leben sein und bleiben wird. Die praktischen Kriminalisten werden der vermutlich verschwindenden Unterscheidung bestimmt keine Träne nachweinen; für sie lag und liegt der Unterschied in einer ganz anderen Sphäre als diejenige ist, in welche ihn der Gesetzgeber als in eine seiner Ansicht nach menschlicher Erkenntnis und verstandesmäßiger Erfassung noch zugängliche vorlegen zu können glaubte.

5. Wenn das Strafrecht die Bewertung der Tat von ihrem Erfolg abhängig sein läßt, ohne Rücksicht darauf, ob dieser vom Täter auch gewollt ist, so beruht das wohl in erster Linie darauf, daß man infolge unzureichender Einsicht in die Ursachenbeziehung zwischen menschlichem Verhalten und dem Verlauf der dadurch ausgelösten Kausalreihe sich regelmäßig an die sinnfälligste der vielen durch ihren Ablauf in Erscheinung gerufenen Veränderungen in der Außenwelt hält. Auch wir nennen ja heute im praktischen Leben noch mehr oder weniger willkürlich „Erfolg" einer Handlung einen bestimmten Punkt der Kausalreihe zu einer bestimmten Zeit, ohne zu wissen oder uns darum zu bekümmern, ob und wie der Ablauf weitergeht. Schien unbefangener Betrachtung ein ursächlicher Zusammenhang zwischen Handlung und „Erfolg", zwischen Verletzung und Tod, gegeben, so wurde, um einem mehr an der Oberfläche der Dinge haftenden Rechtsgefühl Genüge zu tun und eine der Schwere des Ausgangs der Tat „entsprechende" Strafe rechtfertigen zu können, dem Täter das Wollen und die Voraussehbarkeit des Erfolges unterstellt. Man hielt also in solchen Fällen eine Schuldpräsumption für gerechtfertigt, sah bei dem so gewonnenen Einklang von Strafe und Erfolg der Tat keinen Grund zur Gewissensbeunruhigung mehr und glaubte allen Anforderungen der Gerechtigkeit entsprochen zu haben, wenn nur die Frage des tatsächlichen Verursachungszusammenhanges einer Prüfung unterzogen war, so gut man es eben verstand. Daß es sich nur um eine Schuldvermutung handelte, geriet in Vergessenheit, während die Lehre, daß der Schwere des Erfolges auch eine erschwerte Strafe entsprechen müsse, allmählich zu einem vom Gesetz selbst sanktionierten Dogma wurde.

Jedoch empfand man bald das Dilemma, in das die Gleichsetzung von Erfolgsverursachung und Schuld hineingeführt hatte, und dem man sich nun — bei der ganzen Entwicklung nur folgerichtig — zunächst durch eine ganz einseitige Regelung der Verursachungsfrage entziehen zu können glaubte. Trat nach Zufügung einer Verletzung alsbald der Tod ein, so verlangte das Rechtsgefühl die Gleichbewertung einer Verursachung der Tötung mit einer Tötungshandlung, bei welcher etwa der Verletzte unmittelbar unter den Händen des Angreifers verröchelt; andererseits aber widerstand es dem Rechtsgefühl wie auch dem dasselbe widerspiegelnden Sprachgebrauch, von „töten" zu sprechen, wenn der Verletzte erst nach Jahr und Tag starb. Der Ausweg, den z. B. nordgermanische Rechte durch schematische Fristbestimmungen fanden, kennzeichnet die Schwierigkeit der Rechtslage, die mehr gewaltsam beseitigt als gelöst wurde. Danach hört die Haftung für den tödlichen Ausgang auf, wenn die Wunde inzwischen vernarbt oder der bettlägerige Verletzte wieder aufgestanden war; wenn der Verletzte eine bestimmte Frist, z. B. 30 oder 40 Tage, oder auch ein Jahr überlebt hatte, oder wenn er in der Kirche oder auf der Straße gesehen worden war. Immerhin verlangen einzelne frühe Rechte sowie solche des deutschen Mittelalters eine Prüfung der Verursachung (His: Grundriß S. 121), was allerdings wohl meist nur auf die von den Geschworenen gewonnene Überzeugung herauskam. Die unseligen Kausalitätstheorieen mit ihren Verlegenheitslösungen durch die „letzte", die „wirksamste", die „die entscheidende Richtung gebende", oder die „typische" Bedingung waren ja, ohne daß damit ein wesentlicher Fortschritt zu verzeichnen wäre, erst einer späteren Zeit vorbehalten. Immerhin ist aber mit ihnen ein Arbeiten in den Fällen möglich, wo nicht die Verursachung des Erfolges allein, sondern Verursachung und Verschulden zusammen für die Strafbarkeit einer Tat entscheidend sind. Dann erweist sich der richtig begrenzte Verschuldensbegriff immer als Korrektiv eines selbst bis ins Uferlose gehenden Kausalitätsbegriffes. Aber überall da, wo die Bewertung des Verbrechens bezüglich seiner Schwere und Strafwürdigkeit an einen vom Willen nicht mitumfaßten Erfolg anknüpft, wo es also lediglich auf die Kausalität ankommt, türmen sich die Schwierigkeiten und — die Verlegenheit, wie offenbare Ungerechtigkeiten, Unbilligkeiten und Härten zu vermeiden sind. Der von der Praxis im allgemeinen eingeschlagene Ausweg, bei den Erfolgsdelikten, wie ganz besonders bei der vorsätzlichen Körperverletzung mit Todeserfolg (§ 226 StGB.) nur den Begriff der adäquaten Ursache zu verwenden, führt zwar im allgemeinen zu annehmbaren Ergebnissen, aber wissenschaftlich befriedigend ist er nicht.

Die Strafrechtsreform hat in den Entwürfen (auch in den Beschlüssen des Reichstagsausschusses) mit dem bisherigen Begriff des reinen Erfolgsdelikts gebrochen, indem es durch eine Bestimmung des Allgemeinen Teils (§ 21 EADStGB.) festlegte, daß die an eine besondere Folge der Tat geknüpfte Strafe den Täter nur trifft, wenn er die Folge wenigstens fahrlässig, d. h. also schuldhaft, herbeigeführt hat. Die schon erwähnte Denkschrift des preußischen Justizministers über Nationalsozialistisches Strafrecht hat jedoch recht, wenn sie hierzu ausführt (S. 124), daß dies nur eine halbe Maßnahme sei und die Erfolgshaftung damit noch nicht beseitigt werde. Es müsse vielmehr der Umstand, ob ein schwerer Erfolg eingetreten sei, seiner straferhöhenden Bedeutung überhaupt entkleidet werden. Die Tatsache seines Eintritts hänge vom Zufall ab, und es könne entscheidend nur auf die Herbeiführung der Gefahr des Erfolgseintritts ankommen. Das ist vom Standpunkt des Willensstrafrechts und der Umwandlung der Verletzungstatbestände in Gefährdungstatbestände aus, vollkommen logisch. Es steht dahin, ob das kommende Strafrecht diesen — m. E. nur wünschenswerten — radikalen Bruch mit der Vergangenheit vollziehen oder ob es um des noch immer im Volke wurzelnden Gedankens willen, die Schwere des eingetretenen Erfolges sei entscheidend für die Schwere des Verbrechens und damit maßgebend für Art und Höhe der zu verhängenden Strafe, in einzelnen Fällen einen Mittelweg gehen wird. Schließlich ist auch noch zu bedenken, daß es aus rein gesetzestechnischen Gründen nicht möglich sein wird, in allen Fällen den Tatbestand in der erwähnten Weise umzugestalten, da gerade bei den Tötungs- und Verletzungsdelikten die Zahl der gefährdenden Situationen Legion ist. Wo aber im neuen Recht aus den genannten Gründen eine Haftung für besondere Folgen der Tat bestehen bleibt, wird diese sicherlich nur wirksam werden bei Einbeziehung des Erfolges in das Verschulden des Täters, etwa in der Art, wie es der EADStGB. vorsieht.

6. Was auf dem Gebiete des objektiven Tatbestandes die Ursachenlehre, ist auf dem des subjektiven gewissermaßen die Lehre vom dolus eventualis. Wie man vermittels des Begriffs der Verursachung die rechtswidrige „Handlung" des Täters ausdehnte und erweiterte, bis man zur Vermeidung offenbar unbilliger Ergebnisse nach einer Begrenzung zu suchen gezwungen war, so wurde mittels der Konstruktion eines unbestimmten dolus — denn das ist im Grunde der dolus eventualis — versucht, die „Schuld" des Täters auf Ziele zu erstrecken, die ursprünglich nicht im Rahmen des von ihm Geplanten und Gewollten lagen. Weshalb die Hilfskonstruktion eines dolus eventualis in ganz besonderer Weise zur Rechtfertigung der Behandlung von Erfolgsdelikten und bei diesen wieder von Tötungsverbrechen (§§ 226, 312, 315, 321, 322 StGB.) herangezogen wird, bedarf keiner Erörterung. (Die Untersuchung der Schwierigkeiten, in die man dabei gerät, gehört nicht hierher. Vgl. darüber Löffler: Schuldformen des Strafrechts I, 272ff.)

Die Frage, ob nur dann „mit Wissen und Willen", d. h. vorsätzlich, gehandelt worden ist, wenn der Täter einen Tatumstand als „sicher" vorliegend oder eintretend sich vorgestellt hat, oder auch dann, wenn er dies nur für „möglich" hielt, wird von der sogenannten Wahrscheinlichkeitstheorie dahin beantwortet, daß Vorsatz nur dann anzunehmen sei, wenn der Täter das Vorliegen oder Eintreten des betreffenden Tatbestandsmerkmals für „wahrscheinlich" hielt. Gegenüber dieser insbesondere von der Praxis immer wieder als zu eng empfundenen Begrenzung hat sich der Entwurf von 1927 insoweit zu einer Erweiterung entschlossen, als er vorsätzliches Handeln auch dann für gegeben ansieht, wenn der Täter „die Verwirklichung zwar nur für möglich hält, jedoch für den Fall ihrer Verwirklichung mit ihr einverstanden ist". Das neue Strafrecht dürfte voraussichtlich aus Gründen, auf die noch zurückzukommen ist, noch einen Schritt weiter gehen und an Stelle des Einverstandenseins ein „In-Kauf-nehmen" setzen (vgl. Das kommende deutsche Strafrecht, Allgemeiner Teil, Bericht über die Arbeit der amtlichen Strafrechtskommission S. 53).

7. Es dürfte kaum zweifelhaft sein, daß das künftige Recht die Regelung des geltenden beibehalten wird, wonach beide Schuldformen, Vorsatz wie Fahrlässigkeit, bei Tötungsverbrechen mit Strafe verknüpft sind,

und das trotz weitgehender Umstellung der Tatbestände des geltenden Verletzungsstrafrechts in solche eines Gefährdungsstrafrechts. Ganz abgesehen von den schon erwähnten gesetzestechnischen Schwierigkeiten, welche sich gerade auf dem Gebiet der Tötungs- und Körperverletzungsverbrechen gegenüber einer radikalen Umstellung erheben würden, darf schließlich doch auch nicht übersehen werden, daß die Ausbildung eines allgemeinen Fahrlässigkeitsbegriffs einen sehr erheblichen Fortschritt der Rechtsentwicklung bedeutete, verglichen mit den in einer unübersehbaren Kasuistik konkreter Tatbestände stecken bleibenden Ansätzen, wie sie im alten und älteren deutschen Recht etwa die Feuerverwahrlosung, unvorschriftsmäßiges Tragen des Speeres, mangelhafte Einfriedigung des Brunnens, ungenügende Höhe der Hofumzäunung, Vorbeischießen beim Zielen auf einen Vogel, darstellen.

Nach unserem durch die Rechtsprechung entwickelten geltendem Recht liegt Fahrlässigkeit vor, wenn der Täter die Sorgfalt, zu der er nach den Umständen und nach seinen persönlichen Kenntnissen und Fähigkeiten verpflichtet und im stande war, außer acht gelassen und infolge dessen entweder den Erfolg, den er bei Anwendung pflichtgemäßer Sorgfalt hätte voraussehen können, nicht vorhergesehen (unbewußte) oder der Eintritt des Erfolges zwar für möglich gehalten, aber darauf vertraut hat, er werde nicht eintreten (bewußte Fahrlässigkeit) (RGSt. 61, 320). Es ist aber auch um so weniger anzunehmen, daß das neue Recht auf den allgemeinen Begriff der Fahrlässigkeit sollte verzichten wollen, als in ihm gerade ein Moment liegt, das zu den grundsätzlichen Forderungen des neuen Staates gehört: die Anforderung der Volksgemeinschaft an den Einzelnen, ein bestimmtes Maß von Sorgfalt im Verkehr des täglichen Lebens aufzuwenden, und zwar in einem Umfange und in einer Weise, über die nicht die Auffassung des Einzelnen, sondern ausschließlich die der Gesamtheit entscheidet.

Schwierigkeiten der Abgrenzung kann danach eigentlich nur die bewußte Fahrlässigkeit bereiten. Sie findet ihre Grenze gegenüber dem dolus eventualis, von dem sie lediglich eine dünne Scheidewand trennt, nur negativ darin, daß das unbesorgte Vertrauen, der für möglich gehaltene Fall werde nicht eintreten, noch nicht ein frivoles In-Kauf-nehmen des Gegenteils einschließt.

Das geltende Recht (§ 222 StGB.) bedroht die fahrlässige Tötung mit Gefängnis bis zu 3 Jahren; im Falle besonderer Aufmerksamkeitspflicht kann die Strafe bis auf 5 Jahre Gefängnis erhöht werden. Der EADStGB. (§ 258) kennt den qualifizierten Fall nicht und bestimmt nur: Wer fahrlässig den Tod eines Anderen verursacht, wird mit Gefängnis bestraft. Die schon mehr erwähnte preußische Denkschrift sagt zwar (S. 87): „Da auch die fahrlässige Tötung zur Vernichtung eines Menschenlebens führt, muß derjenige bestraft werden, der fahrlässig den Tod eines Anderen verursacht“, enthält sich aber einer Äußerung über Art und Höhe der auszuwerfenden Strafe. Man wird es daher vermutlich im neuen Recht bei der Bestimmung des Entwurfs bewenden lassen.

III. Auf die einzelnen Tötungsdelikte kann im Rahmen dieses Aufsatzes nicht näher eingegangen werden. Es muß hier, wo nur die grundsätzlichen Ideen der Rechtsentwicklung skizziert werden sollten, genügen, eine kurze Übersicht zu geben. Im übrigen muß auf die bekannten Kommentare und Lehrbücher und auf die Artikel des HdK.: Abtreibung, Aussetzung, Mord und Kindsmord verwiesen werden; Einiges aus der neuesten und aus der unbekannteren Literatur ist im Schrifttumsverzeichnis vermerkt.

Das geltende Recht kennt neben den oben erwähnten Hauptfällen der Tötungsverbrechen noch folgende Sonderfälle: die milderen, z. B. auf Provokation beruhenden Totschlagsfälle (§ 213 StGB.); Totschlag bei Unternehmen eines Delikts (§ 214 StGB.), ein Verbrechenstatbestand, der in der Praxis häufig schwer von dem mit dolus eventualis ausgeführten Mord zu unterscheiden ist; Aszendententotschlag (§ 215), als eine erschwerte Form des Totschlages; Tötung auf Verlangen (§ 216 StGB.); Kindesmord (§ 217 StGB.) — s. Schrifttum — und schließlich die nur bedingt hierher zu zählende Abtreibung (§§ 218 bis 220 StGB.) und Aussetzung (§ 221 StGB.). Im neuen Strafgesetzbuch können mit Rücksicht auf die zu erwartende Erweiterung der Strafrahmen die Tatbestände der §§ 213 bis 215 StGB. unbedenklich fortfallen. Das neue Recht wird aber voraussichtlich als Unterart der Tötung auf Verlangen die Sterbehilfe (Euthanasie) kennen, jene Tat, die aus Mitleid die Qualen eines hoffnungslosen Kranken beendigen will, und die unter bestimmten Umständen (Ausführung durch einen staatlich zugelassenen Arzt nach vorausgegangener Begutachtung durch zwei beamtete Ärzte) straffrei bleiben soll. Ferner werden, wie schon im sogenannten Gegenentwurf von 1911 und im Entwurf von 1927 vorgesehen, Strafbestimmungen gegen die jetzt aus Gründen der Teilnahmelehre straflose Verleitung und Beihilfe zum Selbstmord getroffen werden. Daß die nach geltendem Recht vermittels der Bestimmungen der

§§ 49a, 49b, 111 Abs. 2 StGB., der NotVO. zum Schutze des deutschen Volkes vom 4. II. 1933 (RGBl. I, 35), der NotVO. gegen Verrat am deutschen Volke und hochverräterische Umtriebe vom 28. II. 1933 (RGBl. I, 85), der NotVO. zum Schutze von Volk und Staat vom selben Tage (RGBl. I, 83) und des G. zur Gewährleistung des Rechtsfriedens vom 13. X. 1933 (RGBl. I, 723) unter Umständen strafbare Aufforderung und Verleitung zur Tötung sowie die Verabredung einer solchen durch Schaffung eines besonderen Tatbestandes unter Strafe gestellt werden, ähnlich wie das nach den Beschlüssen des Strafrechtsausschusses (§§ 249 bis 251) vorgeschlagen ist, erscheint wünschenswert.

IV. Wenn allenfalls — und nur mit der Beschränkung auf seltene Ausnahmefälle — von einem Mörder-„Typus“ gesprochen werden kann, so ist das beim „Totschläger“ nicht möglich; ebensowenig wie es ein bestimmtes Totschlags-„Motiv“ gibt. Ist doch in Wahrheit wohl kaum irgend etwas denkbar, was nicht unter gewissen Verhältnissen und Umständen auch Anlaß zur Begehung einer ohne Überlegung ausgeführten Tötung gewesen wäre oder wird sein können. Der Totschlag ist nämlich psychologisch gesehen in einem geringeren Maße als der am Ende der Klimax stehende Mord ein selbständiges Verbrechen, vielmehr nur eine Phase der Steigerung der Körperverletzung. Die Staffelung geht von der gewollten und mit voller Überlegung ausgeführten Körperverletzung, sei es die einfache oder die gefährliche, über die schwere und die beabsichtigte schwere zur Körperverletzung mit tödlichem Ausgang, zum Totschlag und schließlich zum Mord. In welcher Stufe die Handlung stecken bleibt, ist häufig — Zufall; Zufall auch oft, ob aus der Art des benutzten Werkzeugs, der Waffe oder aus sonstigen Besonderheiten der Tatausführung nachträglich von Dritten darauf geschlossen werden kann, wie weit Wissen und Wollen des Täters ging. Von ihm selbst wird man in der Regel keine andere Antwort erhalten als die Versicherung des Nichtwissens, und diese entspricht bei aller Würdigung der Bereitschaft zur Verteidigung — die übrigens bei einem unmittelbar unter dem Eindruck der Tat Stehenden gerade bei Tötungsdelikten vielfach überschätzt wird — meistens den Tatsachen. Nur eins weiß der Totschläger und gibt es auch regelmäßig zu: er wollte Widerstand brechen, bis zur völligen Aufgabe und bis zur Vernichtung jeder Möglichkeit einer Gegenwehr. War das nicht durch Vernichtung des fremden Willens, sondern nur durch Vernichtung des fremden Lebens zu erreichen, — um so schlimmer für beide.

Wenn man den Totschläger einer bestimmten Gruppe von Tätern zurechnen will, so gehört er in seiner durchschnittlichen und häufigsten Form in die der Tat-Typen; nicht unbedingt in die der energischen Täter, denn es gibt auch eine aufflammende Energie und Stärke, die aus Schwäche stammt. Meist wird er auch dem Angreifertypus zugehören, wenngleich er auch, insbesondere nach längerem Überdenken des ganzen Hergangs, sehr oft behauptet, in Notwehr, vielleicht in Notwehrexzeß, gehandelt zu haben, jedenfalls aber seinerseits der Angegriffene gewesen zu sein. Zweifellos also ein Gewaltdelikt eines zu Grobheiten, Tätlichkeiten, Rohheiten auch Grausamkeiten neigenden Menschen, der, unbeherrscht in seinen Gefühlsausbrüchen, im Vertrauen auf eigene körperliche Stärke und Gewandtheit rohe Körperkraft überschätzt und in ihrem Besitz das Recht erblickt, vermittels derselben seinen Willen rücksichtslos ihm körperlich Unterlegenen aufzuzwingen. Damit geht eine Verachtung aller anderen Gaben als rücksichtslosen Draufgängertums Hand in Hand, die sich zu Auflehnung, Trotz und Haß gegen jede ihn in der Erfüllung seiner Wünsche beschränkenden oder hindernden Macht steigert, um dann bei irgend einem, unter Umständen ganz belanglosen Anlaß in zügelloser Heftigkeit und mit der ganzen Intensität eines bis zur Vernichtung aller Hindernisse gehenden Willens loszubrechen. Irgend ein Gegenstand, der unglücklicherweise gerade zur Hand ist, wird dann als Waffe benutzt, das Bierseidel, das griffeste Messer oder die Wagenrunge. Das später dann so häufig leider ergebnislose Erörtern des „wie es eigentlich kam“ spielt bei dem durchschnittlichen Totschläger eine wichtige Rolle, oft deshalb, weil der Ablauf der Tat über zahlreiche einzelne Abschnitte und Stufungen, über Anlaß zu Ärger, über Reizungen, Beleidigungen verteilt ist, oft weil nur ein einziger Widerstand im später nicht mehr begreiflichen Kurzschluß die Reflexhandlung auslöste. (Auf die Rolle epileptischer Erkrankung wird später noch eingegangen werden.)

So gefährlich dieser in allen Wirtschaften, auf Tanzböden, auf Kirchweih- und anderen Festen bekannte und gefürchtete Typus des unberechenbaren Raufers und Schlägers ist, er ist nicht der gefährlichste. In kriminologischer Hinsicht beachtlicher sind zwei andere Spielarten. Von ihnen steht dem gekennzeichneten Gewalttätigen am nächsten der sexuell Aggressive, der in höchster geschlechtlicher Erregung den sich ihm tatsächlich oder vermeintlich bietenden Widerstand rücksichtslos und in rohester Weise um jeden Preis bricht. Daß diese primitive geschlechtliche Besitzergreifung in ihren Äußerungen und Folgezuständen nicht selten pathologischen Formen eines an sich natürlichen Triebes nahe kommt und in sie übergeht, kann nicht zweifelhaft sein, kann hier aber nicht weiter erörtert werden. Immerhin gehören Totschläger dieser Art zu den Ausnahmen.

Nicht so selten ist aber der, insbesondere in der Nachkriegszeit in Erscheinung getretene Eigentumsverbrecher, der kalten Sinnes bei Ausführung seiner Tat, die meist als Diebstahl, schlimmstenfalls als Raub geplant ist, zu allem entschlossen ist. Er setzt auch von vorn herein bei der Überlegung seines Vorhabens eine Reihe von möglichen widrigen Zwischenfällen in seine Berechnung ein, hofft, daß sie nicht eintreten, daß vielmehr alles glatt, d. h. widerstandslos, verlaufen werde, rechnet aber in Kenntnis seiner körperlichen Fähigkeiten und im Vertrauen auf sie damit, daß er jedes sich etwa in den Weg stellende Hemmnis umgehen oder brechen und so zu seinem Ziele gelangen werde. Er ist gewissermaßen der verkörperte dolus eventualis für jede Steigerungsform der Körperverletzung. Hand in Hand mit dieser jedes Gefühls baren, nüchtern verstandesmäßen Berechnung und Verfolgung des eigenen Vorteils geht eine maßlose Geringschätzung fremder Rechte, fremden Eigentums, fremden Lebens. Das eigene zwischen verschuldeter oder unverschuldeter Arbeitslosigkeit und unernster Gelegenheitsarbeit mit fremder Unterstützung gefristete und stets am Rande des Verbrechens verbrachte Leben ist nicht viel wert oder wird doch so empfunden; also ist es auch das Leben eines Anderen nicht. Erbitterung gegen die Ungleichheiten der äußeren Dinge des Lebens, Auflehnung und Trotz gegen jede Einordnung im Interesse der Volksgemeinschaft sind dann der gefährliche Nährboden für den mit Fanatismus und einem geradezu übergläubischen Vertrauen in das eigene Schicksal verfolgten Plan, durch einen Handstreich das Glück zu erzwingen und auf krummen Wegen zu erreichen, was auf geraden zu fern und zu mühsam erscheint.

Die Abgrenzung des oft an einem Widerstande des Opfers sich erst entzündenden Vorsatzes zur Körperverletzung ist hier besonders schwer. Ging er nur bis zur Wehrlosmachung oder bis zur endgültigen Vernichtung? Handelt es sich bei glücklichem Ausgang um Totschlag- oder Mordversuch, bei unglücklichem um die wegen des eingetretenen Erfolges schwerere Form der Körperverletzung, um Totschlag oder, je nach mutmaßlichem Vorhandensein oder Nichtvorhandensein von Überlegung im Augenblick der Ausführung der Tat, gar um Mord? Bei dieser wahrlich schon hinreichenden Problematik der Beurteilung des tatsächlichen Vorgangs darf nie übersehen werden, daß gerade der gefährliche, weil durch die Fähigkeit, die Folgen seines Handelns zu übersehen, gewitzigte Verbrecher, den tödlichen Ausgang eines solchen Zusammentreffens (§ 214 StGB.) nicht wünscht, unter Seinesgleichen sogar als „persönliches Unglück" bezeichnet und empfindet. Die diesbezüglichen Äußerungen sind deshalb vielfach nicht als Verteidigungsfinten zu werten, sondern als echte Zeichen des seelischen Vorgangs und erleichtern daher die Entscheidung nicht gerade. Daß dieser Typus, dem der Totschlag nur Mittel zur Verfolgung seiner weiteren kriminellen Ziele ist, vom Standpunkt der Strafrechtspflege aus der gefährlichste ist, mag er nun Dieb, Einbrecher oder Wilderer sein, bedarf keiner Begründung.

In dieser Beziehung übertrifft er bei weitem eine Klasse von Totschlägern, die, rein juristisch gesehen, dem Morde näher benachbart sind als er: die sogenannten Mitnahme-Mörder. Ich bezeichne damit jene Personen, die aus begründeter oder aus einer nur in ihrer Einbildung bestehenden und von ihnen selbst in krankhafter Weise gesteigerten Verzweiflung entschlossen sind, das Leben fortzuwerfen, weil sie keinen Ausweg aus den ihnen unerträglich erscheinenden Verhältnissen mehr sehen. Aus einem falsch verstandenen Verantwortungsgefühl, aus Eifersucht, oft auch aus noch niedrigeren Regungen wollen sie bestimmte ihnen nahestehende Personen nicht im Leben zurücklassen. Da sie sie nicht zum gemeinsamen Freitod bestimmen können, oft eine solche Anregung auch gar nicht wagen, kommt es dann zu einer der in der Öffentlichkeit meist weniger mit Verständnis als mit Sensationsmache behandelten Familienkatastrophen. Hier steht der Tötungswille fest, zweifelhaft ist, ungeachtet der bis ins Einzelne durchgedachten Ausführungsart, das Vorhandensein der Überlegung.

Nahe verwandt ist ihm der sogenannte Leidenschafts-Mord, richtiger meist -Totschlag. Statt vieler ein lebensnahes Beispiel aus Feuerbachs Merkwürdigen Verbrechen (X. Johann Hahn): „die Äußerung: ‚Ich weiß selbst nicht, wie mir war; ich ergriff das Messer und stach zu' und ähnliche Redensarten, mit welchen er sich ... über diesen Moment der Tat erklärt, sind ein treuer Ausdruck des Gemütszustandes bei Leidenschaften, welche plötzlich entstehen, rasch fortschreiten und in ihrem Tumulte die Gedanken und Vorstellungen schnell durch die Seele jagen. Ungebildete Menschen finden sich in solchen Gemütszuständen bei dem

Ergebnisse, ohne die Reihe von Gedanken und Gefühlen, welche sie durchlaufen sind, ehe sie bis dahin kamen, mit einiger Klarheit wahrgenommen zu haben. Sie wissen dann selbst nicht, wie ihnen war; sie begreifen nicht mehr den Entschluß, den sie gefaßt und vollzogen haben; in der Erinnerung erscheint ihnen alles wie ein Traum oder wie eine Narrheit oder — wie die Eingebung des Teufels, der ihnen zugerufen oder sie gezwungen habe, das Geschehene zu wollen und zu vollbringen. Dieses allein ist auch der psychologische Sinn der Worte des Beschuldigten: ,ich bin ganz konfus gewesen . . ., als die Barbara F. zu mir sagte: wenn du mich nicht heiraten willst, so ersteche mich. Ich habe halt zugestochen'. Wenig bekannt müßte mit der Sprache der Verbrecher sein, wer in solchen Äußerungen allein einen Grund zu dem Zweifel sinden wollte: ob denn auch wirklich der Verbrecher unter den Bedingungen der Zurechnung gehandelt habe?"

Daß der Totschlag aus Leidenschaft unter Umständen seine Wurzeln in einer an sich nicht kriminellen Gesinnung haben kann, ist bekannt. Man denke nur an jene Dramen, die in nicht gerade geschmackvoller Weise unter der Überschrift „Der Rächer seiner Ehre" dem Sensationshunger der großen Menge preisgegeben werden. Auch hierfür eine Äußerung Feuerbachs: „der Totschlag im Affekt des Zornes ist ein Verbrechen, dessen selbst die edelsten Naturen fähig sind. Wenn die Empfindung wahren oder vermeinten Unrechts sich als Affekt der Seele bemächtigt und zuletzt wie ein tobender Sturm alle abmahnenden Vorstellungen, alle entgegentretenden Gefühle mit sich fortgerissen hat, wenn dann der Zorn durch die aufgeregte Einbildungskraft den Beleidiger in allen Farben des Hasses vor die Augen der Seele führt, und nun, bei unbewachter Vernunft, bei betäubtem Verstand, der Haß, die Rachgier die beleidigende Tat erzeugt: dann erscheint die Handlung und der ihr zu Grunde liegende Entschluß weniger als das Ergebnis eines gesetzwidrigen Willens denn als Ausbruch eines an sich unschuldigen, an sich edlen, menschlich gerechten Gefühls, welches nur, indem es durch daß Übermaß seiner Lebendigkeit und Innigkeit bis zum Affekt gesteigert worden, den Menschen plötzlich zu etwas anderem gemacht, als er gewöhnlich ist, ihn anders zu handeln gezwungen hat, als er nach seinem Charakter, wäre er seiner mächtig gewesen, gehandelt haben würde. Hier kommt daher weniger in Rechnung der unmittelbare Entschluß zur rechtswidrigen Tat selbst als vielmehr die unvorsichtige Nachsicht des Menschen gegen die zum Affekt heranwachsende Empfindung und daß er sich nicht der Gelegenheit, in seiner Zornwut zu schaden, zeitig entzogen hat. Bei Verbrechen aus Hitze des Affekts grenzt daher meistens der rechtswidrige Vorsatz ziemlich nahe an die bloße Fahrlässigkeit, wenn er sich nicht, was bei dem Zorn in seinem höchsten Grade der Fall ist, ganz in das Gebiet derselben verliert. Aus diesem Grunde und weil hier die Vorstellung von der bevorstehenden Strafe nicht sowohl den Starrsinn einer dem Gesetze drohenden Bosheit zu überwältigen als ein seiner selbst vergessendes Gemüt aus der Betäubung des Affekts zu sich selbst zurückzuführen hat, eben darum haben verschiedene neuere Gesetzgebungen die Todesstrafe bloß dem eigentlichen Mörder mit weiser Schonung vorbehalten." (Merkwürdige Verbrechen. XVI., Simon Stigler.)

V. So schließt sich der Kreis, den das kriminalpolitische Problem des Totschlags durchlaufen hat. Es ist kein Zufall, daß die Praxis nicht nur immer wieder versucht, an andere als an die vom gerade geltenden Rechte geprägten Unterscheidungsmerkmale zwischen Mord und Totschlag anzuknüpfen, sondern daß sie auch Gedankengänge wieder aufnimmt, die vor einem geschriebenen Recht lebendig waren: die Bedeutung des Motivs, des Verhaltens nach der Tat, der allgemeinen Gesinnung. Aus alledem spricht nicht nur die Problematik der Unterscheidung der beiden Tatbestände, der Trennung der verschiedenen Phasen des sich steigernden Delikts und der in einander verfließenden Schuldformen; in höherem Maße ist es das Bestreben, dem Einzelfall gerecht zu werden, und das wird vermutlich nur möglich sein, wenn der Richter nicht mehr zu einer Zurechnung der Tat zu begrifflich verschiedenen, im praktischen Leben aber mangels tatsächlicher Feststellung nicht zu trennenden Formen gezwungen ist, sondern frei davon und freier im Strafmaß sich in ganz anderer Weise der Bewertung der Tat nach der Kraft und Gefährlichkeit des hinter ihr stehenden verbrecherischen Willens für die Volksgemeinschaft zuwenden kann.

Die Unsicherheit über die rechtliche Beurteilung der Tötungsfälle soll nur noch kurz an zwei Beispielen aus der allerletzten Zeit verdeutlicht werden: Der 33 Jahre alte Hilfsarbeiter U. war wegen Totschlags angeklagt, weil er die 28jährige Hausangestellte K. erschossen hatte, als sie sich bei einem abendlichen Zusammensein weigerte, ihn zu heiraten. U. beging nach der Tat einen ernstgemeinten Selbstmordversuch, konnte aber am Leben erhalten werden. Das Schwurgericht S. verurteilte U. wegen Mordes zum Tode. — Der arbeitsscheue, bereits 4mal vorbestrafte 23 Jahre alte S. wollte sich eingestandenermaßen in den Besitz größerer Barmittel setzen. Mit einer zwei Tage vorher gestohlenen Pistole und mit einer Sektflasche bewaffnet drang er im Dunkeln in das Anwesen seines Vaters ein und legte sich auf die Lauer. Als sein Vater, wie ihm bekannt, reichlich mit Bargeld versehen zu Einkäufen zur Markthalle fahren wollte, sprang S. ihn von hinten an, riß ihn zu Boden und schlug ihn mit der Flasche über den Kopf. Als der Überfallene um Hilfe rief, versetzte ihm S. noch mehrere Schläge mit der Flasche, flüchtete dann aber. Da er am Tatort seine Brille verloren hatte, kehrte er zurück, hielt dem Vater mit der Aufforderung, sich still zu verhalten, die Pistole vor das Gesicht und gab, als der Vater um Hilfe rief, einen Schuß auf ihn ab, der unter dem linken Auge eindrang und den sofortigen Tod zur Folge hatte. In der Verhandlung bestritt der wegen Mordes angeklagte S. jede Tötungsabsicht mit den Worten: „Ich muß ja zugeben, daß ich meinen Vater überfallen wollte. Ich bin aber nicht hingegangen, um ihn zu töten. Dazu fehlte mir jeder Vorsatz; im übrigen aber stimmt alles.“ Das Schwurgericht B. verurteilte S. wegen Totschlags und versuchten Mordes.

VI. Bei dieser zwischen Anklage und Urteil hinsichtlich der juristischen Qualifikation der Tat bestehenden Divergenz — die vorstehenden Beispiele sind typisch und durchaus keine Ausnahmefälle — ist es klar, daß die nach den rechtskräftigen Urteilen sich richtende Kriminalstatistik kein klares Bild über die Kriminalität ergibt, sofern man darunter mehr als eine Statistik der Dienstgeschäfte, nämlich ein Abbild des zu einer bestimmten Zeit vorhandenen verbrecherischen Willens versteht. Die unter Berücksichtigung dieser Einschränkung aus ihr sich ergebenden Schlüsse dürften immerhin als eine Bestätigung des oben Ausgeführten angesehen werden können.

1. Die wegen Totschlags Verurteilten[1]) nach den einzelnen Tatbeständen in der Vor- und Nachkriegszeit.

Jahre	Zahl der Verurteilten			
	§ 212	§ 213	§ 214	§ 215
1911	88	114	26	1
1912	102	110	14	3
1913	110	121	22	4
1920	153	173	58	9
1921	163	144	69	7
1922	111	171	38	10
1923	113	140	17	10
1924	144	189	65	11
1925	152	187	37	9
1926	144	210	46	4
1927	139	199	36	11
1928	100	179	34	4
1929	94	223	27	4
1930	112	213	15	5
1931	124	243	35	6

[1]) im jeweiligen Reichsgebiet.

2. Totschlag (§§ 212—215) in der Vor- u. Nachkriegszeit. (Persönliche Verhältnisse der Verurteilten.)

Jahre	Rechtskräftig Verurteilte							
	insgesamt	Kriminalitätsziffer[1])	darunter					
			weiblich	Jugendliche		Vorbestrafte		Ausländer
				insgesamt	weibl.	insgesamt	mehr als 4mal	
1911	229	0,50	32	7	—	124	29[3])	15
1912	229	0,49	26	16	1	129	31[3])	23
1913	257	0,54	31	13	—	150	42[3])	16
1920	393	0,83	46	19	1	152	51	20
1921	383	0,80	69	16	6	160	54	16
1922	330	0,69	46	15	3	123	41	16
1923	280	0,58	48	14[2])	3[2])	90	22	5
1924	409	0,88	72	8	1	153	36	14
1925	385	0,81	45	5	1	160	44	10
1926	404	0,84	58	3	—	183	47	13
1927	385	0,79	57	6	2	190	64	5
1928	317	0,64	40	7	1	127	43	7
1929	348	0,70	44	7	—	166	56	6
1930	345	0,69	31	9	1	168	59	6
1931	408	0,81	47	4	—	195	67	8
1932	553	1,10	45	10	1	295	.	12

[1]) d. i. die Zahl der Verurteilten auf je 100000 der jeweiligen strafmündigen Bevölkerung. — [2]) Vom Jahre 1923 ab im Alter von 14 bis unter 18 Jahren. — [3]) Mehr als sechsmal.

Die starke Steigerung der Totschlags-Kriminalität im Jahre 1932 ist unzweifelhaft auf die zunehmende politische Spannung zurückzuführen, unter der Gegensätze in steigendem Maße durch Tätlichkeiten ausgetragen wurden. Die Beteiligung der Frauen und der Jugendlichen ist aus nahe liegenden Gründen gering. Die Altersverteilung (Tabelle 3) weist die stärkste Zunahme bei den 25 bis 40 jährigen auf, was keiner Begründung bedarf. Interessant ist die verhältnismäßig starke Beteiligung der Vorbestraften. Doch muß man hier mit Schlüssen vorsichtig sein. Das Bild ist verfälscht, weil die oben erwähnten „Mitnahme-Mörder" fehlen. Diese sind aber fast ausnahmslos unbestraft. Ferner kann mit Sicherheit angenommen werden, daß gerade unter den Totschlagsverbrechern eine sehr erhebliche Zahl von Epileptikern sich befindet, deren meist zahlreiche Vorstrafen mit einiger Skepsis betrachtet werden müssen. Die in einem Verstimmungszustand epileptischen Ursprungs ausgelösten, oft hemmungslosen Gewalttaten sagen, ganz abgesehen von der schwer zu klärenden Frage, ob und wieweit sie im Dämmerzustande begangen sind, wenig über die „Kriminalität" des Verurteilten. Die auffallend starke Zunahme der Beteiligung von Vorbestraften im Jahre 1932 ist lediglich aus der im glücklicherweise hinter uns liegenden politischen Kampfe erfolgten Mobilisierung des Mob zu erklären.

3. Das Alter der wegen Totschlags (§§ 212—215) Verurteilten in den Jahren 1928—1931.

a = Verurteilte überhaupt b = davon Vorbestrafte		1928		1929		1930		1931	
		insgesamt	davon weibl.	insgesamt	davon weibl.	insgesamt	davon weibl.	insgesamt	davon weibl.
14 bis unter 16 Jahre alt	a	1	—	3	—	3	1	—	—
	b	—	—	—	—	—	—	—	—
16 „ „ 18 „ „	a	6	1	4	—	6	—	4	—
	b	—	—	2	—	1	—	—	—
18 „ „ 21 „ „	a	23	2	34	8	30	4	34	7
	b	5	—	11	1	7	—	7	—
21 „ „ 25 „ „	a	72	7	72	12	78	8	78	11
	b	30	1	33	1	34	—	34	—
25 „ „ 30 „ „	a	82	15	82	10	85	7	100	8
	b	40	2	40	1	47	1	55	1
30 „ „ 40 „ „	a	60	7	84	8	79	8	105	8
	b	22	—	45	1	44	1	60	1
40 „ „ 50 „ „	a	35	7	39	2	39	1	57	10
	b	13	—	19	—	22	—	23	—
50 „ „ 60 „ „	a	29	1	22	4	17	1	23	3
	b	14	—	11	—	10	—	13	—
60 „ „ 70 „ „	a	8	—	8	—	6	1	7	—
	b	3	—	5	—	3	—	3	—
70 Jahre und darüber	a	1	—	—	—	2	—	—	—
	b	—	—	—	—	—	—	—	—
insgesamt	a	317	40	348	44	345	31	408	47
	b	127	3	166	4	168	2	195	2

Aus der Berufsverteilung (Tabelle 4) ergibt sich, daß das größere Kontingent diejenigen Bevölkerungsschichten stellen, welche von Berufs wegen körperlicher Arbeit und Betätigung nahe stehen und im allgemeinen über eine geringere geistige Bildung verfügend rohere Gesinnung und Sitten haben. Leider fehlt (aus statistisch-technischen Gründen) eine Vergleichszahl der in den verschiedenen Berufen Beschäftigten, so daß, ganz abgesehen von den bei der Gruppierung nach Berufen so wie so gegebenen zahlreichen Fehlerquellen (s. d. Art. Beruf), sichere Schlüsse nicht möglich sind. Immerhin findet der verhältnismäßig hohe Anteil der Industriearbeiter gegenüber den in Land- und Forstwirtschaft Tätigen seine Erklärung wohl auch in der engen räumlichen Zusammenpferchung (Wohnungsnot) der ersteren, die so häufig den Hintergrund für Reibereien und Streitigkeiten abgibt. In den besonderen Zeitverhältnissen begründet liegt die Zunahme der Kriminalität bei den „Lohnarbeitern wechselnder Art" und bei den Personen, die als „ohne Beruf" gezählt wurden; man wird in der Annahme nicht fehl gehen, daß es sich bei diesen beiden Gruppen meist um seit längerer Zeit Arbeitslose handelt.

4. Der Beruf (Hauptberuf) der wegen Totschlags (§§ 212—215) Verurteilten in den Jahren 1928—1931.

Wirtschaftsabteilungen	1928 insgesamt	1928 davon Vorbestr.	1929 insgesamt	1929 davon Vorbestr.	1930 insgesamt	1930 davon Vorbestr.	1931 insgesamt	1931 davon Vorbestr.
A. Land- und Forstwirtschaft, Jagd u. Fischerei, insges.	55	25	69	27	63	29	80	30
davon Selbständige u. Geschäftsleiter . . .	14	7	18	6	13	5	15	5
Angestellte, Arbeiter, Tagelöhner, Knechte Mägde	38	18	47	21	47	24	60	25
Angehörige	3	—	4	—	3	—	5	—
B. Industrie und Handwerk insges.	166	60	161	88	173	85	199	98
davon Selbständige und Geschäftsleiter . . .	13	6	8	5	10	5	17	6
Angestellte, Gehilfen, Gesellen, Arbeiter .	138	54	144	82	157	80	171	91
Angehörige	15	—	9	1	6	—	11	1
C. Handel u. Verkehr, insges. .	42	18	63	27	55	27	58	23
davon Selbständige und Geschäftsleiter . . .	9	6	15	9	20	11	16	8
Angestellte, Gehilfen, Arbeiter	26	11	43	18	29	15	38	15
Angehörige	7	1	5	—	6	1	4	—
D. Öffentl. Verwaltung (einschl Wehrmacht), freie Berufe, Gesundheitswesen, insges.	20	8	8	4	8	1	16	6
davon Erwerbstätige . . .	19	8	8	4	8	1	16	6
Angehörige	1	—	—	—	—	—	—	—
E. Häusliche Dienste, insges. .	6	1	11	2	4	1	4	—
davon Erwerbstätige . . .	6	1	11	2	4	1	4	—
Angehörige	—	—	—	—	—	—	—	—
F. Lohnarbeit wechselnder Art, insges.	21	13	24	12	32	22	37	30
davon Erwerbstätige . . .	18	13	22	12	32	22	34	30
Angehörige	3	—	2	—	—	—	3	—
G. Ohne Beruf u. ohne Berufsangabe, insges.	7	2	12	6	10	3	14	8
davon Selbständige	7	2	12	6	9	3	14	8
Angehörige	—	—	—	—	1	—	—	—

Schrifttum:

Außer den Lehrbüchern des deutschen Strafrechts, den Kommentaren zum StGB. und der im Art. Mord des HdK. angeführten Literatur seien als benutzt oder für weitere Unterrichtung wichtig genannt:

P. Allfeld, Entwicklung des Begriffes Mord bis zur Carolina, Erlangen 1877. — K. von Amira, Grundriß des germanischen Rechts, Straßburg 1913. — A. Baer, Über jugendliche Mörder und Totschläger, Groß' Archiv 11, 103. — K. Binding und A. Hoche, Die Freigabe der Vernichtung lebensunwerten Lebens, Leipzig 1920. — G. Dahm, Das Strafrecht Italiens im ausgehenden Mittelalter, Berlin u. Leipzig 1931. — P. Gast, Die Mörder, Krim. Abhandl., Heft 11, Leipzig 1930. — H. Gummersbach, Die Technik der Tat bei der Kindstötung und das Verfügungsrecht der Mutter als Begründung für einen Sondertatbestand, Kriminalistische Monatshefte 7 (1933), 221 u. 250. — Derselbe, Affektbetonte Morde, Ebenda 8 (1934), 124 u. 175. — Derselbe, Triebhandlungen, Ebenda 8, 244. — Derselbe, Kindsmord und Kindstötung, Zeitschr. f. d. ges. Strafrechtswissensch. 54 (1934), 232. — Derselbe, Das gerichtsmedizinische Gutachten und die Strafverfolgung bei der Kindstötung, Dtsch. Zeitschr. f. d. ges. gerichtl. Medizin, 22 (1934), 419. — H. von Hentig, Über Verbrechensursachen, Mitt. d. Krimbiol. Ges. Graz 1931, S. 143ff., 159. — R. His, Geschichte des deutschen Strafrechts bis zur Carolina, München und Berlin 1928. — F. von Holtzendorff, Die Psychologie des Mordes, Berlin 1875. —

Horch, Tötung zweier Kinder durch den Vater, Groß' Archiv 73 (1921), 18. — R. Katzenstein, Bezieht sich die Überlegung auf das „Ob" oder das „Wie"? Zeitschr. f. d. ges. Strafrechtswissensch. 24, 515. — M. Kauffmann, Psychologie des Verbrechens, Berlin 1912. — M. Kössler, Selbstmord und Tötung auf Verlangen, Wien 1925. — E. Kurz, Zur Prophylaxe der Roheitsdelikte, Monatsschr. f. Krimpsychol. 2, 24ff. — A. Lenz, Mörder. Die Untersuchung der Persönlichkeit als Beitrag zur kriminalbiologischen Kasuistik und Methodik, Graz 1931. — E. von Liszt, Totschlag wegen Ehebruchs, Zeitschr. f. Sexualwissenschaft 6, 284. — W. Lorentz, Die Totschläger, Kriminalistische Abhandlungen, Heft 18, Leipzig 1932. — W. Riese, Das Triebverbrechen, Bern 1933. — E. Ristow, Die Kriminalität der Roheitsdelikte, Strafrechtliche Abhandlungen, Heft 314. — E. Roesner, Statistik, Dtsch. Juristenztg., 1932, S. 1054. — Derselbe, Die Opfer von Mord und Totschlag im Deutschen Reich und im Ausland, Kriminalistische Monatshefte 8 (1934), 259. — W. Sauer, Kriminalsoziologie, Bd. 2, Berlin-Grunewald 1933. — H. Többen, Untersuchungen an Totschlägern, Berlin 1932. — Weber, Familienmord, Groß' Archiv 67, 269.

Max Hagemann.

Transvestiten.

1. Transvestiten sind die Personen, die den Drang haben, in der Gewandung oder sonst in der Ausdrucksform des Geschlechtes zu leben, dem sie dem äußeren Befunde ihrer Geschlechtsorgane nach nicht angehören. Diese vorläufige Erklärung bedarf jedoch noch mannigfacher Erörterungen und Ergänzungen. Die Kleidung wird bei den Transvestiten zur Ausdrucksform ihres andersgeschlechtlichen Fühlens, zu einem Symbol. Es braucht aber nicht gerade die Kleidung zum Ausdrucksmittel gewählt zu werden, es können auch am Körper selbst Änderungen als eine Annäherung an das andere Geschlecht künstlich herbeigeführt werden, oder es wird das andersgeschlechtliche Fühlen lediglich durch die Betätigungsart, die Gesten oder die Art des Sprechens zum Ausdruck gebracht.

Bei den Transvestiten finden wir die verschiedensten sexuellen Triebe und Anomalieen; es gibt heterosexuelle und homosexuelle Transvestiten, metatropische und narzistische Personen. Das Studium der Transvestiten ist daher für die Einführung in die Sexualwissenschaft ganz besonders instruktiv; es wird auch dadurch erleichtert, daß die Transvestiten jede Nuancierung ihres Fühlens äußerlich sichtbar machen.

Transvestitismus ist zwar schon seit Jahrtausenden bekannt — wird doch schon im alten Testament dagegen geeifert — doch ist er erst in der Neuzeit zum Gegenstand wissenschaftlicher Forschung gemacht worden. C. Westphal trug 1868 zuerst der Medizinisch-psychologischen Gesellschaft zwei Fälle von Personen vor, welche die ihrem anatomischen Geschlecht entgegengesetzte Kleidung trugen. Näcke, H. Ellis, M. Hirschfeld und E. Burkhardt setzten die Untersuchungen fort. M. Hirschfeld gab dann die Arbeit heraus „Die Transvestiten, eine Untersuchung über den erotischen Verkleidungstrieb" (s. Schrifttum). Es werden hier unterschieden Transvestiten, die den Drang haben, sich vollständig nach der Art des anderen Geschlechts zu bewegen und zu kleiden, solche, die sich außerdem körperlich dem anderen Geschlechte anzugleichen suchen; Männer entfernen sich etwa künstlich die Barthaare oder suchen sich durch Einspritzungen weibliche Brüste zu verschaffen; Frauen bemühen sich, Bartwuchs zu erzielen und die Brüste zu beseitigen. Andere beschränken sich darauf, ihre Kleidung in einzelnen Stücken, etwa Hut, Kragen oder Schuhen dem anderen Geschlechte anzupassen, oder sie nehmen den Vornamen des anderen Geschlechtes an oder suchen wenigstens die ihnen verhaßte Zugehörigkeit zu ihrem eigenen anatomischen Geschlecht durch geschlechtsindifferente Namen, wie Maria oder Fritzi, zu verbergen. Den transvestitischen Drang haben manche dauernd, andere periodisch. Narzistische Transvestiten erregen sich durch den Anblick ihrer andersgeschlechtlichen Persönlichkeit, etwa im Spiegel, „das männliche Ich" in ihnen liebt das weibliche, oder umgekehrt. Metatropische Transvestiten lieben Personen des anderen Geschlechts; männliche Personen begehren Frauen meist mit virilem Einschlag; die weiblichen metatropischen Transvestiten lieben feminine Männer; bisexuelle Transvestiten fühlen sich zu Personen beider Geschlechter hingezogen, homosexuelle Transvestiten lieben Personen des eigenen Geschlechts.

Hiermit ist der von Hirschfeld aufgestellte Begriff Transvestitismus deskriptiv festgelegt. Das Wort Transvestitismus hat sich ganz allgemein durchgesetzt, ebenso das Wort Transvestiten.

Von den Transvestiten werden Zisvestiten unterschieden, diese sind Personen, die diesseits der Geschlechtsgrenze aus einem Drange heraus in bezug auf Alter oder Stand Umkleidungen oder sonstige Ausdrucksformen ihres Fühlens erstreben. Durchweg handelt es sich um infantile Individuen. Die Betreffenden fühlen sich als Kinder oder als Zugehörige einer sozial-tieferen Klasse; erwachsene Männer tragen Knabenkleidung, insbesondere häufig Matrosenanzüge, oder Männer von Rang und Stand die Livree eines Reitknechtes oder Dieners, die Frau kleidet sich als Schulmädchen oder trägt das Häubchen des Dienstmädchens. Es kommt auch vor, daß Männer Mädchenkleidung tragen, Frauen Knabenkleidung anlegen; dann liegt Transvestitismus kombiniert mit Infantilismus vor.

2. Alle diese Erscheinungen bedürfen einer psychologischen (oder auch psychopathologischen) Erklärung, und wir wollen verstehen, welchen Sinn dieser Kleidungstausch hat. An Versuchen zu Erklärungen und Deutungen fehlt es nicht. Den ersten Fingerzeig geben uns die Transvestiten selbst, die sich gegen den Ausdruck „Verkleidungstrieb" gewehrt haben, es müsse richtiger Umkleidungstrieb heißen, sie verkleideten sich nicht, sondern sie kleideten sich so um, wie es ihrem inneren Wesen entspreche. Der Infantilismus der Zis- und mancher Transvestiten wird treffend durch „Puellismus" ausgedrückt, den ein solcher Transvestit vorschlug.

Von den Sexualforschern gibt H. Ellis eine Erklärung, der eine ästhetische Theorie zu Grunde liegt. Er meint, der Genießende vertiefe sich so in das Objekt seiner Neigung, daß er sich hierbei dessen Eigenschaften anzueignen strebe. Andere Forscher wollen im Transvestitismus Zwangshandlungen sehen, in Anlehnung an den von Krafft-Ebing aufgestellten Begriff Zwangsvorstellung. Noch andere heben hervor, daß masochistische Neigungen vielfach kenntlich werden. Rohleder sieht in dem Transvestitismus eine Abart des pathologischen Fetischismus und große Hinneigung zum Monosexualismus, den Ellis als Autoerotismus bezeichnet. Kronfeld sagt, die Hälfte der Transvestiten sei homosexuell und der Rest in seiner seelischen Struktur sehr verwickelt. Teilweise habe Transvestitismus mit gewissen Süchten verwandte Züge; auch im Körperbau seien starke Abweichungen vorhanden, bei dem einen entspreche der Körper dem anatomischen Geschlechtsbefunde, bei anderen weiche der Körperbau erheblich ab. Hirschfeld hält diesen Erklärungen entgegen, daß eben doch generell von all diesen Anomalieen bei dem Transvestitismus erhebliche Abweichungen vorhanden seien.

Um hier zu einer grundsätzlichen Stellungnahme zu gelangen, bedarf es zunächst einmal einer logischen Erörterung des Begriffes Transvestitismus. Wir folgen hier den grundlegenden Untersuchungen, wie sie H. Rickert in seinem Werke „Die Grenzen der naturwissenschaftlichen Begriffsbildung" anstellt, und die sich auch in „Kulturwissenschaft und Naturwissenschaft" finden. Rickert unterscheidet Gattungsbegriffe und Relationsbegriffe. Der Gattungsbegriff gibt lediglich eine Klassifikation, eine Zusammenstellung nach äußeren Merkmalen, wie sie etwa Linné in der Einteilung der Pflanzen nach Staubgefäßen gibt. Gattungsbegriffe sind auch die anatomischen Begriffe „Mann" und „Weib", die lediglich durch die Art der Keimdrüsen bestimmt sind. Unter diesem Begriff „Mann" ist hiernach z. B. auch ein androgyner, homosexueller, masochistischer Transvestit einzureihen, obwohl er sicher nicht mehr viel Männliches außer den Keimdrüsen hat. Alle psychologischen Erörterungen von dem anatomischen Begriff Mann aus entbehren jeder Grundlage, da ja als Kennzeichen des Mannes lediglich die Art der Keimdrüsen angesehen worden ist.

Der Relations- oder Beziehungsbegriff wird dagegen gebildet, indem von vorn herein ein wahrer Urteilsgehalt erstrebt wird. Naturwissenschaftliche Relationsbegriffe schließen schon den Ansatz von Naturgesetzen in sich und gehen auf Aufstellung von Naturgesetzen aus. Solche Relationsbegriffe sind z. B. die Begriffe „Vollmann" und „Vollweib". Diese schließen nicht nur das Kennzeichen der Keimdrüsen, sondern auch psychische Eigenschaften in sich, wie Aktivität des Mannes, Hingabe der Frau, also Relationen, Beziehungen zwischen beiden. In den Typen des Metatropisten, Bisexuellen und Homosexuellen werden dann die Möglichkeiten seelischer Beziehungen (Relationen) außer den normalen heterosexuellen Beziehungen zwischen Mann und Weib dargestellt. Nun fragt es sich aber, ob auch Transvestitismus ein Relationsbegriff ist, also überhaupt ein Begriff, von dem aus man zur Aufstellung von Naturgesetzen gelangen kann, wie es durchweg die oben genannten Forscher versuchen, ohne sich der Mühe unterzogen zu haben, den Begriff auf seine Eignung hierzu zu prüfen.

Nennt man wirklich einen Transvestiten einen Menschen, der nur den Drang hat, die Kleidung des anderen Geschlechtes anzulegen, oder gehört noch mehr dazu? Es ist richtig, einen Homosexuellen z. B. nennen wir einen Menschen, der lediglich den sexuellen Trieb zum eignen Geschlecht hat, ohne ihn jemals betätigen zu müssen, ja, der sich aus irgend welchen Gründen heterosexuell betätigt. Aber nennen wir Jemanden einen Transvestiten, der lediglich den Drang hat, die Kleidung des anderen Geschlechtes anzulegen, ohne diesem Drange nachzugeben? Diesen bezeichnen wir doch als einen Homosexuellen oder Metatropisten, je nach der Triebrichtung, aber nie als Transvestiten. Zum Transvestitismus gehört das äußerliche Kennzeichen, daß die Formgebung des anderen Geschlechtes realisiert wird, wie Kronfeld sagt, oder kurz gesagt, die Kleidung des anderen Geschlechtes angelegt wird. Mit anderen Worten, Transvestitismus ist von dem äußeren Kennzeichen der andersgeschlechtlichen Formgebung oder der Umkleidung aus gegeben; Transvestitismus ist ein Gattungsbegriff, von dem aus man nie zur Aufstellung von Naturgesetzen gelangen kann. Es ist dies nur möglich, indem wir von den Relationsbegriffen wie Metatropismus, Bisexualität, Homosexualität ausgehen, wie es ja auch durchweg die Forscher getan haben, allerdings ohne hierbei generell den Transvestitismus erklären zu können.

Transvestitismus erklärt sich aus dem allgemein menschlichen Drange, die äußere Form dem inneren Wesen anzupassen. Wird ein sexuell normal Empfindender infolge falscher Geschlechtsbestimmung bei der Geburt in der Kleidung des anderen Geschlechtes erzogen, so fordert er, so bald er erwachsen ist, Geschlechtsberichtigung und die Kleidung des Geschlechtes, dem er tatsächlich angehört und dem er sich zugehörig fühlt. Empfindet ein Mensch sexuell nicht normal, so hat er den gleichen Drang zur äußeren Formgebung, die Anomalie liegt nicht in der Kleidung, sondern in der Homosexualität, in der Bisexualität, dem Metatropismus, dem Infantilismus, dem Narzismus, die zu einer entsprechenden Formgebung drängen, wenn es auch zweifellos Personen gibt, die alle diese Anomalieen haben, ohne daß gerade die Kleidung bei ihnen eine hervorragende Rolle spielt. Auch ist Hirschfelds deskriptive Darstellung der Transvestiten ja nicht erschöpfend; so gut wie man von Namenstransvestiten spricht, könnte man auch z. B. Handschrifts-Transvestiten aufführen.

Von geschichtlichem Interesse ist, daß schon im 5. Buch Mose, Kapitel 22,5 verboten wurde, die Kleidung des anderen Geschlechtes anzulegen. Es muß also doch wohl ein Anlaß zu diesem Verbot vorhanden gewesen sein. In der griechischen und römischen Antike ist der Transvestitismus wiederholt erwähnt. Die Kleidung zwischen Mann und Frau unterschied sich aber im wesentlichen nur durch den Faltenwurf. Jhering meint, wenn es keine Kleidungsunterschiede gäbe, so müßten sie zur Aufrechterhaltung der Sitte erfunden werden. Von den alten Germanen wird aber berichtet, daß Kleidungsunterschiede zwischen Mann und Frau kaum vorhanden waren.

3. Für die rechtliche Regelung des Transvestitismus kommen zwei Gesichtspunkte in Betracht. Wird dem Transvestiten das Tragen der von ihm begehrten Kleidung untersagt, entwickelt sich häufig der querulatorische Transvestit, der sein Leben damit zubringt, auf dem Rechtswege die Erfüllung seines als berechtigt empfundenen Zieles durchzusetzen. Wiederholt ist den Anträgen auf Tragen der Kleidung des anderen Geschlechtes auch stattgegeben worden, besonders wenn die Personen in der Kleidung des anatomischen Geschlechtes auffallen. — Gegen eine Verallgemeinerung dieser Erlaubniserteilung spricht jedoch die Gefahr, die aus der Verschleierung des Personenstandes entsteht.

Strafrechtlich wird das Tragen nicht zukommender Kleidung als grober Unfug verfolgt, soweit nicht andere Strafgesetze verletzt werden. Durch Tragen nicht zukommender Kleidung könnte z. B. Betrug verübt werden. Die Angabe auch eines falschen Vornamens einem zuständigen Beamten gegenüber kann Strafverfolgung wegen Führung falschen Namens und, wenn auf Grund der falschen Angabe Eintragungen in öffentliche Urkunden, etwa der Gefangenenliste, erfolgen, sogar wegen intellektueller Urkundenfälschung nach sich ziehen.

Die Kriminalität der Transvestiten gewährt einen interessanten Einblick in die Kriminalität der Personen überhaupt, die zwischen Mann und Frau stehen, da doch alle denkbaren psychosexuellen Beziehungen, die zwischen Mann und Frau außerhalb des Normalen bestehen, sich als Transvestitismus äußern können. Mann und Frau nehmen zu unseren kulturellen Werten positiv und negativ neben der gemeinsamen gleichen Einstellung noch eine besondere geschlechtsbedingte Haltung ein. S. die Art. „Geschlecht" und „Weibliche Kriminalität". Auch bei den Transvestiten und den anderen Gliedern der Zwischenstufen ist die Kriminalität, also die negative Einstellung zu Werten, die uns hier lediglich interessiert, durch Anlage und äußere Lage bedingt, sie nimmt eine „mittlerische" Stellung zwischen der des Mannes und der des Weibes ein. Hierbei ist noch zu berücksichtigen, daß die Betätigung anormaler sexueller Veranlagung schon an sich z. T. strafbar ist und außerdem von der Gesellschaft geächtet wird, wodurch eine ganz besondere soziale Lage dieser Andersartigen geschaffen wird und sich auswirkt. Dies zeigt sich typisch bei dem Transvestiten; das Tragen der Kleidung des anderen Geschlechtes ist verboten und strafbar, hierdurch wird eine Kriminalität sonst völlig sozialer Personen hervorgerufen. Die Berliner Kriminalpolizei und die vieler anderer größerer Städte, auch Österreichs, stand bisher auf dem Standpunkte, daß durch das Anlegen der Kleidung des anderen Geschlechtes eine Belästigung des Publikums und eine Störung der Öffentlichkeit hervorgerufen sein müsse, um den Unfugsparagraphen 360, 11 StGB. zu erfüllen. Kleinere Amtsgerichte haben jedoch auch sechswöchige Haftstrafe ohne diese Voraussetzungen verhängt. Die Führung falschen Namens, die falsche Angabe bei der Eintragung in die Gefangenenliste nach der Festnahme ergaben sich fast zwangsmäßig und erzeugen eine für die Transvestiten typische Kriminalität. Bei den infantilen Transvestiten findet man häufig einen Mangel an Zurückhaltung; sie suchen die Blicke etwa auf der Straße auf sich zu lenken, sodaß oft Grund zu polizeilichem Einschreiten gegeben ist.

Mord und Totschlag aus eigennützigen Motiven, wie Habsucht, Haß und Rache, fehlen bei allen Zwischenstufen fast gänzlich. Die mehr aktiv Gearteten können aber zu politischen Verbrechen gelangen. Von Harmodios und Aristogeiton, die als Tänzerinnen gekleidet den Tyrannen Hipparchos ermordeten, berichtet schon die Antike. Sehr verschiedene Beurteilung haben die Frauen gefunden, die, als Soldaten gekleidet, sich in den Kriegen fast aller Völker ausgezeichnet haben. Es sei hier an die als deutsche Freiheitskämpferin gefeierte Eleonore Prochaska erinnert, die als August Renz im Lützowschen Freikorps focht und 1813 fiel, oder an Friederike Krüger aus Mecklenburg; Andere haben dagegen Strafen erlitten wegen falscher Eintragung in die militärischen Stammrollen usw. oder sind nur durch Fürsprache von einer Strafe verschont geblieben. Eine Arbeiterin in Berlin erzählt gern davon, wie sie als zaristischer Kosak geglänzt hat. Neuerdings hörte man viel von einem „Hauptmann Barker", der eine militärisch-politische Führerstelle errang und dann als eine Frau Valerie Smith entlarvt wurde. Sie war früher verheiratet, aber homosexuell. Sie ist der Typ einer Frau mit gesteigerter männlicher Artung, die eine ganz besondere Vorliebe für Militäruniformen zeigt und sich auf phantastische Kriegserzählungen beschränkt, als Ersatz für wahre Erlebnisse. Ein Fall von Totschlag ging seinerzeit durch die Presse; ein Transvestit wurde in einem Lokal von dem gleichfalls transvestitischen Wirt erschossen, doch handelte es sich um eine Spielerei mit der Pistole. Dieser Wirt war früher als indische Schlangentänzerin unter dem Namen Vo-Doo durch die ganze Welt gereist.

Ladendiebstähle, ein typisch weibliches Delikt, werden von Transvestiten häufig begangen, und zwar gerade von männlichen, die die faltenreiche Frauenkleidung zur Ausführung von Diebstählen ausnützen. Zu den Transvestiten sind auch alle die Personen zu rechnen, die angeben, daß sie lediglich des besseren Fortkommens willen die Kleidung des anderen Geschlechtes trügen. Es handelt sich hier um Ausnützung der Anlage, der Trieb wird in der Aussage nur rationalisiert. So nahm in Mantua 1895 bei einem Advokaten ein Mann, der wegen seiner weiblichen Anlage vom Militär desertiert war, als Kammermädchen der gnädigen Frau eine Stellung an. Ziemlich häufig werden Fälle von Heiratsschwindel berichtet. 1898 fiel eine 17jährige Beamtentochter einem angeblichen jungen Seemann zum Opfer, der Matrose war ein Mädchen, das einen Schneidermeister um zwei Matrosenanzüge geprellt hatte. Ein deutscher Lehrer verlobte sich in Paris mit einer Amerikanerin, die sich nachher als Mann entpuppte.

Auch kam es wiederholt vor, daß sogenannte Unzuchtsdiebstähle von als Frauen verkleideten Männern ausgeführt wurden. Ja, es gibt Männer, die in weiblicher Kleidung der Prostitution nachgehen und eigenartigerweise Jahre lang dieses Geschäft betreiben können. Wir sehen also bei allen diesen Delikten immer einen Einschlag zum weiblichen Geschlecht, soweit es sich um männliche Täter handelt, und umgekehrt bei den Frauen eine starke Hinneigung zu mehr männlichen Deliktsarten, es wird aber doch nicht die Grenze der wirklich männlichen verbrecherischen Aktivität erreicht. Als Gegenstück sei noch erwähnt, daß auch die Kriminalisten sich der Verkleidung bedienen, um insbesondere Warenhausdiebinnen zu fassen, oder auch um in Verbrecherlokalen unerkannt zu bleiben, doch ist es durchaus nicht leicht, die Kleidung des anderen Geschlechtes zu tragen und sich entsprechend zu geben. Mir ist nur ein Fall bekannt, wo sich ein Kriminalbeamter mit Erfolg als Frau verkleidete; er ist jetzt aus dem Dienst ausgeschieden, trägt entsprechend seiner Veranlagung fast nur weibliche Kleidung und betätigt sich als Warenhausdetektivin.

Schrifttum:

Ellis Havelock, Sexo-Aesthetic Inversion, deutsch: in Zeitschr. für Psychotherapie 1913. — Bernhard Friedrich, Transvestiten in Geschlecht und Gesellschaft, 6. Bd., Herausgeber: Vanselow. — Lothar Goldmann, Arzt in Neuyork, Über das Wesen des Umkleidungstriebes, Sonderdruck aus Geschlecht und Gesellschaft, Jahrg. 7, Dresden 1925. — Magnus

Hirschfeld, Sexualpathologie, Marcus & Weber, 1. Bd. 1920, 2. Bd. 1921. — Derselbe, Die Transvestiten, 2. Aufl. 1925. — Rudolph v. Jhering, Der Zweck im Recht, Leipzig 1886. — Arthur Kronfeld, Transvestiten, im Handwörterbuch der Sexualwissenschaft von Max Marcuse, Bonn 1926. — v. Krafft-Ebing, Psychopathia sexualis, 14. Aufl., Stuttgart 1912. — Albert Moll, Die konträre Sexualempfindung, 3. Aufl., Berlin 1899. — Derselbe, Transvestiten in Eulenburgs Realenzyklopädie der gesamten Heilkunde, 14. Bd., 1913. — Paul Näcke, Kriminologische und sexualogische Studien, im Archiv für Kriminalanthropologie, Bd. 47, Leipzig 1912. — Heinrich Rickert, Die Grenzen der naturwissenschaftlichen Begriffsbildung, 5. Aufl., 1925. — Derselbe, Kulturwissenschaft und Naturwissenschaft, 6. und 7. Aufl., beide Werke bei J. C. B. Mohr, Tübingen 1926. — Fritz Rumpf, Der Mensch und seine Tracht, ihrem Wesen nach geschildert, Verlag von Alfred Schall 1905. — Wilhelm, Amtsgerichtsrat a. D., Die rechtliche Stellung der körperlichen Zwitter, de lege lata und de lege ferenda in den juristisch-psychiatrischen Grenzfragen, bei Marhold, Halle 1909.

Karl Metelmann.

Tricks.

In der Kriminalistik unterscheidet man zwei Hauptgruppen von Tricks: I. Die Verbrechertricks. II. Die Überführungstricks.

Zu I. Im allgemeinen versteht man unter Tricks allerlei Behelfe, meistens Täuschungsmittel, zur Erreichung eines bestimmten verbrecherischen Zwecks. Je nach der Häufigkeit der angewandten Tricks kann man auch einmalige und gewohnheitsmäßige unterscheiden. Für gewisse Verbrecherspezialitäten, z. B. den Wechselfallenschwindler (Chilfener), den Klingelfahrer oder den Einsponbetrüger ist die Anwendung des betrügerischen Tricks das Wesentliche und stellt gewissermaßen die ganze Technik des Betruges dar, d. h. der Verbrecher derselben Kategorie wendet überall und zu jeder Zeit denselben Spezialtrick an, er muß nur den Ort seiner Tätigkeit wechseln; im übrigen müssen die Tricks, wenn sie wirksam bleiben sollen, selbst gewechselt (variiert) werden. Beispiel: Um die Güter in einem Speditionsraum zu berauben, kann der Dieb zur Nachzeit einbrechen, er kann sich aber auch, und darin liegt der neuartige Trick, von Komplicen in einer Frachtkiste als Stückgut ordnungsmäßig beim Spediteur abliefern lassen, um nachts die dort lagernden Stückgüter zu berauben oder durch falsche Signierung an die Adresse eines Gehilfen senden lassen.

Dem Diebstahl mit Gewalt steht der Diebstahl mit List gegenüber; er ist eine Kombination von Diebstahl und Betrug, wie er z. B. besonders typisch beim Diebstahl à l'américaine in Erscheinung tritt. Hierbei werden Geld und Wertsachen in der Weise dem Gewahrsam eines Dritten entzogen, daß der Dieb (sogar in dessen Beisein) bewegliche Behältnisse mit Wertinhalt gegen Behältnisse gleicher äußerer Beschaffenheit, aber mit wertlosem Inhalt, trickmäßig vertauscht.

Bei jedem gewerbs- und gewohnheitsmäßigen Verbrechen lassen sich Tricks anwenden, z. B. beim Falschspiel (s. d.) durch die Art des Zinkens (d. h. der geheimen Kennzeichnung) der Spielkarten, bei der Brandstiftung (s. d.) durch Anwendung origineller Zeitzünder. Am meisten werden Tricks aber beim Betrug und bei der Fälschung jeder Art angewendet, wobei das Wesentliche aller Tricks die Art des Vertrauenerweckens beim Opfer ist, wie andererseits beim Diebstahl oder Falschspiel die Ablenkung der Aufmerksamkeit wesentlich sein wird. Ganz besonders häufig sind aber die Tricks beim Versicherungsbetrug, bei der Hochstapelei und bei allen fingierten Delikten.

Betrachten wir eine Spezialgruppe von Tricks, so z. B. beim Einbruch, nach jeder Richtung, dann ergeben sich folgende Einteilungsmöglichkeiten:

1. Vor der Tat. 2. Bei der Tat. 3. Nach der Tat.

Zu 1. a) Das Ausbaldowern oder Vermitteln der Diebstahlsgelegenheit (sogenannte „Annonce"). Ausnützen der Gelegenheit beim unbewachten Leerstehen der Wohnung bei Beerdigungen, Ferienreise, Sonntagsnachmittagspaziergang.

b) Weglocken des Opfers aus der Wohnung durch fingierte Briefe, Telephonanrufe, Telegramme, Boten, Zusendung von Einladungen oder Theaterkarten.

c) Mieten leerstehender Zimmer zur Unterbringung des Einbruchwerkzeuges für Wand-, Decken- und Geldschrankeinbruch.

d) Anfertigen von Ortsskizzen und Notizbuchvermerken.

e) Graben eines unterirdischen Zuganges.

f) Einschmuggeln von Komplicen, z. B. als Dienstboten, oder als „Kistenfahrer" oder in großem Teppich eingerollt.

g) Wegnahme der Wohnungsschlüssel, die Dienstboten bei sich tragen, während eines Ausfluges oder eines Tanzvergnügens, und sofortige Aushändigung an Komplicen.

h) Anknüpfen eines Liebesverhältnisses mit Dienstboten oder der Ehefrau (des verreisten Wohnungsinhabers).

i) Beseitigen von Wachhunden (durch Gift oder läufige Hündinnen), Unschädlichmachen der Telephonleitungen oder Sicherungsanlagen.

k) Verführen des Wach- und Aufsichtspersonals in Fabrikgebäuden.

l) Signalementsveränderung.

m) Vorbereitung eines (falschen) Alibis.

Zu 2. a) Abblenden der Räume beim Geldschrankeinbruch bei Anwendung des Sauerstoffgebläses. Anwendung von Schirmen beim Deckeneinbruch, um Geräusche durch herabfallende Mörtelstücke zu vermeiden. Anwendung von Schmierseife und Pechpflaster beim Eindrücken von Fensterscheiben.

b) Aufstellen von Aufpassern und Schmierestehern, die in verabredeter Weise Warnungssignale zu geben haben.

c) Weglocken von ankommenden Polizeistreifenbeamten.

d) Panikerregung und Ablenkung der Aufmerksamkeit des Opfers oder des Straßenpublikums, z. B. durch Explodierenlassen von Bomben, Kanonenschlägen, durch Schüsse aus Handfeuerwaffen, mit anschließender Beraubung eingeschlagener Schaufenster.

e) Ablenken der Aufmerksamkeit durch eine Scheinarbeit, z. B. durch Anlegen eines Malerkittels und Vorbereitungshandlungen zum Anstreichen eines Schaukastens, der geplündert werden soll, oder durch Scheininszenierung einer Filmaufnahme.

Zu 3. a) Unkenntlichmachen der gestohlenen Objekte, wie Fahrräder, Autos, Schmucksachen; Einschmelzen des Edelmetalls bei Tafelsilber und Schmuckwaren.

b) Versteck der Diebesbeute (durch Vermauern oder Vergraben, wozu manchmal Ortsskizzen angefertigt werden, um das Versteck wiederzufinden); Hinterlegen bei bahnamtlichen Aufbewahrungsstellen, wo zuweilen auch das Einbruchswerkzeug vorübergehend untergebracht wird, ebenso bei Pfandleihen.

c) Aufzeichnungen, teilweise in Geheimschrift, die sich auf ausgeführte Einbrüche und die Höhe des Gewinnanteils (bei Komplicen) beziehen.

Die Tricks sind kriminalistisch auch deswegen von besonderer Bedeutung, weil ihre Anwendung in manchen Fällen wertvolle Hinweise auf den Täter (subjektive Merkmale der individuellen Ausführungsweise) geben kann.

Zu II. Überführungstricks. Da die List des Verbrechers nur mit gleichwertigen taktischen Maßnahmen zu überwinden ist, sind in der kriminalpolizeilichen Praxis Überführungstricks manchmal unumgänglich. So vor allem dann, wenn ein gefährlicher und raffinierter Verbrecher dingfest gemacht werden soll und alle gewöhnlichen Hilfsmittel (Steckbrief, Fahndungsersuchen, Presseausschreibungen) versagen.

Selbstverständlich sollen Überführungstricks nicht in der Öffentlichkeit beschrieben werden, um sie nicht schließlich wirkungslos zu machen. Sie eignen sich daher nur zur mündlichen Tradition im engsten Anwendungskreise.

Nun herrscht bezüglich einer Art von List die allgemeine, in den Lehrbüchern vertretene Ansicht, daß sie „verpönt", wenn auch nicht strafbar, sei, das sind die kaptiösen oder verfänglichen Fragen. Noch vor 100 Jahren waren solche Fragen sogar gesetzlich verboten; so enthält z. B. der Art. 182 des bayerischen Strafgesetzbuches (II. Teil) aus dem Jahre 1813 ein entsprechendes Verbot; und Art. 183 bestimmt, daß Fragen, welche dem Angeschuldigten den besonderen Umstand, den man von ihm eingestanden haben will, zur bloßen Bejahung oder Verneinung, bestimmt vorsagen, in der Regel verboten sind. So schulmeisterlich die Bestimmungen eines solchen veralteten Strafgesetzbuches anmuten, so zeigen sie doch, daß auf eine geschickte Vernehmungstechnik (s. d.) damals schon ein besonderer Wert gelegt worden ist, auch wenn z. B. Art. 175 und Art. 176 (a. a. O.) vorschrieben, daß der Untersuchungsrichter sorgfältig zu verhüten hat, daß der Verhörte nicht den ganzen Umfang der ihn belastenden Beweise oder durch die an ihn gestellten Fragen einzelne bestimmte Umstände der Tat erfahre. Ferner soll der Untersuchungsrichter beobachten, daß dem geständigen Angeschuldigten beim Mangel sonstiger Beweise nicht alle einzelnen Umstände der Tat selbst vollständig vorgehalten werden, sondern noch dieser und jener zurückgehalten werde, an denen die Glaubwürdigkeit des Geständnisses besonders nachgeprüft werden kann, eine Mahnung, die auch heute noch ihre Geltung hat und namentlich im Verkehr mit der Presse von jedem Kriminalisten mehr als bisher beachtet werden müßte.

III. Tricks und Presse. Die Frage, ob Tricks der erwähnten Art in der Tagespresse bekanntgegeben werden sollen oder dürfen, ist zunächst dahin zu beantworten, daß Überführungstricks hiervon unter allen Umständen auszunehmen sind, da sie gewissermaßen zu den Betriebsgeheimnissen der Untersuchungsbehörden gehören, die auch unter den im § 54 StPO. ausgesprochenen Schutz der Amtsverschwiegenheit fallen. Die Verbrechertricks dagegen können in allen jenen Fällen in der Tagespresse bekanntgegeben werden, in denen sie zur Aufklärung und Warnung des Publikums im allgemeinen und zur Ergreifung des Gauners führen sollen. Im übrigen ist die

Bekanntgabe von solchen Tricks grundsätzlich zu unterlassen oder dienstlich zu untersagen, weil sie Andere leicht zur Nachahmung reizen, was nicht nur eine Vermutung, sondern eine kriminalistisch bereits bewiesene Tatsache ist. Allerdings läßt sich nicht vermeiden, daß die Verbrecher gelegentlich auch aus kriminalistischen, gerichtsmedizinischen und -chemischen Lehrbüchern ihre Kenntnisse schöpfen und nach dort bekanntgegebenen Rezepten „arbeiten". Deshalb ist auch die Verarbeitung und Mitteilung von Verbrechertricks im Schauspiel und Kinostück mit aller Strenge zu unterdrücken, weil sie in dieser schmackhaften, drastischen Form vor Augen geführt, viel suggestiver und belehrender wirken als in ihrer trockenen Wiedergabe in der Presse. Die Sherlock-Holmes-Literatur ist auch an Überführungstricks (Verbrecherfallen) reich, entspringen aber der Phantasie und Erfindungsgabe eines Dichters, die für Filmbearbeitungen, nicht aber für die kriminalistische Praxis brauchbar sind, ohne daß man ihre anregende Wirkung auf die Kombinationsgabe des Kriminalpraktikers unterschätzen soll.

Schrifttum:

H. Schneickert, Kriminaltaktik und Kriminaltechnik, 4. Aufl., S. 80, 161, 347. — Derselbe in Groß', Arch. f. Kriminologie, 17, 151, 22, 203 und 26, 293ff. — Erich Wulffen, Gauner- und Verbrechertypen, Berlin-Lichterfelde 1910.

Hans Schneickert.

Trinkerfürsorge s. Besserungs- und Bewahrungsanstalten.

Triolismus.

Geschlechtsverkehr zu Dritt. Die Bezeichnung ist hergeleitet aus der Musik, in der Triole den Einsatz dreier Töne für zwei im gleichen Taktteil bedeutet. Triolismus kommt bei bisexueller, metatropischer Veranlagung der teilhabenden Personen zu stande. Der feminine Mann z. B. fühlt sich von seiner älteren virilen Frau, etwa Ehefrau, und gleichzeitig von einem jüngeren Manne mit mehr oder weniger femininem Einschlag angezogen. Die Frau begehrt die beiden femininen Männer; der dritte Partner wiederum hat sexuelle Beziehungen zu der älteren virilen Frau und dem femininen Manne, die sich beide körper-seelisch ähneln. In diesem Bunde zu Dritt wirken ergänzende und vorwiegend gleiche körper-seelische Eigenschaften anziehend, sowohl solche Eigenschaften, die als typisch männlich oder weiblich angesehen werden und die hier auf die verschiedenen Geschlechter zum Teil von der Norm abweichend verteilt sind, als auch Eigenschaften, die bei beiden Geschlechtern gleichmäßig vorkommen, wie Augen- und Haarfarbe. — Der Metatropismus kann in Steigerungsformen als Sadismus und Masochismus vorkommen, wobei dann auch entsprechende sexuelle Akte erstrebt und vorgenommen werden. Näheres im Art. Voyeurs.

Schrifttum:

v. Krafft-Ebing, Psychopathia sexualis (1924) S. 757/58; vgl. auch d. Art. Kuppelei.

Karl Metelmann.

Typenlehre s. Charakterologie, Kriminalanthropologie und Persönlichkeitsforschung.

U.

Übertretungen s. Kriminalstatistik und Polizeistatistik.

Uneheliche.

1. Die Kriminalität der Unehelichen statistisch, ja überhaupt ganz exakt erfassen zu wollen, scheint eine kaum lösbare Aufgabe zu sein. Das hat seinen Grund nicht nur in einer hier notwendigerweise vorliegenden methodischen Undeutlichkeit der ziffermäßigen Ermittlung, sondern in noch höherem Grade in der Tatsache, daß die soziologische Bewertung der Unehelichkeit überhaupt nicht einheitlich sein kann. Denn die „Unehelichkeit" der Geburt umfaßt von vorn herein zwei sozialethisch ganz verschieden zu beurteilende Vorgänge, nämlich die voreheliche und die für immer unehelich bleibende Geburt. Wie weit die spätere Legitimierung die soziologischen Schäden ausgleicht, ist natürlich im Einzelfall auch verschieden. Aber dies ist nicht der einzige grundlegende Unterschied. Sowohl bei vorehelichen wie bei unehelich bleibenden Kindern setzt sich dieser

Umstand, der seine Zusammengehörigkeit zunächst nur in einem negativen Merkmal findet, nämlich in dem Nichtbestehen der ehelichen Verbindung der Eltern im Zeitpunkt der Geburt des Kindes, positiv aus einer ganz verschieden verlaufenden Kausalreihe zusammen. Auf diese Kausalreihe aber kommt es an, wenn man von der kriminalistischen Bedeutung der Unehelichkeit der Geburt überhaupt etwas wissenschaftlich Stichhaltiges und praktisch Nutzbares aussagen will. So tritt von Anfang an die Wahrheit uns entgegen, daß Unehelichkeit der Geburt, kriminalistisch betrachtet, höchstens ein bedingtes Gefährdungsmoment sein kann — bedingt durch eine ganze Anzahl einzelner und ganz verschiedener Umstände und Wirklichkeiten.

Zunächst muß schon der grundlegende Unterschied zwischen kriminalbiologischer und kriminalsoziologischer Betrachtung hier ins Auge fallen.

Kriminalbiologisch käme es auf die Rasseneinflüsse, das Erbgut, den Genotypus und Phänotypus an. Wenn wir die Lehre vom delinquente nato ablehnen, so werden wir auch aus der unehelichen Geburt schlechthin keine Minderwertigkeit schließen dürfen, es sei denn, daß man in der unehelichen Verbindung der Eltern selbst schon eine Amoralität, einen ethischen oder rechtsverletzenden Charakter erblicken will. Dies generell auszusprechen, wäre verfehlt. Nicht nur die Dichtung hat uns gelehrt, daß auch hochwertige Menschen, wenn die äußeren sozialen Verhältnisse ihnen die eheliche Verbindung mit dem Partner versagen, zu außerehelicher Kopulation gelangen. Manche ganz hervorragend begabte und ethisch hochstehende Kinder sind Zeugnis dafür.

Kriminalsoziologisch ist ein Gefährdungsmoment natürlich vorhanden; jedoch nicht ohne weiteres, sondern bedingt durch das, was wir sozialen Umwelteinfluß (s. d. Art.) nennen. Es hängt durchaus von den Umständen des Einzelfalles ab, ob das nichtehelich geborene Kind ohne die Segnungen eines geordneten Familienlebens aufwachsen muß oder nicht, ob ihm eine angemessene Erziehung zu teil wird, ob dieses die Unehelichkeit der Geburt bedingende sozial negative Vorzeichen auch in den für Charakterbildung, Berufswahl und soziale Lage maßgebenden Jahren anhält oder nicht. Es kommen hier alle jene vieldeutigen und vielfältigen Momente in Betracht, über die im Art. „Soziale Umwelt" und den dort genannten Beiträgen dieses Handwörterbuchs gesprochen worden ist, darüber hinaus aber einige ganz spezifische psychologische Momente, die von größter soziologischer Bedeutung sind und über die unten zu 2 noch Näheres zu sagen ist.

Aber schon hieraus wird deutlich, warum es nicht einfach ablesbare statistische Zahlen über das Verhältnis zwischen unehelicher Geburt und Kriminalität geben kann. Auch ist das Verhältnis bisher nicht ausreichend untersucht worden.

2. Daß die Unehelichkeit der Geburt ein „bedingtes Gefährdungsmoment" kriminalistischer Zielrichtung ist, wird durch die psychologische Problematik der Unehelichkeit bestätigt, die in einer eingehenden Arbeit von Hildegard Kipp (s. Schrifttum) untersucht worden ist. Aus einem sehr eindringlichen Tatsachenmaterial von 220 Fällen geht dort in erster Linie hervor, welche seelischen Gefahren für den unehelich geborenen Menschen in dem lügenhaften Verheimlichungssystem liegen, das ihn und seine Herkunft betrifft, in der Enttäuschung über die mütterliche und väterliche Lieblosigkeit, die beim Kundwerden jener Tatsache über den jungen Menschen kommt, dann in der dauernden, auf den beiden soeben betonten Tatsachen beruhenden Zurücksetzung in der Familie, in der Schule, bei Bewerbungen im öffentlichen Leben, zumal wenn die „Unvollständigkeit" der Familie sich für ein solches Kind in tiefes Minderwertigkeitsempfinden umsetzt. Es ist fast ein Wunder, wenn aus solchen, für den Betroffenen immer wiederkehrenden bitteren Erfahrungen sich nicht eine Feindschaft — wie gegen Vater und Mutter — auch gegen die Gesellschaftsordnung selbst einstellt, so daß leicht der Ausweg in solche asoziale Schichten gesucht wird, in denen jener Mangel seine Bedeutung mehr oder weniger verliert.

Ein so tiefes Erlebnis in der kindlichen Seele, wie es durch die unabänderliche Kunde von der unehelichen Geburt ausgelöst wird und nach den Anschauungen der bürgerlichen Moral mit unehrlicher Geburt eins ist, ist geeignet, den Betroffenen so völlig an jedem Vertrauen auf Ordnung und Recht wankend zu machen, daß der Wunsch zur Asozialität wirklich nicht weit entfernt sein kann. Vertrauensbruch, Lebenslüge, Gefühl der Schande und der völlig schuldlosen, aber nie wieder gut zu machenden eigenen Minderwertigkeit sind die Empfindungen, die nach den Feststellungen von Hildegard Kipp an ihrem Berliner Material immer wiederkehren. Das ausschlaggebende Motiv für alle Seelenqual der Unehelichen ist die pharisäische „öffentliche Meinung", die die unehelichen Eltern zu Härte und Lieblosigkeit, zu Verleugnung und Erniedrigung dieser Kinder führt. Dabei ergeben sich jedoch manche Abweichungen je nachdem, ob es sich um die Aufnahme bei der unehelichen Mutter oder in der Vatersfamilie oder in der Adoptiv- oder Pflegefamilie handelt. Neben manchem Typischen ist dabei sehr viel rein Individuelles.

Beachtenswert ist bei alledem die Tatsache, daß sich sehr häufig schon frühzeitig bei dem unehelichen Kind Erziehungsschwierigkeiten einstellen.

Neben allen diesen „konfliktauslösenden" Momenten treten, wie H. Kipp darlegt, konfliktverstärkende hinzu, unter denen der Unterschied in der sozialen Lage der Elternpartner und manche Entwicklungskrisen die wichtigsten sind.

Noch wichtiger aber, weil der Frage der psychologischen Auslösung krimineller Neigungen in unmittelbare Nähe rückend, sind die Momente der „Konfliktbewältigung", wie H. Kipp sie nennt und die sie einteilt in: Sehnsucht, Aggression, Resignation und Identifikation. Sehnsüchtige Überkompensation ist dabei ein meist im Innern sich abspielender Vorgang, der den Anschluß an die Gemeinschaft sucht und zu finden hofft, aber sehr leicht der Enttäuschung unterliegt; Identifikation ist so etwas wie ein Sichhineinversetzen in fremdes Schicksal, eine große seelische Selbstüberwindung, die in ethischer Hinsicht positiv betont ist. Dafür sind aber die beiden anderen Bewältigungsversuche um so gefährdeter in krimineller Hinsicht, da sowohl die Resignation wie die Aggression keine Beruhigung, sondern eine asoziale Verneinung bringen. Die Aggression, die sich zunächst gegen die unehelichen Eltern und deren Verschulden mit Vorwürfen richtet, führt unmittelbar zur Feindschaft gegen das Leben und die Gemeinschaft, und die Resignation ist zwar stiller, aber nicht minder gefährlich in dieser Hinsicht; denn sie ist in ihrer negierenden und passiven Einstellung, zumal wenn mit sozialen und materiellen Mißerfolgen verbunden, der Nährboden für asoziales Verhalten, so daß auch H. Kipp sagt, daß mit den Verhaltensweisen der Resignation „der Konflikt der Unehelichen in dem Versuch zu seiner Bewältigung hier auf den gefahrvollsten und vielleicht nie wirklich befreienden Weg geführt hat".

3. In seiner Arbeit „Uneheliche und verwaiste Verbrecher" (s. Schrifttum) hat Ferdinand Tönnies an 3174 zum Tode oder zu Zuchthaus Verurteilten in Schleswig-Holstein aus den Jahren 1874—1898 die Tatsachen der unehelichen Geburt und der frühen Verwaisung zum Gegenstand der Untersuchung gemacht. Daß er neben der Unehelichkeit auch die Verwaisung in gleicher Linie behandelt, bestätigt bereits, daß es sich bei weitem mehr um soziale als biologische Einflüsse handelt, obwohl natürlich auch die körperliche Konstitution von Einfluß sein kann, die sich von früh verstorbenen Eltern auf das verwaiste Kind vererbt hat. Jedenfalls aber ist die absolute Tatsache der unehelichen Geburt nicht das Ausschlaggebende. Zunächst bestätigt sich aus den Untersuchungen von Tönnies, daß, wie zu erwarten, die Unehelichkeitsquote unter den schweren Verbrechern sehr viel höher als in der Gesamtbevölkerung ist; war die letztere in Deutschland 1896—1905 mit 8,7 % (von 100 Lebendgeborenen) und in Schleswig-Holstein mit 8,9 % ermittelt, so zeigt sich die Quote bei den von Tönnies untersuchten Verbrechern mit 14,8 %. Mit Recht unterscheidet die Untersuchung aber nicht nur zwischen „Gaunern" (Vermögensdelinquenten) und „Frevlern" (Gewalt- und Sittlichkeitsdelinquenten), sondern auch zwischen Heimbürtigen und Fremdbürtigen und weist damit erneut auf die Verschiedenheit der mannigfachsten sozialen Einflüsse hin. Die Quote der Unehelichen bei den Sittenverbrechern erweist sich als besonders hoch, worin wohl ein betont biologischer Grund zu finden sein mag, während die Unterscheidung zwischen Heimbürtigen und Fremdbürtigen und zwischen Stadt- und Landbevölkerung auf das ganz wesentliche soziale Moment der Entwurzelung hinweist, ein Moment, „dem gegenüber die anderen Momente, das der Geburt und Erziehung, weniger ins Gewicht fallen dürfte".

Bei der Ermittlung der Verwaisten unter dem gleichen schleswig-holsteinischen Material ist die Ziffer sehr viel höher: 43,3 %, und bei väterlicher Verwaisung 50,1 % bei Stadtgeborenen, 47,8 % bei Landgeborenen. Sind diese Ziffern auch nur von einem verhältnismäßig kleinen Untersuchungsmaterial gewonnen, so zeigen sie doch, worauf es hier allein ankommt, soziologische Symptome, die ohnedies zu erwarten sind, weil sich in ihnen die natürlichen Folgen der Elternlosigkeit, sei es des Fehlens der väterlichen Erziehung, sei es des seelischen Einflusses der Mutter und damit des häuslichen Zusammenhalts bemerkbar machen, Folgen, die ganz ähnlich auch für die aus unehelicher Geburt hervorgehenden sozialen Umstände zutreffen.

Nach Petersen ist (zitiert bei Tönnies, S. 38) die Wahrscheinlichkeit der Verwahrlosung für die unehelich Geborenen als dreimal so groß zu schätzen als für die ehelich Geborenen. Über die Kriminalität der Unehelichen sind zuverlässige und allgemein gültige Zahlenangaben für ein größeres Gebiet und einen größeren Zeitraum meines Wissens nicht vorhanden und, wie schon oben betont, auch für sich allein wenig aufschlußreich. Auch Tönnies erklärt von seiner eigenen Arbeit (S. 44), seine Untersuchungen „können und wollen den Eindruck nicht aufheben, daß unser Wissen um diese verhängnisvollen Zusammenhänge nach Ausdehnung und Inhalt äußerst schwach ist, während es sehr stark sein müßte, um dem Gesetzgeber und Pädagogen ausreichende Grundlagen für Urteil und Maßregel an die Hand zu geben", und er schließt (S. 48): „Die Bekämpfung des Verbrechens wie der Verwahrlosung unterliegt den größten Schwierigkeiten, weil diese sozialpathologischen Erscheinungen in der Hauptsache Ausfluß von sozialen Zuständen sind, die durch die mächtigsten Interessen gepflegt und verteidigt werden."

4. Nach alledem darf es als sicher gelten, daß das Unehelichenproblem — kriminalistisch gesehen — nur ein Teilproblem ist, ja vielleicht als Mikrokosmos in einer Kriminalsoziologie erscheint, weil die Tatsache der unehelichen Geburt sowohl als Ergebnis wie als Ursache zahlreichster sozialer Umwelteinflüsse zu erkennen ist, bei denen die Bekämpfung einzelner dieser Einflüsse kaum einen großen Erfolg versprechen dürfte. Eine ganz grundlegende soziale Erneuerung im Sinne helfender und verstehender Volksgemeinschaft, die sowohl den Makel der Unehelichkeit in weitem Maße beseitigt, die Fürsorge für jeden familienhaften Zusammenschluß fördert wie auch namentlich an die Stelle von Entwurzelung aus Heimat und Sippe einen verantwortungsbewußten Gemeinsamkeitssinn zu setzen weiß, muß jedoch mit der Zeit hier Wandel schaffen können. Erleichterung der Eheschließung und Beseitigung hemmender Standes- und Sozialunterschiede wird zu solchem Ergebnis beitragen. Man könnte das ganze Sozialprogramm einer die Glieder des Volkes zusammenfassenden Staatsführung aufführen, um die großen und allgemeinen Mittel zu nennen, die der Unehelichengefährdung in der Kriminalität und somit der Kriminalität selbst abhelfen sollen — so sehr ist eben die uneheliche Geburt mit ihren Folgen nichts anderes als ein Symptom für eine Fülle verschiedenster soziologischer Tatsachen.

Daß deshalb auch die Rechtsordnung wichtige Aufgaben der Reform hat, liegt hiernach offen zu Tage. Selbst wenn H. Kipp (a. a. O. S. 173) meint, eine tatsächliche Gleichstellung zwischen Ehelichen und Unehelichen werde nicht möglich sein, „weil die schicksalsmäßig gegebene spezifische Unvollständigkeit der Familie als konfliktauslösendes Moment letztlich doch immer wirksam bleiben wird, auch wenn der konfliktauslösende Faktor „öffentliche Meinung" im Wandel der Zeiten an Gewichtigkeit und Bedeutung abnimmt", — so trifft das wohl in vollem Maße nur zu, wenn eine Eingliederung in eine Familie nicht gelingt. Aber es gibt doch der Möglichkeiten genug, um die Spannungen zu mildern.

Der Gesetzentwurf zur Reform des Rechts der unehelichen Kinder, der in „Deutsches Recht" 1934, H. 17, S. 422 (mit Begründung in H. 18) veröffentlicht ist, hat einige der wichtigsten Probleme erkannt und zu meistern versucht. Wenn „das uneheliche Kind, dessen Vater festgestellt ist, auch zum Vater und dessen Verwandten die rechtliche Stellung des ehelichen Kindes hat" und „das uneheliche Kind, dessen Vater festgestellt ist, den Familiennamen des Vaters trägt", so ist damit schon das Gorgonenhaupt fast abgeschlagen, weil mit dem Wegfall des verräterischen Namensunterschiedes auch die Momente der Verheimlichung und gelegentlichen Aufdeckung größtenteils wegfallen und die öffentliche Meinung weit weniger Angriffspunkte für ihre folgenschwere Menschenquälerei hat. Wenn es erst einmal durch die Beseitigung dieser pharisäerhaften Kennzeichnungen gelingt, die Verantwortung des unehelichen Vaters zu stärken und mit dem Namen- und Versorgungsrecht den familienhaften Zusammenschluß mit dem unehelichen Kind zu ermöglichen und nach außen hin mit möglichst wenig Auffälligkeiten zu führen, dann muß allmählich die schlimmste versteinernde Wirkung dieses Medusenhaupts der mitleidlosen „öffentlichen Meinung" nachlassen; denn diese ist das eigentliche die Qual der Unehelichen und in deren Folge ihre Kriminalität auslösende Moment.

Schrifttum:

Tönnies, Uneheliche und verwaiste Verbrecher. Studien über Verbrechertum in Schleswig-Holstein (Krim. Abhandlgn., herausg. von Franz Exner, Heft XIV), Leipzig 1930. — Gruhle, Die Ursachen der jugendlichen Verwahrlosung und Kriminalität, Berlin 1912. — Prinzing, Art. Uneheliche Geburten, Handw. d. Staatswiss. VIII (1928), 388ff. (dort weitere, namentlich statistische Literatur). — Neumann, Die unehelichen Kinder in Berlin, Jena 1900. — Rauhe, Die unehelichen Geburten als Sozialphänomen, München 1912. — Spann, Die Lage und das Schicksal der unehelichen Kinder, Leipzig 1909. — H. Kipp, Die Unehelichkeit, ihre psychologische Situation und Problematik (Untersuchungen aus Groß-Berlin), Leipzig 1933 (Beiheft 66 zur Zeitschr. f. angew. Psychologie). — P. Pollitz, Die Psychologie des Verbrechers, Leipzig 1909, 3. F. Die unehelich Geborenen in der Kriminalität, S. 41. — J. R. B. de Roos, Inleiding tot de bevefening der krimineele Aetiologie, Haarlem 1908, S. 118. — E. Sichart, Über individuelle

Faktoren des Verbrechens, Zeitschr. f. d. ges. Strafrechtswissenschaft, Berlin 1890, X, 36ff. — E. Mezger, Kriminalpolitik, Stuttgart 1934, S. 149. — Goring, Kriminalpsychologie, 1922, S. 168. — Schurich, Lebensläufe vielfach rückfälliger Verbrecher, Kriminalistische Abhandl., Leipzig 1930, Heft X, S. 110. — G. Aschaffenburg, Das Verbrechen und seine Bekämpfung, 1933, 3. Aufl. (Neudruck), S. 63, 153.

Alexander Elster.

Unlauterer Wettbewerb.

1. Wettbewerbsordnung gegen Unlauterkeit. Der Ausdruck „unlauter" darf nicht dazu verleiten, jeden unerlaubten oder ungehörigen Wettbewerb schon unter die kriminellen Tatbestände zu rechnen, obwohl wir den Unterschied zwischen Recht und Moral beseitigt sehen wollen und die Unterscheidung zwischen öffentlichem und privatem Recht nicht mehr als besonders wichtig ansehen. Gerade aus der Anschauung heraus, daß es Verletzungen der Wettbewerbsordnung geben kann, die entschuldbar sind, obwohl sie nicht geduldet werden können, und aus der Tatsache heraus, daß das Gesetz gegen den unlauteren Wettbewerb neben strafbaren Tatbeständen auch solche betrifft, gegen die nur zivilrechtlich mit der Unterlassungsklage vorgegangen werden kann, hat man sich vielfach gegen den Ausdruck „unlauterer Wettbewerb" gewendet und ihn durch einen weniger diffamierenden ersetzen wollen. Die Übergänge zum Kriminellen sind freilich zahlreich und kurz, und je höher man den Wert einer guten Wettbewerbsordnung einschätzt, um so leichter wird man geneigt sein, in ungehörigen Wettbewerbshandlungen etwas Staats- und Ordnungsfeindliches zu erblicken, was häufig mit einem nach kriminalistischen Gesichtspunkten zu bewertenden Tatwillen zusammenhängt. Hierzu kommt der weitere Gesichtspunkt, daß häufig genug auch ein unmittelbares polizeiliches Einschreiten geboten ist und auch auf diese Weise das Gebiet sich aus dem zivilrechtlichen hinaushebt.

Hierfür ist es wichtig, die Frage zu beantworten, welches Rechtsgut durch die Wettbewerbsordnung und durch die Gesetzgebung gegen unzulässigen Wettbewerb geschützt werden soll.

Man könnte der Ansicht sein, daß es nur einen im einzelnen (individuell) gegen Mißgriffe und Übergriffe geschützten Wettbewerb der Einzelnen gebe, aber keine Wettbewerbsordnung als generelle Einrichtung. Diese Ansicht mag in einem rein liberalen Staat bei voll erhaltenem Grundsatz der Gewerbefreiheit vielleicht richtig sein — obschon, nachdem England und Frankreich vorangegangen waren, in Deutschland bereits seit 1896 das Gesetz gegen den unlauteren Wettbewerb (27. V. 1896, RGBl. 145) und seit 1909 (7. VI. 1909, RGBl. 499) sogar mit der wichtigen Generalklausel seines § 1, die jeden sittenwidrigen Wettbewerb schlechthin untersagt, vorhanden ist. Aber heute, nach der Umwandlung der deutschen staatspolitischen und staatsrechtlichen Anschauungen im Sinne eines weit stärkeren Rechts der Gemeinschaft und nach der in solchem Sinne liegenden Wirksamkeit des Werberats kann das wesenhafte Vorhandensein eines Gebildes, das man als Wettbewerbsordnung anzusprechen hat, nicht mehr geleugnet werden.

Das WirtschaftswerbungsG. vom 12. IX. 1933 (RGBl. I 625) unterstellt „zwecks einheitlicher und wirksamer Gestaltung" das Werbungs-, Anzeigen-, Ausstellungs-, Messe- und Reklamewesen der Aufsicht des Reichs, und diese Aufsicht wird durch den Werberat ausgeübt. Diese Aufgabe ist aktiver Natur und geht insofern über die vorwiegend defensive Natur des Gesetzes gegen den unlauteren Wettbewerb hinaus; hier handelt es sich um eine Ergänzung der das Schlechte hindernden Funktion des geltenden Gesetzes durch eine positiv das Gute fördernde staatliche Beeinflussung. Es ist damit weniger etwas ganz Neues in den Begriff des lauteren und unlauteren Wettbewerbs gebracht — in dieser Hinsicht sind die neueren aktiven Beeinflussungen Paraphrasen und Auslegungsregeln für die Bestimmungen des Gesetzes gegen den unlauteren Wettbewerb —, es ist jedoch der Bekämpfung ungehöriger Wettbewerbshandlungen neue Kraft zugewachsen, den Grundsätzen des alten Gesetzes ist das Rückgrat ganz erheblich gestärkt worden. Es war meiner Ansicht nach nicht so, daß man nicht die meisten der unliebsamen Wettbewerbsvorgänge hätte mit dem Gesetz von 1909 wirksam bekämpfen können, wenn man sich seiner nur immer gehörig bedient hätte. Diejenigen aber, die nach neuen schärferen Gesetzesbestimmungen riefen, kannten zumeist die starken prohibitiven Mittel dieses Gesetzes nicht und suchten nicht rechtzeitig und nicht ausreichend genug Hilfe bei ihnen. Trotzdem ist nicht zu leugnen, daß gegen mancherlei Mißstände eine stärkere Handhabe nützlich war und daß ein positives Gebilde in der Art einer Wettbewerbsordnung wirksamer ist als ein nur als prohibitiv betrachtetes Gesetz, selbst wenn dieses große sittliche Grundsätze proklamiert hat und deshalb

LIPPERT & CO. G.M.B.H., NAUMBURG (SAALE)

FSC
www.fsc.org
MIX
Papier | Fördert
gute Waldnutzung
FSC® C083411

Kolibri 360 GmbH
Ferdinand-Jühlke-Straße 7
99095 Erfurt, Deutschland
produktsicherheit@kolibri360.de